提摩太·凯勒 Timothy Keller / 著

李 婧 / 译

Timothy Keller

走过苦难

WALKING WITH GOD
THROUGH PAIN AND SUFFERING

上海三联书店

Walking with God through Pain and Suffering

致我的姐妹莎伦·约翰逊，

她是我认识的人中

最有耐心、最喜乐的一位，

教给我许多关于承担重担、

面对哀伤和信靠那一位的道理。

目 录

前 言

第三部分
火炉中同行

前 言

万物深处，惊恐发出隆隆巨响

我认为，认真对待生命的意思是：无论人类在这个星球上做什么，都必然和这个永恒真理有关，即创造之可畏……万物深处，惊恐发出隆隆巨响。若非如此，必是妄谈。

——厄内斯特·贝克尔，《拒斥死亡》[1]

我要时常称颂耶和华，赞美他的话必常在我口中。我的心要因耶和华夸耀，困苦的人听见了就喜乐。你们要跟我一起尊耶和华为大，我们来一同高举他的名。

——《诗篇》34:1—3[2] *

---

* 本书引用圣经经文采用新译本。——编者注

苦难无处不在，不可避免，其影响往往无法抵挡。如果你花一个小时来读这本书，其间世界上会有五个孩子死于虐待和暴力。[3] 如果你花一整天时间来读，死于暴力的孩子将超过一百个。当然，苦难的形式不计其数，这只是其中一种。每小时有上千人死于交通意外或癌症，有上万人得知所爱的人猝然离世的噩耗。把这些数字汇总，相当于每天都有一座小城被一扫而空，令至亲好友悲痛欲绝。

每当大灾难来临，总是伤亡无数——例如 1970 年孟加拉国的博拉热带气旋，2004 年印度洋海啸，还有 2010 年的海地地震，每次都有二三十万人顷刻丧命——全世界报章头条刊载这些消息，导致人们因灭顶之灾而惊慌失措。但是数据会产生误导。这些历史性灾难实际上并没有改变死亡率。每天都有成千上万的人意外死亡，而他们身后有更多的人被悲伤震惊乃至崩溃。这些事件，绝大部分都不会成为头条新闻，因为痛苦和不幸是这世界的常态。

莎士比亚洞若观火，他写道：

每个早晨
都有新寡妇人哭嚎，新孤幼儿哭喊，
新的悲痛直上云霄，发出凄厉的回声。[4]

邪恶和苦难如此普遍，我们几乎对刚才提到的那些数字无动于衷。但我们必须注意。作家厄内斯特·贝克尔

(Ernest Becker)曾指出，否认人生之悲惨和苦难之不可测是危险的。每当听到什么悲剧，我们心中那根深蒂固的心理防卫机制就会开始工作，心想，这些事只会发生在别人身上，发生在穷人或者没有采取保护措施的人身上。我们还会对自己说，如果找到能人来治理，矫正各样社会体系，那么这些事就再也不会发生了。

但是贝克尔相信，这种想法根本没有"认真对待生命"，或者说，根本不承认"这永恒真理，即创造之可畏……万物深处，惊恐发出隆隆巨响"。[5]惊恐来自死亡。死亡必然来临，不可预测，不可阻挡。

"环城公路狙击手"（Beltway Sniper）事件发生时，《纽约时报杂志》刊登了一篇署名安·帕切特（Ann Patchett）的文章，当中传递了同样的信息。按照当时的情形，杀手在华盛顿地区随意开枪射杀路人，不分种族年龄。文章写道：

我们总是想从谋杀案中理出头绪，好让它不临到自己身上。例如，我不符合受害人的特征，我不住在那里，我绝不可能到那地方去，也绝不可能认识那人。但是，如果没有具体描述，没有地点和人物，那该怎么办？我们去哪里寻得内心的平安？……

事实上，让自己免于死亡堪称一项全国性的消遣。我们做运动、检查胆固醇水平、给乳房拍X光片，无非就是想躲避那必死的命运。你可以翻查档案，然后确定自己在哪些方面不符合受害人的特征。但狙击手不是向人群扫射，而是瞄准目标，一枪毙命。这提醒我们死亡本身是如此恐怖。尽管我们做足防备，但这种事多半是随机发生。

而且必将发生。[6]

帕切特和贝克尔揭示了，我们通常怎样否认惊恐发出的隆隆巨响。本书正是尝试去做他们所力劝的事——认真对待生命。我想帮助读者们过美好的生活，即便现实残酷，也可以满怀喜乐。失去所爱、身体虚弱、罹患绝症、遭遇背叛、财务困窘以及道德失足，只要你像普通人一样活过这一生，这些事你总会遇到。没有人能幸免。

所以，无论怎样防患于未然、编织美好生活、努力保持健康、获取财富、与亲朋好友友好相处以及事业成功，也无法避免会发生一些事，毁掉这一切。多少金钱、权利和筹划都无法避免丧亲之痛、严重的疾病、伴侣的背叛、金融危机，还有其他众多灾难侵入你的生活。人类的生命注定是脆弱的，受制于不可控的外力。人生是一场悲剧。

凭着直觉，我们都明白这个道理。那些经过苦难历练的人实在太清楚，仅靠自己手上的资源，根本无法捱过这一生。不想陷入绝望，就必须有支撑。本书将会论证，这个支撑必然关乎心灵。

"困苦的人听见了就喜乐"

凯西和我结婚那天，我们当着众亲友、家人的面，彼此许下诺言。除了惯常的誓言外，我们又加了一段经文，就是《诗篇》34：1—3，我们把它刻在结婚戒指的内侧：

我要时常称颂耶和华，赞美他的话必常在我口中。

我的心要因耶和华夸耀，困苦的人听见了就喜乐。

你们要跟我一起尊耶和华为大，我们来一同高举他的名！

宣誓本身就是一个激动人心的时刻，这段崇高的话语又让气氛更加热烈。从那时起，我们共同踏上一生之久的侍奉旅途，期待着向全世界放胆宣讲我们所认识的至圣者。回想当初，我们几乎把这段经文的核心字句完全抛诸脑后。它这样定义成功的侍奉，就是"困苦的人听见了就喜乐"。凯西后来提到，我们之所以没在意那段话，其中一个原因是，"我们在那个年纪甚至连嵌甲之痛都还没尝过"。年轻的我们骄傲自大，无法想象何为苦难。我们那时还不明白，帮助他人理解苦难、面对创伤，同时自己也应对得当，这有多么重要。

在我成为牧师之后，非常想弄明白为什么有那么多人拒绝神、排斥神。很快我就发现，苦难和灾祸恐怕是主要原因。一位良善的神、公义的神、慈爱的神，怎么能允许如此悲惨、败坏、痛苦又令人心碎的事情发生？内心痛苦加剧，头脑就越发怀疑。每当我和不幸的人在一起，我发现自己总是在应付对方的激烈抗议——针对神是否存在，针对基督教信仰。几年之后，一位好莱坞女明星接受访问，她的爱人刚刚死于意外。她其实很久都没有思想过神、谈论过神了，但是这事一发生她就问："一位慈爱的神怎么会让这件事发生？"转瞬之间，她从对神不闻不问变成对神满腔愤怒。[7] 正是这种经历，让众多思想家，例如作家司汤达（Stendhal，原名 Marie-Henri Beyle）提出如此论调："为上帝所能做的唯一辩解是——他不存在。"[8]

不过我也发现，仍然有许多人在苦难和不幸中**找到了**神。他们发觉，逆境让自己归向神，而非远离神。艰难时刻把他们唤醒，本来骄傲地以为自己不需要心灵慰藉，却发觉自己必须认真向神寻求。苦难把"真理的旗帜插进叛逆灵魂的堡垒"。[9] 除非人经历苦难，否则不会找到神，这么说可能有些夸张，其实不然。每当苦难降临，我们终于意识到自己掌控不了自己的生命，也从未掌控过。

经过这些年，我发觉逆境不仅让人相信神的存在，也让那些已经相信神的人，更加深刻地经历神的真实、慈爱和恩典。从对神的抽象知识，到现实生活中真实地与他相交，苦难是让这个转折发生的主要途径之一。正如 C. S. 路易斯说过的那句名言，"神透过欢愉对我们低语，透过良知与我们交谈，但是透过苦难向我们呼喊"。[10] 信徒们在头脑中明白许多教义真理，但是除非经历了失望、失败和失落，那些真理鲜有进入心灵的。曾经有一个人，眼看就要失去事业和家庭，他对我说："我一直都懂'耶稣是你唯一所需'这道理，但你不会真正理解这一点，除非耶稣是你唯一所有。"

最后，随着我越来越理解圣经，我发现圣经中一个重要主题就是苦难之真实。《创世记》开篇就记录了邪恶和死亡怎样进入了世界。《出埃及记》描述了以色列人在旷野飘流四十年，其间他们经历了严峻的试炼和考验。旧约智慧文学主要讨论的就是苦难。《诗篇》为人生各种可能的遭遇提供了祷告。这卷书震撼人心，里面充满痛苦的呼喊和对神直接的质问，"为什么苦难如此不可测又如此不公平？"在《诗篇》44 篇作者眼看国破家亡，他呼喊道："主啊！求你醒来，为什么还睡着呢？求你起来，不要永远弃绝我们。你为什么掩面，忘记了我们的苦难和压迫呢？"（诗 44:23—24）《约伯记》和《传道书》几乎通篇都在深刻反思，义人为何受苦，以及人生漫无目标实在让人沮丧。先知耶利米和哈巴谷口下毫不留情，抱怨为何邪恶似乎统治历史。在新约中，《希伯来书》和《彼得前书》几乎就是为了帮助人们面对残酷的悲伤和烦恼而作的。然而超越这一切的，是整本圣经的主角耶稣基督，他作为一个人，历尽一切悲伤。所以，圣经涵盖一切，圣经关乎苦难。

凯西和我后来发现，我们自己也躲不过苦难。2002年，我被确诊患了甲状腺癌，随即动手术，接受治疗。大概在同一时间，凯西的克罗恩病（Crohn's disease）*越发严重，几年之间，她不得不进行多次手术，有一年多达七次。在某个时刻，我发现自己陷入痛苦的挣扎，因为妻子的慢性病，我可能要放弃侍奉。那段日子是迄今为止最黑暗的岁月。但是通过圣经和个人经历我们都很清楚，前面还有更黑暗的时刻。不过也会有更多欢乐，我们此时无法想象。

回顾人生，凯西和我发觉，为什么人既相信神**又**不信神，人的品格既可堕落**又**可升华，神显得既不太真实**又**更加真实，问题的核心正是苦难。我们阅读圣经，希望了解这个深刻的规律；同时发现圣经伟大的主题正是神**通过**苦难带来完全的喜乐，而不是尽管有苦难，神仍然带来完全的喜乐；这和耶稣拯救我们一样，**因为**耶稣上了十字架，所以他拯救了我们，而不是尽管他上了十字架，他仍然能拯救我们。所以，似乎有一种喜乐，很特别，很丰富，又很深刻，只能通过苦难并且在苦难当中才会临到我们。

本书记录了我们这些年因侍奉"困苦的人"所学到的东西。西蒙娜·薇依（Simone Weil）曾经写道，苦难让神

---

* 克罗恩病是一种病因不明的消化道炎症性疾病。其临床表现为腹痛、腹泻、肠梗阻等。病程多迁延，反复发作，不易根治。许多病人出现并发症，需要手术治疗，而术后复发率也很高。——编者注

"好像缺席"。她是对的。但是大卫在《诗篇》34 篇中反驳说，尽管感觉不到神的存在，但这并不意味着神真的缺席了。大卫回顾自己身处急难、几乎丧失一切的时候，得出结论，"耶和华亲近心中破碎的人，拯救灵里痛悔的人"（诗 34：18）。

我之所以写这本书，是因为从我们的切身经历中得知，诚然如此。

燃烧的火炉和本书概览

这本书是专门写给受苦的人吗？没错。不过有必要讲明，我们都是受苦的人，或者说，我们都将成为受苦的人。此时此刻，并非所有人都在经历深深的痛苦和哀伤。有些人虽未亲身经历，却看到他人身处其中，必然会产生一系列哲学的、社会的、心理的和道德的疑问。另一方面，那些正身陷苦难的人却不能把它当成一个哲学问题来看待。所以，在一本书中既探讨旁观者的疑问，又处理受苦者的挣扎，实在不容易。受苦的人虽然会使用哲学命题呼喊——"神啊，你为什么允许这样的事发生？"但他们真正在乎的是求生。怎样才能挺过去？怎样才能度过苦难又保全自己？用那种不带感情的哲学腔调与身处苦境的人交谈，真的很残忍。但是痛苦的经历不可避免地把我们引向对神、对万物本质的"终极疑问"，这些疑问不可忽视。

在我读过的关于邪恶和苦难的书中，有一个特点很明显，就是大部分书籍都只从一个方面来探讨这一问题。很多书从哲学角度权衡"恶之难题"（the problem of evil），看它能否让神的存在变得多少有些可能、让基督教信仰多少有些可信。也有些书从神学角度提炼并整合圣经中所有关于苦难的主题和教导。最后，还有许多书从信仰角度将一系列默想记录下来，意在帮助陷入悲痛中的受苦者。另外也有小部分的书和文章，结合了历史和人类学的方法，考察不同文化怎样帮助其成员面对困难和考验。我读得越多，越明显地感到，这些角度彼此互补，如果囿于某一观点，只能留下更多问题悬而未决。

于是我决定把这本书分成三个部分，每部分采用略微不同的方式，但都为同一个核心意象所联结，就是用燃烧的火炉来象征苦难。这个来自圣经的比喻含义丰富。显而易见，火代表了折磨和痛苦。圣经将经历困难和考验称作"从火中行走"（赛 43：2）或者"火炼的试验"（彼前 4：12）。圣经还将受苦比作**被火炼**（彼前 1：6—7）。圣经当中的火炉，其含义比我们所说的"熔炉"要更广。无论是什么，达到那种热度都十分危险，且威力强大。但是如果运用恰当，火炉不会带来毁灭，反而会塑造、精炼、提纯，甚至美化放进去的东西。这个关于苦难的看法非比寻常。如果我们用信仰直面苦难、忍受苦难，它最终会把我们变得更美好、更坚强，更充满荣耀和喜乐。这样一来，苦难实际上是用邪恶对抗邪恶。它能够挫败邪恶的毁灭意图，从黑暗和死亡中带出光明和生命。

在本书第一部分中，我们会从外部观察"火炉"，也就是苦难的现象，以及不同文化、宗教和历史时期的诸般探求，看它们如何帮助人们渡过难关。我们也会探讨"恶之难题"这个经典的哲学问题，以及我们能够给出哪些回应。由于这一部分查考很多学术内容，必然更趋近于神学讨论。掌握整幅图画纵然至关重要，但坦率地讲，对于正经历苦难的人来说，未免太过抽象。

第二部分不再集中探讨神学议题，而是要全面透彻地理解，圣经对苦难的特性都说了些什么。从哲学思考到个人经验之旅由此展开。我们可以这样说，如同父母陪伴孩童学步，圣经也是一步一步地教导我们行走。圣经要我们在苦难中稳行，要做到这一点，需要明白圣经关于苦难的教导——苦难极其真实，当中却又有惊人的盼望，这个教导既平衡又全面，精妙绝伦。它提醒我们，不要想着能逃离火炉（逃避苦难）、轻易穿越火炉（否认苦难），或是木然躺下（在苦难中感到绝望）。

最后，第三部分是最实用的内容。圣经并没有把经历"苦难的火炉"看作技能。苦难之所以造就我们而不是毁灭我们，原因正在于神自己与我们同在火中行走。但是真的遇到苦难时，究竟怎样与神同行？怎样调整自己，转向神，使我们在苦难中变得更好而不是更糟？这一部分的每一章都会重点讲述一种策略，帮助我们在苦难的火炉中与神联结。不要把它们当作独立的"步骤"，只能按部就班严格执行；它们其实是同一个行动的许多不同侧面，这行动就是认识那位曾说"你从水中经过的时候，你从火中行走的时候，我必与你同在"（参赛43：2）的神。

如果你正深陷困境，或许可以先读第二和第三部分。你会惊讶地发现，原来有那么多种方法可以面对苦难，它们各不相同，有时甚至互相矛盾。圣经十分奇妙的一点是，它有丰富多元的资源供受苦者取用。圣经认同苦难形式多样、原因各异，正确的回应也不止一种。为了展示人们对苦难可能有各种回应，我在许多章的末尾都加上了一个真实的故事，当中的主人公与神同行，度过苦难。这些故事既真实又富启发性。圣经没有承诺苦难在今生会得到圆满解决，会有"大团圆"的结局。但这些故事让我们看到，有信仰的人怎样在各种苦难中，靠着神的帮助，从火炉当中走过。这些故事提醒我们，即使最糟糕的时刻，神依然在场。抑或应该说，在最糟糕的时刻，尤其需要知道神的同在！

圣经对苦难最生动的描述，大概记载在《但以理书》3章。三个义人被扔进燃烧的火炉中，就要丧命。但是他们身旁出现了一个神秘的身影。旁边的人十分惊奇，因为看到火炉中还有第四个人，好像是"神子"。他们在苦难的火炉中穿过，毫发无伤。基督徒借助新约知道，那就是神子自己。几百年后，他来面对自己必须面对的苦难的火炉，那苦难无与伦比，他走上了十字架。这把神"与我们同在"推上了全新的高度。通过他我们看到，神和我们一样，亲身经历苦难之火。在爱与谅解以及我们的极度痛苦中，他的确是与我们**同在**的神。

他把自己投入火炉，如此，当我们陷入火的试炼时，我们可以转向他，确信自己不会被火吞灭，反而会变得更美更好。"我必与你同在，试炼变成祝福，使你的最大困苦成为属灵益处。"[11]

第一部分

了解火炉

第1章
不同文化中的苦难

"有什么意义?" 我的父亲弥留之际问道。

接受训练,迎接苦难

表面看来,苦难让许多赋予生命意义的东西毁于一旦,活下去变得不太可能。我父亲离世前的几个星期,他同时患上了好几种非常痛苦的致命疾病,包括充血性心力衰竭、三种癌症,他的胆囊也出了问题,还有肺气肿和急性坐骨神经痛。有一次他对朋友说:"活着有什么意义?"他病得实在太重了,任何让生命有意义的事都做不了,为什么还要活下去?在我父亲的丧礼上,他的一位朋友说,他曾对我父亲柔声相劝,提醒他圣经中一些基本真理。如果神让他继续活在世上,那他一定还有些事要为周围的人去做。耶稣为我们遭遇极大的苦难，可是他忍耐；所以我们在面对较轻的苦难时，也可以为他而忍耐。天堂会弥补一切。这些出于深刻同情的简单词句，让我父亲重拾失落已久的基督教信仰，帮助他再次打起精神，度过最后的岁月。

那些源自基督教信仰的精神资源，我们会留待后面章节深入探讨。在这里，只需要明白一点：对陷入痛苦不幸的人来说，学会如何持守人生的目的，是最重要的事。

一种文化，对其成员的主要作用之一，就是帮助他们面对邪恶和不幸。社会理论家马克斯·舍勒（Max Scheler）写道："世界上伟大的思想家，无论宗教领域还是哲学领域，他们的教导和指引中最核心的部分都是**苦难的意义**。"舍勒继续论证说，每个社会都从这些教导中挑选出某个版本，以便给人们"指引……正确地面对苦难，即恰当地面对苦难（或者说将其放在另一个层面去理解）"。[1] 社会学家和人类学家分析比较了不同的文化，看它们怎样用不同的方法训练其成员面对悲伤、痛苦和失落。比较的结果引人注目，与历史上其他文化相比，当代西方文化堪称最弱最差。

所有人都被"一股内在推动力"驱使，"要把这个世界理解为充满意义的宇宙，并且采取某个立场来看待这一世界"。[2] 这也适用于苦难。人类学家理查德·史威德（Richard Shweder）写道："很明显，人类希望从苦难中受到启发。"[3] 社会学家彼得·贝格尔（Peter Berger）也写过，每种文化都要"对各种发生在人类身上的事件给出解释，从而给苦难和邪恶的经历赋予意义"。[4] 请注意，贝格尔并没有说，按照教导，人类要把苦难本身看作是美好的且有意义的（这种尝试不时发生，但是观察者们说得对，这些说法是不同形式的哲学自虐）。贝格尔真正的意思是，人们有必要认清，苦难的**经验**不一定是浪费生命，它可以是活出美好生命的一种方式，痛苦却有意义。

正是由于人类心灵深处这股"内在推动力"，文化若不能帮助人们面对苦难，就要面临失去信任的风险了。如果不能给出任何解释，只是把苦难看作毫无意义、浪费生命、命中注定，那么受害者内心就会生出深深的、不可磨灭的愤怒和恶毒的仇恨。尼采（Friedrich Nietzsche）、马克斯·韦伯（Max Weber）和其他思想家把这称作**怨恨**（ressentiment）[5]，它会导致严重的社会动荡。所以，用社会学的语言来讲，每个社会必须为其成员提供一套"说法"，帮助他们理解苦难，这当中包括理解苦难的原因和应该如何回应苦难，社会成员能够用这套说法应付生活中的争战。

但是，并非所有社会在这方面都表现优异。当代西方社会并没有为我们解释苦难，也没有提供什么指导来应对苦难。2012 年 12 月，新城校园枪击案（Newtown school shootings）发生几天之后，莫琳·多德（Maureen Dowd）

在《纽约时报》专栏撰文，题为"神，为什么?"，她还登载了一位天主教神父对这起惨剧的回应。[6]

文章一经刊出，马上引来数以百计的评论，回应文中给出的建议。大部分人都持反对意见，但值得留意的是，反对的理由大相径庭。有些人相信因果报应，认为今世受苦是为前世赎罪。有些人基于佛教思想，提到物质世界的虚幻。还有人采纳传统的基督教观点，即我们会在天堂与所爱之人重聚，这为地上的苦难提供了慰藉。也有人隐晦地援引了古希腊罗马时期斯多葛派和异教思想家的思想，认为苦难会让你更强大。还有人补充说，既然这个世界就是我们的全部，任何寻求"精神"慰藉的举动都会削弱我们对苦难的恰当回应，即不能采取足够行动来铲除导致苦难的因素。按照这种看法，努力让世界变得更好才是对苦难恰当的回应。

上述种种意见恰好说明，我们的文化在面对苦难时束手无策。评论者不得不转向其他文化和宗教，包括印度教、佛教、儒家思想、古希腊哲学和基督教，来面对当下的黑暗。人们只能自谋出路。

结果，我们在苦难当中比前人更慌乱、更手足无措。在中世纪的欧洲，大概每五个婴儿中就有一个活不到一岁，只有一半能活到十岁。[7] 几乎每个家庭眼看着半数的孩子未成年便夭折，孩子们活生生地就在他们眼前逝去，令人伤心欲绝。前人遭遇的苦难远多过我们。而我们从无数日记、报章和历史文献中看到，他们走过苦难和悲痛的步伐远比我们坚毅。有位古代北欧历史学者通过观察发现，一千五百年前的人在失丧、暴力、苦难和死亡面前极其坚强，让现代人震惊。[8] 另一位学者说，我们为前人的可怕遭遇感到愕然，不过前人若是看到我们，也会大吃一惊，我们怎么如此"软弱、世俗又怯懦"？[9]

在这方面，我们不只比前人差，我们也比当今世界其他地方的人更软弱。保罗·布兰德（Paul Brand）医生是为麻风病人实施整形手术的先驱。他的行医生涯分为两个阶段，先在印度，后在美国。他曾写道："在美国……我发现整个社会为了避免痛苦不计代价。在我治疗过的病人中，他们的医疗条件最舒适，但他们却最受不了苦，苦难造成的创伤也最重。"[10] 为什么？

简单地说，对于"什么是人生的目的"这个问题，其他文化为其成员提供了多种答案。有的文化说是行善可以逃离因果报应和轮回转世，最终得到解脱，进入极乐之地。有的说是悟，认识到万物归一，终将达致宁静。还有的说是要活出品德、高尚和荣耀。也有的教导说人生的终极目的就是进入天堂，与所爱的人和神团聚，永不分离。这些观点虽然各不相同，但有一个关键的共同点：苦难虽苦，却可以成为重要的手段，用来**实现**人生的目的。苦难扮演着关键角色，把你推向那些最重要的人生目标。可以说，在这些文化关于"人生为何"的宏大叙事中，苦难是重要的一章，是故事的一部分。

现代西方文化却不是这样。以世俗观点来看，物质世界即是全部。所以人生意义就是自由地选择让你快乐的生活。这样一来，苦难没有任何意义。苦难彻底打乱你的人生，不可能成为你人生故事中有意义的篇章。持这种人生观的人，必然会不计代价地避免苦难，至少也要尽可能把损失降到最低。也就是说，当苦难来临，无法避免也无法改变时，世俗社会的人必然要向其他人生观偷师，求助于因果报应、佛教、希腊斯多葛派或是基督教，尽管他们对世界本质的认识与他们所求助的并不相符。

我们在最初几章就是要探讨现代世俗主义和其他宗教及文化相比，为何如此软弱。

因苦难得启发

理查德·史威德提供了一个不错的概览，从中可以看到，当今非西方文化是怎样帮助其成员"因苦难得启发"的。各种传统文化从高度精神性、群体性和道德性的角度看待苦难的原因。这些社会用下面四种方式，帮助受害者应对苦难和不幸。

第一种观念被有些人类学家称为道德主义（不是蔑称）。有的文化教导说，苦难源自行为不当。这个观点有多种形式。许多社会认为，如果你遵循道德标准，尊重道德秩序和上帝或者其他神明，你就会生活得好。如果坏事发生，那是"敲响警钟"，提醒你要悔改，纠正自己的行为。因果报应说恐怕是最严格的道德主义。它认为每个灵魂都要不断经历转世。灵魂的每一次转世，都带着前世的行为及其潜在结果，包括受苦。如果你现在正在受苦，那很可能是前世的行为所生之果。如果你现在正派、勇敢、关爱他人，那你来世会更好。简而言之，因果报应，没有人能侥幸逃脱。只有你为自己所有的恶行赎了罪，你的灵魂才能得到解脱，进入永恒极乐。

还有一种可以称之为自我超越的观念。[11] 佛教教导说，苦难不是因为过去的恶行，而是源自未被满足的欲望，这些欲望源自一种幻觉，以为自己是独立的个体。佛教和古希腊斯多葛派的教导类似，认为解决苦难的方法，就是要觉悟，熄灭欲望。我们必须让自己的心超然于转瞬即逝的人与物。佛教的目标是"心灵达致平静，在那种状态中，所有欲望、个体和痛苦都烟消云散了"。[12] 有些文化主张通过集体生活实现这种自我超越，这是如今西方社会的人根本不能理解的。在这种社会里，没有所谓的个人身份或个人幸福，只有家庭和族群的进步及昌盛。按照这样的世界观，苦难得到缓解，因为它伤害不了真正的"你"。你借着子孙和族人继续存活。[13]

有些社会强调用命运来解释苦难。人生的各种际遇都是星体或者超自然力量的安排，或者由神明注定，比如按照伊斯兰教所说，一切都是真主（Allah）的旨意，不可揣度。在这个观点看来，有智慧且品格高尚的人懂得顺命。古老的北欧异教文化相信，待到末日，所有神明和英雄都要在终极的善恶之战（Ragnarok）中被巨人和怪兽所杀。在这样的社会中，面对毫无胜算的局面却依然坚守阵地，保持尊严，这是至高的美德。当中的荣耀流芳百世，这人会因他的行为被载入诗歌和传奇中。这些文化中最伟大的英雄都强壮俊美却郁郁寡欢，命途多舛。伊斯兰教也一样，绝对服从神旨是成为义人最核心的要求之一。所有这些文化都在强调，毫无保留、毫无怨言地顺从神圣又坎坷的命运，这是至高的美德，是为苦难寻求伟大意义的途径。[14]

最后，还有某些文化采用"二元论"的世界观。这样的宗教和文化认为，世界不受神或命运的支配，而是光明与邪恶两股力量的战场。邪恶恐怖的力量造成了世上的不公、罪恶和痛苦。受苦者是这场与邪恶争战的牺牲品。马克斯·韦伯这样形容："尽管痛苦不可避免，但世界依然行进，光明冲破黑暗的污秽，不断净化这个世界。"韦伯继续说，这个概念"产生了一种非常强大的……情感动力"。[15] 受苦的人把自己看作是这场与邪恶争战的牺牲品，但他们满怀希望，因为他们被告知，善终将胜过恶。古代波斯的琐罗亚斯德教（Persian Zoroastrianism）属于比较明显的二元论世界观，它相信最终会有一个拯救者出现，全盘更新一切。还有一些不太明显的二元论，比如某些马克思主义理论认为，将来某一时刻，善必然压倒恶。

表面上看，这四种观念似乎大相径庭。道德判断让受苦者换个活法，自我超越让受苦者换个想法，宿命论让人们昂首迎接命运，二元论让人们把希望放在未来。不过它们也十分相似。首先，每一种观念都告诉其成员，不要对苦难感到惊讶，它好像经纬线，在人生中不可或缺。第二，它们都告诉受苦者，苦难可以帮你启程，迈向人生最主要的目标——灵性成长、自我修炼、取得荣耀或者高举良善。第三，它们教导受苦者，要想在苦难中得到提升并有所收获，关键在于自己要担负起责任。受苦者必须与属灵实在建立正确的关系。

所以，集体文化告诉受苦者说："我必然死，但是我的子孙后代会永远存续下去。"[16] 佛教文化教导其追随者说："我必然死，但死是幻象，我将会和现在一样，依然是宇宙的一部分。"持因果报应说的受苦者会说："我必须受苦，必须死，但是如果我体面高贵地面对苦难，我将来的日子会更好，终有一天我会得到解脱。"无论是哪种情境，苦难都意味着有责任要承担，有机会要把握。你一定要充分利用忧伤。所有这些沿用至今的对待苦难的观念，虽各不相同，却都十分认真，把苦难看作通向更善更美的途径。莎士比亚《皆大欢喜》（*As You Like It*）中罗瑟琳的父亲老公爵说：

逆境自有其美妙之处，

亦如蟾蜍又丑又毒，

脑袋里却有珍宝*。

（第二幕第一场，12—17）

这些传统的文化都认同，人生必然充满苦难，它们为其成员开出的药方，主要都是**内在**功课，要求人们采用不同形式来忏悔和净化，让灵性成长和坚定，信靠真理，与自我、他人和神祇建立正确的关系。苦难是挑战，如果应对得当，可以带来良善、智慧、荣耀甚至是今生的美满，并预备人们进入永恒的安慰。受苦者得到引领，盼望此世有美好的未来，或者在永恒的精神极乐中与神祇联结，或者顿悟并享受永恒的平安，或者得到神的喜悦并和所爱的人在天堂重聚。

以下图解总结了前述各种世界观：

	道德主义	自我超越	宿命论	二元论
原因	恶行	幻象	命运	宇宙争战
回应	行善	超然	忍受	纯净的信
终结	永恒极乐	觉悟	荣耀	光明得胜

---

* 据说蟾蜍大脑里有"蟾蜍石"（toadstone），在中世纪神话中是有魔力的神奇石头，可以解毒驱邪，给人带来快乐，在战争中取胜。——编者注

痛苦的搅扰

考察了这些较传统的、异于西方的世界观后，理查德·史威德指出，西方文化对待苦难的方式很不一样。西方科学以"自然主义"的眼光看待宇宙万物。其他文化认为世界由物质和精神组成，西方思想却认为世界只有物质力量，万事万物运行其中，所谓的"意义"根本无从谈起。世界不是罪恶、宇宙争战或者任何决定命运的超然力量的结果。由此，西方社会把苦难仅仅当作意外。"这样一来，苦难尽管真实，却在善恶之外。"[17] 理查德·道金斯（Richard Dawkins）在他的《流出伊甸之河：以进化论观点看生命》（*River Out of Eden: A Darwinian View of Life*）中把这种关于邪恶和苦难的世俗观点表达得淋漓尽致：

> 无论我们怎样绞尽脑汁，也不可能想明白，为什么自然界每年发生那么多苦难……在充满盲目性的物质力量和基因复制的整个宇宙，总有人会受伤，也总有人走好运，你根本找不到任何规律或原因，也毫无公义可言。说到底，如果整个宇宙没有经过设计、没有目的、没有善恶，只有冷酷无情，那么我们就应该接受所看到的一切。[18]

这个观点和前面讨论过的关于苦难的各种文化观大相径庭。那些文化都认为，邪恶总有某种目的，或是惩罚，或是试炼，或是机遇。但是道金斯却不这么看，人们之所以面对苦难时苦苦挣扎，正是因为不肯接受苦难**根本没有任何目的**。苦难毫无意义，无所谓好坏，因为类似善恶这种分类在我们这个世界里本来就毫无意义。他说："我们对意义念念不忘，无论看到什么事物或过程，都很难不去问'为什么？'……这几乎是普世的错觉……悲剧发生时，古老的诱惑就来折磨我们……'为什么啊？为什么癌症/地震/飓风偏偏要找上**我的孩子**？'"道金斯继续说，人们痛苦挣扎，是因为"不肯承认事情发生会无关善恶，既不残忍也不美好，仅是麻木无情——不关乎任何苦难，没有目的……正如那郁闷的诗人 A. E. 霍斯曼（A. E. Housman）所说：'自然，无情无智的自然，既不关心也不知道。'DNA 既不知道也不关心。DNA 就是 DNA。我们随着它的音乐起舞"。[19]

简而言之，苦难根本没有任何意义。它只是来捣乱，让人讨厌。道金斯坚持认为，应该把人生看作是"空虚的、无用的、徒然的、无意义无价值的荒漠"，遭遇苦难时寻求精神支援以获取目的或意义，简直是"幼稚"。[20]

但理查德·史威德却不同意，他认为道金斯的劝告既错误又不可行。他写道："渴望理解苦难，是人之为人的**尊贵**特质之一……"[21] 也就是说，我们在这一点上和动物不同，我们不会在痛苦时只知道尖叫，想要逃离。我们试着从苦难中寻求意义，从而超越它；我们不会把自己看成一部冷酷无情的机器上无助的齿轮。这种在苦难中找寻意义的动力不仅让我们尊贵，也是与生俱来的。彼得·贝格尔和整个人类文化学界都坚持认为，道金斯的要求不切实际。没有意义，我们唯有去死。

当然，道金斯会这样回应："成年人应该持这样的观点……只要按照自己的选择，开创人生，那人生就有意义，充实又美好。"[22] 换句话说，你必须自己创造意义。**你自己**决定什么样的人生最有价值，值得为此而活，然后你必须寻找途径，去创造那样的人生。[23]

但是，任何自己制造出的意义都要受此生此世的限制。因此，这种对现实的看法和对苦难的理解与其他观点差别甚大。如果你接受彻彻底底世俗的观点，假设整个宇宙完全是物质的，那么带给你人生意义的只能是物质的好处或者今生的享受——比如舒适、安全和享乐。但是苦难必然妨碍你得到生活中这种种美好。苦难不是把它们毁掉，就是让它们深陷危险。保罗·布兰德医生（Dr. Paul Brand）在《来自痛苦的礼物》（*The Gift of Pain*）一书的结尾处说，正是因为美国人把追求享乐和个人自由当成人生意义，苦难才会给他们造成巨大创伤。

其他文化都认为，人生最高目标超过个人享乐，可能是美德、领悟、荣誉或是持守真理。人生终极意义可以是成为高尚的人，受子孙和族人崇拜、推动伟大事业或运动、寻找天堂或智慧的人。在这些文化叙述中，苦难是让故事拥有圆满结局的重要途径。这种种"人生意义"得以实现，不是尽管有苦难，而是要**经历**苦难。在这些世界观看来，苦难和邪恶不一定取胜。如果我们用耐心、智慧和勇气面对苦难，它的确会帮助我们更快到达渴望的终点。它是人生故事中重要的一章，是达成人生最高目标的关键一步。但是在彻头彻尾的世俗观点看来，苦难不可能成为人生故事中美好的篇章，它是故事发展的障碍物。它不可能带你回家，只能让你远离你的人生理想。简而言之，世俗观点认为，苦难总是胜出。

理查德·史威德说，当代世俗观点一提到苦难，"总会把它描述成偶然的不幸。受苦者是牺牲品，被毫无目的的自然力攻击"。这意味着"苦难……和人生的叙事架构相分离……不过是'噪音'，意外地打断了受苦者人生这台戏……苦难和任何情节都没有明确的关联，它只能造成混乱，带来妨碍"。[24] 而古老的文化（不是当今的西方文化）认为，人生故事应该是连贯的，苦难是其中可以预料的一环，是实现美好生活、身心灵得到成长的重要途径。但是在西方社会，个人自由才是人生意义。自己有权利和自由决定**自认为**好的，没有什么比这更美妙。我们默认文化机构应该不偏不倚，"价值中立"，也就是不告诉人们生活的目标，只是保证每个人都可以自由去过他/她认为最满意、最充实的生活。如果人生意义就是个人自由和快乐，那么苦难不可能有任何"用处"。在这种世界观的指引下，只能不计代价避免苦难，如果避免不了，那就控制因苦难和不适所引发的痛苦情绪，尽可能将痛苦降至最低。

苦难的牺牲品

这个观点暗示了一件事——受苦者不再承担回应苦难的责任了。史威德说，既然用意外或者偶然来比喻苦难，那么"就要借助外力来处理苦难……通常是专业人士，他们掌握相关技能，可以用来对付苦难"。[25] 传统文化认为受苦者在黑暗时刻要自己承担责任。他们需要做的是不同形式的内在"灵魂功课"——学会忍耐、智慧和信靠。但是现代文化却不把苦难看作机会或者试炼——当然更不可能是惩罚。因为受苦者是无情的宇宙的牺牲品，他们被带到专家——通常是医学、心理学、社会或民事部门——那里，专家的工作就是尽可能除去压力源，从而减少痛苦。

但是把苦难丢给专家处理，反而让整个社会陷入更大的困惑，因为不同领域的专家给受苦者的建议明显不同。詹姆斯·戴维斯（James Davies）既是受过训练的心理治疗师，又是人类学家，他对此看得很清楚。他这样写道："进入二十世纪，大多数现代人都越来越困惑，为什么他们会在感情上受苦？"他罗列了"生物精神病学、理论精神病学、遗传学、当代经济学"，然后说，"因为每个学科都基于自己独特的假设，用自己的方法追求自己设定的种种目标，所以在很大程度上，每个学科都喜欢简化苦难的原因，最终找出一个主要原因（例如生物学的、错误的认知，未满足的私利）"。[26] 有句话说得好，如果你擅长用锤子，那所有问题看上去都像钉子。这种简单化的办法让人更困惑。世俗的方式把受苦者交到专家手里，但是他们各有专长，各类专家的专业化和简单化的做法，只能让人更糊涂。

戴维斯的发现给史威德的分析提供了支持。他解释了世俗观点如何鼓励精神治疗师将苦难"去情境化"（decontextualize），而不是像以前的文化那样，把苦难看作人生故事中必要的章节。戴维斯提到罗伯特·斯皮策（Robert Spitzer）医生 2007 年接受 BBC 的采访。斯皮策医生是精神病学家，他在 1980 年带领团队完成了美国精神医学学会（American Psychiatric Association）的《精神障碍诊断及统计手册第三版》（third edition of the *Diagnostic and Statistical Manual of Mental Disorders*，简称 DSM - III）。这本手册试图为精神病的诊断制定更统一的标准。二十多年后，斯皮策医生接受 BBC 采访时承认，回头看，他相信有很多正常的人类经验，比如悲伤、忧愁和焦虑，都被错误地归入了精神障碍的范畴。主持人问他："所以很多人感到悲伤实际上都是正常现象，他们却被当成病人来处理了？"斯皮策医生回答说："我认为某种程度上是这样的……问题有多严重，还不知道……百分之二十或者三十……但那也是个庞大的数目。"[27]

戴维斯接着说，DSM 几乎只看症状：

他们不想了解病人的生活，或者为什么有这些症状。如果病人很悲伤、很焦虑或者很不开心，那只能说明，他/她患有精神障碍，需要治疗；而不是说他/她对特定的生活变故作出了自然的、正常的反应，他/她的生活需要改变。[28]

早期的苦难观把痛苦看作症状，源于一个人的内在和外部世界产生的冲突。它意味着受苦者需要改变自己的行为和想法，或者外界有些关键问题需要彻底解决，也可能两者同时存在。重点不在于痛苦不适的感觉，而在于这感觉让你了解你的生活，让你知道应该如何应对。当然，这样的分析需要站在道德和精神的高度，要做出价值判断。在这方面，世俗文化机构训练有素的专家们能力不足。他们的重点不在于这个人的生命故事，而在于他情感上的痛苦与不适带来哪些症状。专家们要做的，就是运用各种科学手段来减少痛苦。生命故事则被搁置一旁。

戴维斯总结道：

DSM 的影响力越来越大，它和其他社会因素一起，散播了一种十分有害的文化信念，就是日常生活中大部分苦难只能带来破坏，造成搅扰，应该被迅速移除。这个信念让我们逐渐陷入一种世界观，即所有的苦难不过是生命中的负面力量。[29]

苦难引起愤怒

世俗观点从不把苦难看作有意义的人生经历，苦难仅仅被视为干扰。按照这种理解，苦难来临时只能做两件事。一是控制并减少痛苦。所以，经过过去两个世代的演变，痛苦者得到的专业服务和精神安慰不再是谈论伤痛，而是探讨压力。它们不再帮助人们用耐心忍受逆境，而是从商业、心理学和医学领域搬来专业词汇，好让人们控制、减少和对付种种压力、重担和创伤。受苦者们寻求建议，得到的答复是避免负面情绪，用休假、锻炼和交友给自己一点缓冲余地。重点只有一个，就是控制你的反应。

在这个框架下能做的第二件事是找出痛苦的原因，然后根除它。其他文化把苦难看成人生不可或缺的部分，受未知的力量支配，比如人生的幻象和善恶交战。但是现代文化不相信这些不可见的灵界力量。苦难总是有物质层面的原因，理论上一定能被"解决掉"。一般来说，苦难是由不公平的经济与社会环境、不良的公共政策和破碎的家庭模式造成的，或者不过是某些歹毒的邪恶团体所为。正常的反应应该是愤怒、反抗和采取行动改变现状（需要指出，这并非不恰当。圣经很多地方都提到，要还给受压迫的人一个公道）。

以前的文化寻求通过内省而从苦难中得到启发，但是西方人却只是发怒，他们试图改变外部环境以期永远不再受苦。关于二者的区别，C. S. 路易斯说得最清楚明白："对以前的智者来说，核心问题是如何让灵魂顺应现实，答案是知识、自律和美德。……（现代人的）问题却是怎样让现实听命于人的意愿，答案是科技……"[30] 哲学家查尔斯·泰勒（Charles Taylor）在他的权威著作《世俗时代》（*A Secular Age*）中提到"人类中心主义的转向"（the anthropocentric turn）。他在书中描述了这转向是如何发端于世俗观念下的西方社会的。随着这一转向，泰勒说："对上帝定秩的在场这一感知开始褪色，而我们可以靠自身维持秩序这一感知则开始兴起。"由此，西方社会的"最高目标……就是避免苦难"。[31]

于是在西方文化中，不再有人告诉受苦者，重要的是内在调整、学习和成长。正如史威德指出的，不仅不会向受苦者指出所当担负的道德责任，就连这样的暗示都会被认为是"责备受害人"，在西方社会，这属于异端邪说。所以，通常都让专家来回应苦难，包括伤痛管理、心理或医疗救治、改变法律或者公共政策。

拉丽莎·麦克法夸尔（Larissa MacFarquhar）是《纽约客》杂志的记者，她没有宗教信仰，也并非来自宗教家庭。她曾经研究过为什么"圣徒"——通常都有宗教信仰——能够为了别人的好处做出重大牺牲。《波士顿评论》

曾针对她的作品和研究采访过她。记者问她是如何看待那些人的。她的回答深刻且诚恳，她说："有信仰的人和世俗的人之间的差别让我深受启发。"

我认为，很多传统宗教都更愿意承认，苦难是人生的一部分，并不一定是坏事，因为它能使你成为更完整的人。反过来，至少就我的经历来看，世俗功利主义者全都痛恨苦难。苦难在他们眼里一无是处。他们视除掉苦难为己任。

她还提到，世俗的人不相信有一位神最终会伸张正义。对于有信仰的人，"神在掌权，神的爱从始至终看顾整个世界。但是世俗的人却认为什么都要靠自己。我们孤独地在这世界上。正因如此，我觉得世俗的人更多一层焦虑和绝望"。[32]

基督教与其他文化

以下图解加上了第五种文化——世俗文化的苦难观：

	道德主义	自我超越	宿命论	二元论	世俗文化
原因	恶行	幻象	命运	宇宙争战	意外
回应	行善	超然	忍受	纯净的信	技术
终结	永恒极乐	觉悟	荣耀	光明得胜	社会进步

基督教和这些文化相比又如何呢？德国哲学家马克斯·舍勒在他的文章《苦难的意义》(The Meaning of Suffering) 中指出了基督教的独特之处。他写道，在某种程度上，将基督教的教导和其他文化与宗教体系的阐释比较后会发现，"基督教教导人们用一种截然相反的态度对待苦难"。[33]

在看重荣辱的文化里，宿命论很普遍，但是"基督教却完全没有这种古老的傲慢……没有受苦者的自夸——那些人用他们自己所承受的苦难来验证自己的能力，别人也能看见这种能力"。基督教也不因厄运难逃而苦修隐忍，"在基督教信仰中，受苦的生灵放声哭嚎，恣肆而刺耳"，包括在十字架上。[34] 基督徒被允许——甚至被鼓励——用哭喊和质疑来表达哀伤。

基督徒和佛教徒不同，基督徒相信苦难是真实的，并非幻象。"无需重新诠释：痛苦就是痛苦，是悲惨的境遇；欢乐就是欢乐，是天赐之福，不仅是'淡泊宁静'……那是佛所认为的至善。基督教不压制人性中的敏感，而是让灵魂充分经历苦难，达致芳醇。"[35] 我们在耶稣身上也看到这一点。他在客西马尼园中说："我的心灵痛苦得快要死了。"（可 14：34）他极其痛苦，恳切祷告，汗如大血点滴在地上（路 22：44）。他绝非淡泊宁静。他并非为了达到内在的平静而使自己的心远离生活中的美好事物，相反，他对他的天父说："但不要照我的意思，只要照你的

旨意。"（可 14：36）

基督徒相信，苦难降临总是不公平又不相称的，这一点和相信因果报应的人不同。生活本就无公平可言。很多过得好的人并没有好行为。舍勒写道，因果报应论坚持认为，一个人所受的苦都是他应得的，基督教却不这么看，而是承认人生的不公平，从而能够公正看待苦难的至深至重。这个观点在《约伯记》里说得很清楚，神责备约伯的三个朋友，因为他们认定约伯受苦是因为他有道德过失。

从耶稣身上最能看清这一点。如果有人因品行而配得美好人生，那么耶稣配得，可是他没有得到。舍勒说整个基督教信仰的核心是"一个无辜的完美典范，为他人的罪债凭空受苦……苦难因这位受苦者的神性而全然不同，变得美好又高贵"。由于十字架，苦难用来"炼净，而非惩罚"。[36]

基督教和二元论（某种程度上还有道德判断的观点）不同，不认为只要拥有忍耐痛苦的美德，就可以清偿罪债。基督教不会教导"苦修、自愿禁欲……能提升人的灵性，让人更接近神……苦难**本身**能把人带到神明面前的说法并非基督教的解释，更像是古希腊和新柏拉图主义的解释"。[37] 另外，二元论把世界分为好人和恶人，苦难是美德的标签，彰显道德优越感，让你可以名正言顺地把恶待你的人妖魔化。基督教恰恰相反。亚历山大·索尔仁尼琴（Aleksandr Solzhenitsyn）有一句名言："善恶的分界线穿透每个人的心。"[38]

基督教从恩典的角度理解苦难。我们在耶稣基督里得到饶恕、爱和接纳，成为神的子民。这美好的一切，我们本不配得，这使我们免于以受苦自夸的诱惑。但是，这些不可估量的美好，我们此时此刻就能享有，这让苦难变得可以忍受。舍勒写道："殉道者之所以释放出惊人的能量，不是因为来生令人心驰神往，而是因为承受痛苦折磨的同时，亲历神的恩典带来的喜悦。"的确，苦难不仅因这喜悦变得可以忍受，甚至还能在悲伤中增强这喜悦。"基督教的教义不仅仅让人用耐心忍受苦难……生命中的苦难将我们属灵的眼光聚焦在基督的救赎上，那是核心，是心灵的美善。"[39]

最后，和世俗文化相比，基督教给受苦者开出的药方是什么呢？我们先简单讲一下，后面章节再深入讨论。不同于宿命论，基督教认为苦难影响巨大；不同于佛教，基督教认为苦难真切实在；不同于因果报应说，基督教认为苦难往往不公；不同于世俗主义，基督教认为苦难有其意义。苦难总有一个目的，如果应对得当，它会像钉钉子一样，把我们深深钉入神的爱里，使我们获得超乎想象的安稳和灵性力量。面对苦难，佛教说接受它，因果报应说偿还它，宿命论说如英雄一般忍受它，世俗主义说避免它或者解决它。从基督教的角度来看，每种文化的苦难观都包含真理的元素。受苦者的确不能放太多心思在物质利益上。而且圣经也的确说过，苦难充满世间，根本原因是人类背离了神。我们也的确要忍受苦难，不能被它打垮。世俗主义的警告也有道理，不能太过容忍导致伤害的环境和因素，那的确需要改变。世俗主义之前的文化在面对多变的环境和不公义时，往往太过消极。

但是我们看到，从基督教的观点出发，这些方法都太片面，把问题分解了，因此都是片面的真理。耶稣基督的榜样和救赎把各方洞见纳入一个连贯的整体，并最终超越这一切。舍勒在文章结尾再次宣称，基督教彻底逆转了其他所有观点。

古代人……觉得外部世界开心快乐，世界的核心却极其悲伤黑暗。在所谓的美好往昔的欢乐表象之下，"偶然"和"命运"隐约可见。基督徒看外部世界黑暗又充满苦难，但世界的核心除了祝福与欢喜，再无其他。[40]

他对古代文化的看法大致正确，但他所说的尤其适用于世俗世界观。理查德·道金斯说过，世俗主义眼中的终极现实冷酷无情，灭绝不可避免。其他文化也认为，生活每天都充满乐趣，但背后不过是全然的黑暗和幻象。基督教则截然不同。其他世界观让我们坐享生命之乐，等着悲伤来临；基督教却给信徒力量，使之身处这个世界的悲伤之中，预尝将要来临的喜悦。

生命故事：童话般的结局

艾米丽

如果你在 9 月之前问我有什么可感恩的，我会说，我为我的家庭、我的房子、我的工作和神感恩——因为我有一个疼爱我的丈夫，四个健康快乐的孩子（分别是十四岁、十一岁、九岁和五岁），一幢我连想都不敢想的房子，一份可以居家做的工作，只要开动脑筋，我就可为公司和客户带来改变，还有那位供应这一切的神，无论我配与不配。

9 月间，毫无征兆地，我的丈夫丢下我和四个孩子，和别人走了（那个女人也离开了她的丈夫和两个小孩）。我们两家本来是朋友，夏天曾三次一起出游，我真的把他们当作朋友。

我的心碎了。怎么会发生这种事！我的丈夫是个基督徒，他曾经对我和孩子们解释过婚姻的意义，他说虽然有人离婚，但这样的事情绝不会发生在我们家。我们立约，向神立约，也彼此承诺，无论如何，我们都不会与对方和孩子分开。我泣不成声，求他不要走，一起来解决问题。但他还是走了。

我问他该怎么向孩子们解释，他说不知道。我对他说："你不能就这样一声不吭地走了。"毫无疑问，这击中了他的要害，他怎能眼看着这些宝贝，告诉他们自己要离开……但他还是这样决定了。他把孩子们从卧室叫出来，告诉他们自己要走了。孩子们不明白……是去工作吗？什么时候回来？"不是的，孩子们，我要搬出去了，就是说我不回来了。"他走了。我们被击垮了。

八个星期之后，我依然心如刀绞。神啊，这真的是你的计划吗？这怎么可能是你的计划？我知道你会医治我的心，我知道当中有美意——但是怎么会发生这种事？我感到你的同在——我感到有人为我祷告……但是我们还会遭遇什么事？我从没这么生气过。我们可怜的孩子饱受折磨；他们的父亲把自己的"欲望"摆在他们的"需要"之前。他说："我还是爱孩子们的。"真的吗？他怎么能爱他们又让他们如此痛苦？

四个月之后，神开始用他的方法医治我，但我不确定我是否愿意接受。我希望看到公义，但我不能去伤害他。我开始试着为他祷告……不是因这件事祷告。我开始祷告，求他的心得到医治，求他回来——不是回到我身边，而是回到神那里。我要继续我的生活，尽管没有他，现在没有，可能永远都不会再有，但我必须原谅他，走出苦毒。我不能在苦毒中度过余生。

但是怎么才能做到呢？神说祷告，我就去祷告。

我爱我的家庭，我会一直爱和我结婚的那个男人。我祷告盼望一个奇迹——他可以摆脱情欲回家——但我的生活不能停滞，尽管已经没有他。我开始做计划，试着让生活继续下去，应对实际的、心灵的、情感的和财务的各样需求。

我会定时为他祷告，我会继续爱他（但我不会当个受气包）。我会撑起这个家，我也会继续寻求神在我们生命中的计划。我会原谅他，但我不会忘记——因为如果我忘了，我就不能用从这段经历所学到的去帮助其他陷入噩梦的人了。我要感受这痛苦，让神来医治，把我转变成神本来要我成为的那个人。我感到有些莫名的兴奋。这感觉怎么都不对劲——为了要经历一场噩梦而兴奋。

已经六个月了，我的处境每况愈下，但是我真的感到被祝福。

我的丈夫还是和他的女朋友在一起，他没有回来。他对我说，他和他的女朋友今后会参与孩子们的生活，我要适应，不要恨他的女朋友。他还说，如果那个女人是我的敌人，那么我就是他的敌人。

父亲离去的事一直影响着孩子们；他们沮丧、气愤、困惑又很无助。最大的孩子已经开始怀疑信仰了；他反抗一切权威，对家人严加指责。我准备卖掉房子——虽然是短售*，但我们可能会丧失赎回权的。我们不知道要搬去哪里。

但是经历这一切，让我在一个全新的层面上认识神，

---

* 将房屋以低于所欠的借贷全额价出售，中文俗称"急售"或"短售"。——译者注

我从前只是风闻他做事的方式，现在却亲身经历，真是奇妙无比。

我这一生从没有遇到过大灾难，我从没有真的需要倚靠神。我的意思是，没错，我祷告，我看到神在做事，但是和这次完全不同。我从来没有需要倚靠神，真正地单单倚靠神。过去，每当我需要神的安慰，脑中的画面总是我依偎着耶稣，他抱着我。但是现在，那画面却是他背着彻底破碎的我——真是棒极了。

在这可怕的遭遇里，我整个人和我的家庭都受到冲击，可我瞥见了神的作为，还有我的生命及我们的生活会如何改变——当这一切结束的时候，我会变成另一个人，我为此兴奋不已。好像参加比赛，忽然下雨了，你跌到泥坑里。你不能绕开，只能蹚过去——而且不能太快——大雨泥泞，每一步都很艰难，你必须专注……但是同时，有些东西让你昂首挺胸，催动你继续。你仿佛看到远处有一道雨帘（好像车子的雨刷），你再看，看见了太阳；雨过天晴……你到达那里时会更强壮，更清楚要怎样完成比赛，心中拥有满足和平静。是的，那时候你感到很累——但也因这经历而重新得力。我等不及要运用神教给我的；我也等不及要学到更多。我向孩子们这样解释：每个童话故事都会有悲剧情节，主角遇到困难，战胜困难，又因困难而成长。神给我们的童话故事，你看到什么结局？

第2章
基督教的胜利

> 天将降大任于斯人也，必先苦其心志，劳其筋骨，饿
> 其体肤，空乏其身，行拂乱其所为，所以动心忍性，增益
> 其所不能。
>
> ——《孟子》

上一章探讨了不同社会是如何装备其成员、帮助他们
面对苦难的。在考查了不同文化如何做到这一点之后，我
们再来看看这一点在不同时代的发展过程，尤其是在西方
社会。[1]

"自救"的哲学

古罗马作家西塞罗（Cicero）说，哲学的主要任务就

是教人如何面对死亡，这个观点影响深远。他说，人必有一死和死亡本身是个不争的事实，必然引发恐惧、无尽的欲望和悲伤。哲学的目的就是让人解脱，给颓丧的灵魂提供某种关怀。所以，"哲学允许并要求一个人成为他自己的精神治疗师"。[2] 当代法国哲学家吕克·费里（Luc Ferry）认为，西塞罗给哲学下的定义再好不过了。"人们进行哲学思考，不是自娱自乐，也不是要更了解世界……有时候，仅仅是为了'自救'。"[3] "死亡有不同的侧面"，要想生活得好，就要学会战胜对死亡和对"无聊，虚度时光"的恐惧。或许最残酷的事实莫过于，我们必然要和所爱的人分开。费里问到，我们最深的渴求究竟是什么？就是被理解、被爱、不孤独，归根结底，**不用死，也不用承受所爱之人的死**"。[4]

费里知道今天很多持世俗观点的人（他们和伊壁鸠鲁以及其他古代思想家的想法类似）都声称，不要对死亡想得太多。他们说，那不过是"生命的终结"。你死了，不存在了，仅此而已——你什么都不知道了，也不用随时为此担忧——"既然如此，你又为什么给自己找麻烦，想这么无聊的问题？"但是费里答道，这样的推理实在"太残酷，显得不诚实"。[5] 是什么赋予你人生意义？难道不是你和所爱之人的关系吗？说实话，你真的不害怕现在珍惜的一切在将来某个时刻都被夺走？难道你这么不在乎你所爱的人，永远分离真的无所谓吗？但是在我们死去之前，那些赋予人生意义的东西就已经开始离我们而去了。"万事不可逆转，这是一种死亡，是生命的本质。"[6] 这恰恰就是我们所说的邪恶和苦难。费里总结说，诚实的人必须承认，死亡及其后果是人生的大问题——或者说，是**唯一的**问题。失去的不能再挽回，如果要生活得美好自由，能够享受快乐，能够去爱，我们就必须学会战胜这躲不掉的恐惧。[7]

古希腊哲学家相信，哲学只有一个目的，就是发现面对邪恶、苦难和死亡的好方法。费里认为，实际上**只有**哲学或宗教能帮助我们处理痛苦和死亡。为什么？苦难拿走了我们的所爱、快乐和安慰，我们正是倚靠这一切才使人生有意义。如果苦难发生，我们怎么能保持镇定，甚至仍然能平安和喜乐？答案就是把人生意义建立在死亡触不到的东西上。也就是说，这两个问题的答案，即"人生的目的是什么？"和"我应该怎样度过这一生？"应该建立在苦难无法摧毁的东西上。这只有靠哲学和宗教才能做到。他总结说："人们以为这个过程可以被现代心理学之类的知识取代，但这是个错误。"[8] 费里（他没有宗教信仰）知道，在这方面，他的观点和世俗世界观相悖，但他坚信科学不能帮我们解决苦难，因为科学不能帮我们找到目的。科学讨论的是实然问题，却永远不能解决应然问题——那是哲学和信仰的事。若不能解决这些问题，就无法承担生活中的艰难。

所以，历史上每个时代都给受苦者提供了一套"安慰"之法，训练并帮助他们应对磨难和损失。我们会考查西方历史上的三个时期——古代、中世纪和现代——看看它们各自的解决之道。

通过理性得到救赎

在希腊哲学各流派中，最有影响力的大概是斯多葛学派。[9]他们相信宇宙有一个神圣理性的结构，称之为逻各斯（Logos）。他们认为宇宙并非纯粹由物质构成，也不是由一位人格化并且超越万有的神所创造的。在他们看来，宇宙神圣、美丽、结构良好、秩序井然，这个秩序符合理性，能够为我们的理性所感知。所以，他们相信在道德上有"绝对真理"——符合宇宙秩序的正确行为——和违背宇宙本质的错误行为。通过演绎和推理，可以从眼见的世界中得出这套"绝对真理"。除去某些明显陷入混乱的时代和地点，整个宇宙在本质上是和谐的，万物各有其位、各司其职。

对斯多葛学派来讲，头脑和理性的任务就是认识宇宙的秩序，与之协调一致。据此，这一派有三种面对死亡和苦难的方法。第一种是"接受命运起伏无常，把那看作从神而来的天意和美意"。[10]如果宇宙本身是神圣、理性、秩序井然的，那么"协调一致"就意味着完全接受所有遭遇。斯多葛学派认为，"不再有希望和恐惧，这才是美好的人生。换句话说，顺应自然，接受世界本来的样子，就是美好人生"。[11]

第二种方法是重理性轻情感，不要太过倚赖生活中的任何事物，因为那会带来无法抗拒的痛苦。有个学者总结得好，这种方法意味着"通过运用理性，人们不去在乎自己力所不能及的一切……灵魂必须驱逐或抑制强烈的情感"。[12]例如，哲学家爱比克泰德（Epictetus）在他的《论说集》（*Discourses*）中教导学生们：

你若依恋什么，千万别让它成为你不能失去的，这是最根本也是最高层次的训练，能让你一步跨入幸福……当你亲吻孩子、弟兄和朋友时，绝对不要全情投入，也不要放纵想象力；要抑制它，约束它。[13]

爱比克泰德继续对他的学生说："要提醒自己，你所爱的终将死去，你所爱的不属于你……当你亲吻你的孩子时，轻轻地耳语，'明天你会死去'；这样做有什么不好呢？"[14]

吕克·费里承认，这听起来相当冷酷无情，但是他为爱比克泰德辩护。他说哲学家在这里不是让你对自己的孩子冷酷无情，而是"热爱当下到一个地步，不再渴求其他，也没有任何遗憾"。[15]如果你能这样做，那就可以告诉自己，"若是灾难降临，我亦有准备"。费里说，事实上如果你达到了斯多葛学派的要求，那你就触及了某种类似救赎的东西，在这个意义上，因时间而生的恐惧被熄灭，再没有什么能搅扰由此而来的宁静。一位圣人如果悟到这个层次，那他的确"像一位神"一般活着，瞬间即永恒，不受侵扰。[16]

斯多葛学派给受苦者的第三种方法和我们自己的死有关。他们教导说，死亡并不意味着不存在，而是从一个状态转变到另一个状态。宇宙自始至终需要你，作为人而存在。你的全部——灵魂和身体——在死后依然是宇宙的一部分，不过是换了一种形式。马可·奥勒留（Marcus Aurelius）说过，"你来到这个世界，成为它的一部分；你将会消失，进入那孕育的整体；或者借着变化的过程，你被纳入它创造的法则。"[17]

顺从命运，超然淡泊

在探讨苦难的古典著作中，古罗马思想家西塞罗和塞涅卡（Seneca）的作品最有影响力，二人都深受古希腊斯多葛学派的影响。西塞罗在《图斯库兰讨论集》（*Tusculan Disputations*）中提出的核心观点是，死亡并非邪恶，人们不应该惧怕和厌恶它。你的生命是来自自然的一笔借贷，随时可能被收回。承认并接受这笔借贷的条款，这才是智慧，因为本来就别无选择。西塞罗相信，因所爱的人逝去而哀伤是人之常情，但要适度克制。即便如此，西塞罗还是坚持认为悲伤毫无用处，不会产生任何积极效用。悲伤来自对事物本质的错误信念，所以一定要控制。[18]另外一部旨在提供安慰的古罗马名作是塞涅卡的《致玛西娅的告慰书》（*To Marcia on Consolation*）。玛西娅是一位丧子的母亲，三年来，她一直陷在悲伤中。塞涅卡提出的观点和西塞罗差不多，他让玛西娅战胜悲伤，"继续生活"。大自然从未承诺，我们所爱的人可以长生不死，或者活到寿终正寝。尽管那个男孩年纪轻轻就死了，可是这让他免于生活中的种种邪恶——的确如此，他可能因此逃过了更可怕的苦难。这一切都指向一个重点——玛西娅若想生活得好，就要向命运低头，而不是抗议或挣扎。

在古希腊罗马哲学家探索命运和苦难的同时，世界的另一端已有类似的观点在蓬勃发展。几个世纪以来，东方文化和宗教就提出，物质世界不过是幻象，认为人类以独立的个体存在其中的观点也不过是幻象。印度教和印度思想最古老的经典《吠陀经》教导说，一切差别终归虚幻。最终只有一个真理，就是"汝即彼"（*Tat tvam asi*）——"Thou art That"。换句话说，物质世界看似由许多互不相同的个体组成，物体甲不是物体乙，那是我们的五官（还有科学和逻辑）告诉我们的。一个人惨遭损失，另一个人却富足。但这是骗人的假象，被称作**幻**（*maya*）。世界不仅没有恶，也没有善，没有个体，连物质世界本身也不存在。每个物体实际上都是一（One）的某个部分，一又叫全灵（All-Soul）或绝对精神（Absolute Spirit）。除它之外再无其他。[19]我们终将一无所失。我们是全部的一部分。

今天，这个观点最纯正、最有影响力的形式当属佛教。[20]根据佛教传统，乔达摩·悉达多（Siddhartha Gautama）王子本来身居深宫、生活奢华。但在他走出皇宫之后，看到"四个悲伤的情景"——一位病人，一位老者，一具尸体，以及一个苦行僧。他深受触动，下决心毕生探索如何在苦难中活出淡泊宁静。许多年后，他在菩提树下悟出结果。他第一次教训信徒时提出了四圣谛。第一，苦谛，众生皆受苦。第二，集谛，苦难之因在于欲望或渴想。第三，灭谛，只有消除欲望，苦难才会结束。第四，道谛，要彻底觉悟，方法是修八正道。八正道的修行方法涉及生活的所有方面，包括正见、正思维、正语、正业、正命、正精进、正念和正定。这是一种非常平衡的生活，不要求禁欲和放弃基本所需，而是要过简朴生活、服务他人以及自制自律。

战胜苦难的方法就是将你的心抽离，不要太迷恋这个世界的任何东西。佛教认为，受苦者的关键问题在于，欲望总是不得满足。我们的渴想，即苦难中感受到的痛苦，都基于一个幻象，就是觉得自己是独立的个人。简单地说，如果看一切都是暂时的，就不会那么迷恋。如果真的把一切都看作是自己的一部分，就不会对它紧抓不放，或者为它哀伤，仿佛它消失了一样。你最终什么也不会失去，因为每一样事物都是那个绝对（Absolute），那个一（One）的一部分，我们终将回到那里。

很明显，这种看法和古希腊，尤其是斯多葛学派的看法十分类似。[21] 斯多葛学派说世界的根本是一个非人格化的、普遍的逻各斯，它是宇宙的核心，决定一切。由此可见，要想过美好生活，最实际的方法就是"不要太感情用事"，要控制对所有事物的爱和喜悦。法国哲学家安德烈·孔特-斯蓬维尔（André Comte-Sponville）指出，斯多葛学派的观点和佛教观点联系紧密。二者都否认"活在希望中"是好事，相反，它们都认为希望是杀手。如果我们希望计划顺利，如果我们告诉自己事事顺利才能快乐，那么我们必将生活在焦虑中，一旦无法达到目标，我们就会垮掉。这样一来，错在我们。[22] 古希腊作家普鲁塔克（Plutarch）曾写过，我们必须"顺从命运的安排，不能抱怨"。[23]

更大的希望

基督教开始发展之后，信仰基督教的作家很快就带来许多新想法，丰富了人类思想。这些新想法不仅和西方异教信仰明显不同，和东方思想也有很大差别，尤其是在苦难这个问题上。[24] 基督教的苦难观盛行于罗马帝国，深刻地影响了人类思想，其重要性不可估量。

早期基督教宣教士和作家非常积极热情，他们不仅论证基督教的苦难观更有道理，还强调基督徒的生命见证了他们的信仰。早期教父西普里安（Cyprian）回忆，大瘟疫爆发时，基督徒既没有像非基督徒那样丢下生病的亲人，也没有弃城逃跑。相反，他们留下来照顾病人，冷静赴死。[25] 其他早期基督教文献，比如安提阿的伊格纳修（Ignatius of Antioch）写的《致罗马人书》（*To the Romans*）和波利卡普（Polycarp）的《致腓立比人书》（*Letter to the Philippians*），都提到基督徒因信仰而受折磨甚至丧命时表现得十分镇定。"基督徒用苦难为他们至高无上的信仰提供有力证明……（因为）他们面对苦难，表现得比不信的人好。"[26] 希腊人教导过，哲学的目的就是帮助人面对苦难和死亡。基于此，西普里安、安波罗修（Ambrose），还有后来的奥古斯丁都宣称，无论是**面对苦难还是死亡，基督徒都表现得更好**——这是亲眼所见、经过证实的，所以基督教是"至高无上的哲学"。在这一点上，基督徒和异教徒的差别十分明显，足以证实基督教所宣讲的千真万确。基督教在早期和现在完全不一样，初代信徒指出，人生中的苦难和逆境是皈依信仰的主要原因之一，如今苦难和邪恶让基督教信仰饱受批评怀疑。

为什么基督徒与众不同？不是因为他们生来禀性就不

同——并非个性坚强那么简单。这和他们对世界抱持的信念有很大关系。研究古典哲学的学者朱迪斯·珀金斯（Judith Perkins）说，希腊哲学传统对苦难的解释既不实际，也不能满足普通人的需要。基督教处理苦难和不幸的方法，给人更大的空间表达哀伤，同时又有更牢固的根基产生盼望，这是它具有吸引力的一个主要原因。[27]

首先，基督教给人更牢固的根基，让人产生盼望。吕克·费里在“基督教的胜利”（The Victory of Christianity）[28]一章中同意这个观点，即基督教对待苦难的方式是它能完全胜过希腊哲学，成为罗马帝国主流世界观的主要原因。费里认为二者之间一个主要差别在于，基督教对于爱以及人之存在意义的教导。最明显的一点，按照基督教教义，待到未来，身体复活升天，万物更新。但斯多葛派的哲学家教导说，我们死后仍然是宇宙的一部分，只不过不是以个体的形式存在。费里总结说：“斯多葛派的救赎教义是**绝对无个性特征的、非位格性的**。当然，它向我们承诺永恒，但那永恒里没有位格性的人，只有宇宙中微不足道的碎片。”[29]基督徒却相信复活——上百人见证了基督复活升天。**那**才是我们的未来，那意味着自我得到保存——我们作为人的各样特性在死后得以延续，变得更美、更完整。所以，终极的未来是一种完美的、无法阻挠的爱——爱神，爱他人。安波罗修写道：

这就是基督的仆人和拜偶像之人的不同，后者为朋友哭泣，因为在他们看来朋友们永远消失了……但是对我们而言，死亡不是我们身为人的本质的终点，只是此生的终点，因为我们的本质已经换上了更美好的形态，让死亡来抹去所有眼泪吧。[30]

希腊哲学家尤其是斯多葛学派"奋力把我们从死亡的恐惧中解脱出来，代价却是我们的个体身份也被抹去了"。[31]基督教却截然不同，它更能够满足人的需要。费里说，人类"最渴望的就是和所爱的人重聚，如果可能的话，音容笑貌依旧——并非以没有差别的碎片形态，好像鹅卵石或者菜叶一般"。[32]

关于基督教和古代异教信仰的差别，新约《约翰福音》第一章说得再清楚不过了。约翰表达得十分精彩，开篇即把希腊哲学的主题之一纳入其中。他写道，"太初有**道**"（约1：1），然后话锋一转，"**道**成了肉身，住在我们中间……我们见过他的荣光"（约1：14）。这是个相当震撼的宣告。约翰的意思是："我们同意宇宙背后有个秩序井然的结构，只有和它一致才能找到生命的意义。"约翰还说宇宙背后的**道**不是抽象理性的原则，只有博学的精英通过苦思冥想才能悟出来。宇宙的道其实是一个人——耶稣基督——任何人都可以爱他，认识他，和他建立位格性的关系。费里这样概括约翰的信息："所谓神圣……不再是一个没有位格的结构，而是一个超凡的个体。"[33] 费里说，这个"转变高深莫测"，对"思想史产生了无法估量的影响"。

更多空间留给悲伤

希腊哲学和基督教另一个主要差别是，后者在安慰人时，让人有更多空间表达悲伤。眼泪和哭喊不应该被压抑，甚至没有严格控制的必要——它们是自然的、美好的。西普里安援引保罗的话，说基督徒真的会悲伤，但却不会失去盼望（帖前 4：13）。[34] 在基督徒看来，悲伤不是无用之物，不需要拼命去压抑。安波罗修为他兄弟的死流泪哀伤，丝毫不觉得有什么不妥。他在文章中提到耶稣在拉撒路坟前流泪："我们不会因为流泪而犯下大罪。流泪不全是因为怀疑或软弱……我们的主也流过泪。他为一个和他无关的人流泪，我为我的兄弟流泪。耶稣为一人流泪，实际上却是为众人流泪，所以，当我为我的兄弟流泪时，我也是在为众人流泪。"[35]

对基督徒来讲，痛苦不是单用理性或意志力就能处理的，控制和压抑负面情绪解决不了所有问题。我们明白终极真相，不是单凭理性或冥想，而是凭借关系。要得到救赎，需要谦卑、信和爱，而不是运用理性或抑制情感。基督徒面对逆境，与其说是通过禁欲来减少对今生的人和事物的爱，还不如说是增加在神里面的爱与喜乐。费里说："奥古斯丁通常强烈批判过分依恋的爱，但如果爱的对象是神，则不在此列。"[36] 他的意思是，基督教和其他宗教一样，认为过度迷恋世俗之物会导致无谓的痛苦，但它却教导人们，解决的方法不是爱世界更少，而是爱神多过爱世上的一切。只有当神是我们的至爱，我们才能平静地面对一切，因为那爱就连死亡也不能夺去。我们不需要消除悲伤，而应当用爱和盼望调和它，使它升华。

除了用爱和盼望缓解悲伤，基督徒还因为了解神如同父亲一般的关爱而得到安慰。古代的安慰者劝告受苦者说，要接受命运无情之必然性。他们说命运无常，如同机会之轮，没有道理也没有目的。我们只能心甘情愿地接受，不能自怜或抱怨。[37] 基督教强烈反对这个观点。在古希腊罗马文化里，众神和权力核心彼此争斗，无情的命运控制一切。与此相反，基督教呈现的是一种全新的观点。历史学家罗纳德·里特格斯（Ronald Rittgers）写道，基督教坚信有一位独一的创造主，他以位格性的智慧和爱托住整个世界，"这和异教的多神论以及它们对命运的看法完全相反"。[38] 他总结说："这位神创造人类与他相交相伴。"但人类不要与这位神建立这种关系，要自己做主人，神这才将死亡和苦难加在他们身上——"人类必死，又要经受苦难，这的确属于万物的本质，但没有那么简单"。人类堕落之后，痛苦和邪恶进入人间，神于是展开救赎计划，通过基督让人类恢复与他相交相伴。在这个过程中，"试炼、苦难和逆境"为神所用，"以检验灵魂"，与此同时，他还"给人们提供了得救的希望……挪走死亡毒钩的正是他"。[39] 简而言之，尽管我们看神的作为如同婴儿看父母，不能领会，但我们依然相信，无论遇到什么，我们在天上的父亲都在乎我们，带领我们，保护我们。

基督教的胜利

基督教观点取代早期的种种异教思想，成为主流文化观念，这个过程缓慢却扎实。在众多观念更新中，复活的教义依然是重中之重。基督徒宣称，耶稣以肉身来到世上，之后会赎回我们的肉身，让它复活。这和希腊哲学的教导相反，因为它暗示，**今生**的物质世界是美好的，值得充分享受。日常生活和人际关系带来乐趣和安慰，我们不应该厌恶或者刻意回避。费里写道："尽管无神论者不希望看到这种局面，但基督教并没有全然致力于向身体、情欲和感官宣战。"[40]

但是复活有更深远的意义。我们的生存具有无法挽回的失落感，费里引用埃德加·爱伦·坡（Edgar Allan Poe）的诗《乌鸦》（The Raven）来描述它，一针见血。诗中那只不祥的鸟只重复一个词——**永远不再**（Nevermore）。简单明了，却令人生畏地表达了生命的不可逆转。一旦我们的青春、童年的居所还有所爱的人离去，就一去不返了。在生命的旅途中，不可逆转是一种死亡。肉身复活的教义正是在此处起作用。即便是教导灵魂永享属天极乐的宗教，当我们失去生命时，能带来的也不过是安慰，可是基督教却让我们**重获新生**。我们的身体回来了——没错，这个身体是我们不曾拥有却渴望拥有的，完全超乎想象。我们的生命回来了——没错，这生命也是我们不曾拥有却渴望拥有的。这一切都是因为，基督徒盼望的不是缥缈虚无的存在，而是灵魂与身体最终完美结合，我们可以跳舞、歌唱、拥抱、工作和玩乐。于是，死亡看似不可逆转，却被基督教复活的教义逆转，"绝对不再"被终结。

费里做了一个精彩的总结，从历史角度来看很难反驳：

> 基督教看到希腊哲学的弱点，创造了一套全新的救赎学说，显明了与古典哲学的分歧，并统治（西方）世界长达一千五百年之久……（基督教）看来是唯一的选择，它带来的救赎不仅让我们超越对死亡的恐惧，还打败了死亡本身。[41]

于是，基督教宣教士和作者们打好了基础，开拓了一条全新途径来面对苦难，然后在圣经中寻找并且发展出具体又实际的资源来安慰受苦者。结果，一套精妙复杂的体系逐渐成形，旨在安慰和"治愈"受苦的灵魂。其中最具独创性的一点是，他们在抚慰受苦者的过程中发现，原来苦难如此形式多样，这是以前的哲学家没有想到的。

教宗格里高利一世（Pope Gregory the Great, c. 540 – 604）大概是基督教早期历史上在灵魂治愈方面最有影响力的作者。他最重要的作品包括《牧养原则手册》（*Book of Pastoral Rule*）和《伦理书》（*Moralia*），后者是一系列探讨《约伯记》的文章。[42] 一方面，格里高利认为苦难不是幻象，也不是由反复无常的命运造成的——苦难总有目的。人们并非无助的受害者，受制于残酷的命运，而是在一位充满智慧的神的手中。格里高利极力强调，我们不应该抱怨命运残酷无常，而应该像约伯那样，耐心忍受苦难。

但是同时，他也拒绝另一个极端，也就是道德主义的看法——比如印度教的因果报应观念，即我们犯了多少罪，就要受多少苦。格里高利说，尽管苦难根本上是由于人类犯罪，但并不应该认为，某种具体形式的苦难是个别罪行的结果。他提醒人们，受苦和犯罪不一定直接相关，这正是《约伯记》的主要教训。他在《伦理书》中写道，约伯的朋友们坚称，约伯遭遇大难是要为所犯的大罪受罚。但是他们没有看到，世间的苦难形式各异，为了在"神的安排中达到种种目的"。[43] 有些苦难是为了惩戒，让人远离错误的生活方式（比如约拿陷入风暴），有些是

"为了避免将来犯错,并非要纠正以往的错误"(比如约瑟被卖为奴),还有些苦难之所以发生,就是为了让人更热切地为了神的缘故而爱神,从而找到最终的平安和自由。在格里高利看来,约伯受苦就属于最后一类。[44]

位格性的神是有目的的神。从圣经不难看出,苦难以不同形式在不同人的生命中起作用。早期基督教牧者相信,没有所谓千篇一律的方法能用来安慰和帮助受苦的人。

路德改革运动中的苦难观

教宗格里高利的时代结束后,教会内部逐渐发生重大转变,人们相信,"应该耐心忍受(苦难),靠着神的恩典,得到天堂的奖赏……"[45] 换句话说,苦难帮你除去罪孽,这听上去很像倡导因果报应的东方宗教。如果你耐心领受苦难,就能除去部分罪债,赢得神的青睐,进入永恒极乐。

中世纪后期神学家约翰内斯·冯·帕尔茨(Johannes von Paltz)在 1504 年写了《天堂宝藏的补充》(*Supplement to the Heavenly Mine*)一书,可以作为例证。他在书中说,受苦时表现出的耐心具有极高的道德价值,即使你一生犯罪无数,只要你最终凭着信仰冷静地接受死亡,那么一切罪债都可免除。罗纳德·里特格斯指出,这种强调用忍受苦难来赢得救赎的观点偏离了早期基督教的教导，有异教禁止表达悲伤的意味。用里特格斯的话说，这实际上是一种"基督教化的斯多葛主义"（Christianized Stoicism）。[46] 悲伤的宣泄或痛苦的呼喊都会被天庭视为缺乏信仰上的顺服，所以，情感宣泄对于免除道德罪债来说帮助不大。最重要的莫过于压抑情感，平静地接受苦难，不要质疑。按照这种理解，约伯不应该宣泄情感，《诗篇》作者不应该哀伤恸哭。圣经中关于理解苦难、经历苦难的教导本来是丰富多元的，在这个时期却被简化成了咬紧牙关隐忍到底。

但是接下来欧洲发生了改革运动，尤其是马丁·路德（Martin Luther）的圣经神学，不仅更新了教会，更深化了基督教的苦难观。按照中世纪的观点，我们完善品格，最终会赢得永生，得到救赎。路德拒绝接受这种观点。在他看来，我们是因信心而得救，信心不单指内心单纯，从根本上说，更是"接受的能力"。信心就是相信神的应许，我们凭借信心抓住救赎；救赎不是靠我们自己，而是因基督的拯救而白白获得的。这对基督教的苦难观产生了"革命性的影响"。[47]

路德在讲道中强调，最重要的就是承认，我们无论如何都不可能靠自己得到救赎。我们只需要信靠耶稣，神就白白赐下恩典，完全接纳我们成为他眼中看为公义的人。明白和掌握了这一点，就拥有了真正的自由，不再背负向社会、家庭、他人甚至自己证明自己的重担。不再惧怕将来，不再因宿命而焦虑。在所有观念中，这最能让人得释放，从而终于有能力面对一切苦难。因为十字架，你知道神必然与你同在；因为复活，你知道最终一切都会是美好的。

靠品德、靠心态、靠善行才能得救的观念，给生活蒙上了一层厚重的不确定和不安全的阴影。如果神按照我们生命的好坏来施行拯救，那我们就永远不可能安心，不能确定神是否与我们同在，是否爱我们，因为我们的生命必然有缺陷。要想逃离这种不确定性，你需要打破一切幻象，承认自己不可能用智慧和能力为自己创造安稳美好的人生，也不可能指责神，说他应该给你这样一个人生。

在路德看来，苦难有双重作用。在得到喜乐和爱从而战胜苦难之前，我们需要苦难来清空我们的骄傲，引领我们在基督里找到真喜乐和唯一的安稳。路德宣称："既然神用诸般苦难拿走了一切我们看为好的东西，甚至生命，那么只有当我们把心灵寄托在更美好的事物上，也就是通过信心与神联结时，我们的内心才能安宁，才能承担苦难。"[48] 苦难消除了我们的幻觉，让我们知道不可能靠自己的能力来主宰人生，拯救自己。人们"在苦难中被掏空"，这样才能被神和他的恩典填满。[49] 路德写道："神的本意就是无中生有。一个人若不能让自己成为无，神就不能塑造他成为有。"

所以，神只接受被遗弃的，只医治生病的，只让瞎眼的看见，只让死人复活，只让罪人成圣，只给愚人智慧。简而言之，他只怜悯那可怜的。[50]

十架神学

对路德来说，苦难的意义远超过做好精神准备。他最先提出了"十架神学"这个概念，和"荣耀神学"形成对比。世人期待一位强大的神，凡追随他的，只要尽力遵从而不违背律法，就会蒙福亨通。这是约伯三个朋友的观点，也是耶稣时代法利赛人的观点。根据路德的记载，中世纪大部分教会的领袖也持有类似心态。这是"荣耀神学"，并非基于圣经的神学。圣经传递的信息让人惊叹，神的属性恰恰是透过十字架上的软弱、苦难和死亡才得以彻底彰显。这和"人们期待找到的神恰恰相反"。[51] 路德在《九十五条论纲》* 中写道：

如果一个人以为，在受造物身上，神隐秘的作为显而易见，那他不配称作神学家。配称作神学家的人，一定是

* 应为《海德堡辩论》。引文见《海德堡辩论》第19、20条。——编者注

透过苦难和十字架，理解了神要显明的一切。[52]

路德说，"荣耀神学"认为神的作为"显而易见"。所以约伯的朋友认定，如果你事事顺利，那说明你的为人得到了神的赞许；如果你遭受苦难，那说明你做了错事，神抛弃了你。他们觉得分辨神的目的和计划很容易。但是约伯受苦，背后的原因很神秘，神向约伯隐藏了他的目的，读者也不十分清楚。可是约伯的痛苦挣扎却把神的本质深刻地显露了出来，不仅在圣经中，也在历代所有文学作品中——而约伯本人也被更新改变。

同样，耶稣时代的宗教领袖盼望一位态度和蔼友善、容易被人理解的弥赛亚，能够带领他们击败罗马政权，让以色列实现政治独立。他们不能接受一位柔弱的、受苦的、被钉上十字架的弥赛亚。那些站在十字架下望着耶稣死去的人，根本不知道眼前的一幕正是历史上最伟大的救赎行动。他们看到耶稣受难，可是他们真的"清楚明白"神的作为吗？他们不明白——尽管奇异恩典就在眼前，他们看到的只有黑暗和痛苦。凭借理性，他们认为神不可能用**这种方式**行事。所以他们嘲笑耶稣，让他"从十字架上下来吧"，还说"他救了别人，却不能救自己"（太 27：42）。他们没有意识到，耶稣之所以能救世人，正是因为他**没有**救自己。

只有通过软弱和痛苦，神才能拯救我们，以最深刻的方式向我们彰显他无尽的恩典和慈爱。的确，这就是测不透的智慧——一次行动，**同时**成全了律法的公义和对悖逆之人的饶恕。那一刻，神的爱和公义都得到了满足。这位弥赛亚到来、死去，为的是将死亡终结。罪只有通过软弱和苦难才能得赎——这是唯一将邪恶终结却又让我们存活的方法。

路德认为耶稣在十字架上的呼喊——"我的神，我的神，你为什么离弃我？"（太 27：46）——是"整本圣经中最伟大的话语"。[53] 路德亲身经历过"Anfectungen"，这个德语词是指世界、肉体、魔鬼用邪恶和苦难对人类不断发起"攻击"。对路德来说，"Anfectungen 是……一种绝望无助的状态，和 Angst［或惧怕］十分相似"。[54] 但是路德从十字架上这段离弃之言看到了一个深刻的悖论。基督以他的人性承受神的离弃；他对 Anfectungen 的理解，比任何人所能经历到的都要深刻。所以新约《希伯来书》劝告我们，要向耶稣寻求怜悯和恩典，"作为及时的帮助"，因为他"同情我们的软弱，他像我们一样，也曾在各方面受过试探，只是他没有犯罪"（来 4：14—15）。路德看到，"在基督里，被神离弃的罪人们有了救主，他全然担当了人类背离神的罪孽——并且胜过了它"。[55]

于是路德问，为什么人会因生命中充满黑暗和痛苦而惊讶呢？即便是在基督里显现的神自己也没有回避这一点。但是，尽管神的目的常常隐晦不明——约伯和站在十字架下的人都不明白，我们却因为有圣经的教导、掌握了圣经的信息而知道，向上即是向下。通往能力、自由和喜乐的路上会有苦难、失落和悲伤。

不是说坏事自然会带来好事，也不是说这个过程类似**交易**。我们只有明白耶稣所受的苦，他为我们成就的事，苦难才会让我们成长。路德说，"基督徒必须首先全然接受耶稣**为**他们受苦所带来的所有好处"，否则"就不能和基督一同受苦"——不能效法他在压力下的忍耐和爱。[56] 路德的亲身经历让他知道，如果不确定神对我们的爱，苦难必会把我们撕碎。中世纪教导说，根据忍受苦难的程度赢得神的奖赏，这根本不能奏效。我们永远达不到问心无愧，因为我们永远不能确知，自己在苦难面前是否足够顺服，内心是否足够纯净。

路德说的没错，要想战胜苦难，这种良心上的平安恐怕是唯一重要的先决条件。我们绝对不能用忍耐去赢得在基督里的平安——我们先要有这平安，然后才能忍耐。我们必须首先仰赖基督为我们受苦的丰盛恩典，然后才能像他一样面对苦难。如果我们知道，尽管我们有很多缺点，他依然无条件地爱我们，那我们就能确信，当痛苦悲伤来临时，他不仅与我们同在，还改变我们的生命。我们还能确信，他不仅在我们身边，他还内住在我们心中。我们既然是他身体的一部分，我们受苦就如同他自己受苦，他都感受得到（比较徒9：4；西1：24）。

"内在框架"的兴起

现代社会初期，基督教在欧洲和美洲殖民地都享有优势地位。但是接下来的五百年，情况发生了转变。哲学家查尔斯·泰勒问道："为什么在我们西方社会，比方说在公元1500年时，不信上帝实际上是不可能的；而到了公元2000年，我们当中的许多人发现，不信上帝不仅容易，甚至不可避免？"[57] 在过去五百年里，西方社会逐渐世俗化，信仰和宗教不再是主导，其对公共机构的影响力也越来越弱。人们仍然可以信神，但是基督教却经常遭到挑战和质疑，且仅被视为众多可供选择的人生观之一。

泰勒发明了几个独特的新词来形容当代社会的世俗特性。他说我们今天生活在一个"内在框架"（immanent frame）中，这个观点认为世界完全是一套自然秩序，当中没有任何超自然力量。这是一个完全"内在"的世界，绝非"超验"的世界。[58] 他发明的另一个词是"缓冲的自我"（buffered self）。古代人看自我是"开放且包容的"。比如说，自我包括灵魂，把我们和神以及精神世界联结起来。我们大部分的本性、感受、直觉和态度都受外部力量影响，我们无法掌控。人们假定，人必须向自我之外——

自然和神——去寻求正确的生活方式。现代人则不同，他们有一个"缓冲的自我"，这个自我在周围设限，自给自足。因为自我之外没有一个超验的、超自然的秩序，所以必须由我来决定我是谁，我要成为谁。[59] 我不需要向外看，也能知道如何生活。今天，"凡事为我，我为凡事定义"；的确，我们现在"圈定意义这块土地，并在其上立法"。[60]

泰勒说，只有当我们的信心——"靠自己建立道德秩序的能力"[61]——迅速增长，自我意识才能发生如此转变。以前，人们十分谦卑，明白宇宙之大，自己不能完全了解。宇宙拥有无限奥秘——人类靠理性永远不能测透。人类哲学的"梦境"根本无法涵盖"天地间的万物"。宇宙不仅仅由内在框架构成，它还充满了属灵的要素。但是，"内在框架"和"缓冲的自我"并肩发展。泰勒的说法比较学术，可以用日常生动的表达来解释他的观点。《纽约时报》近期刊登了一篇文章，作者观察到一个趋势，就是自己为自己取名，女人尤其喜欢这样做。有位女士离婚后为自己改了名字，她解释说："为自己取名有很多象征意义。它象征着我要为自己的生活负全责。我必须自己创造幸福，提升自己的实力，成为自己前进的动力。"[62]

人们并没有因"内在框架"而立即不信神，但是它让信仰发生了转变。这个框架似乎不是完全封闭的，其顶部有一个小洞。泰勒解释了自然神论的观念是如何进入十八世纪精英阶层的。自然神论认为，神为我们的好处而创造世界，现在世界自己运转，神不再时时直接参与。世界如同钟表，透过科学就能认知，不需要神的启示。在这个观念中，神虽然存在，却是遥不可及的，非我们所能认识。我们的主要责任**不是**爱他、敬拜他、顺服他，做不到这些时寻求他的饶恕，而是用我们的理性和自由意志实现人类繁荣。简而言之，早期基督教的观念——我们为神的荣耀而存在——渐渐消退，取而代之的是神为我们而存在，他供养我们。

自然之恶和里斯本大地震

在 1755 年发生的里斯本大地震中，这个全新的现代自我观念首次起来反对邪恶和苦难。那次大地震影响深远，显示了什么叫作"自然之恶"——苦难并非因人而起，而是来自自然界。11 月 1 日万圣节那天，一场大地震几乎彻底摧毁了葡萄牙的首都，无数人丧生。许多欧洲思想家，尤其是伏尔泰，认为这件事证明了圣经中那位慈爱的神不存在。从我们现在置身的世俗文化回望，我们或许会想，提出"恶之难题"——遇到灾难而质疑神——是十分合理的。今天每当发生大灾难，我们都会听到这种对信仰的公开质疑和挑战。

泰勒指出，里斯本大地震发生后，讨论"恶之难题"是件新鲜事。当然，在《约伯记》甚至比那更早的时期，人们就已经开始质疑神对人类的作为和神的公义了。但是从来没有人公开辩称,邪恶让神的存在变为不可能。出现这种断言需要一个前提,就是先有对神的内在框架的假设。泰勒写道,当时西方社会依然相信世界是神秘的,靠理性不可测透,并且神是荣耀且不可言说的,所以恶之难题"没有那么迫切"。据此,我们应该有心理准备,邪恶不可解释。但是有两个原因,使得自然神论的世俗特性让恶之难题恶化了。

以前每当苦难发生,虽然用理性找不到合理的解释,但并不意味着不存在任何解释。那时候我们还算谦虚,知道自己不能完全了解世界。但是到了十八世纪,我们相信头脑和理性能让我们彻底明白一切。我们变得更自信,相信有能力将一切尽在掌控之中,这个信念改变了人类对苦难的看法。于是恶变成了更大的难题。

只有在世界-图像的时代,人们才会有这样一种确定性,即人们确信自己已经掌握了所有的要素,能够公正地展开一场对上帝的审讯……在更早的时候,面对着存在于上帝所创造的这个世界上的艰难和困苦,我们可以更容易地去求助于上帝,因为他是帮助者和救赎者,虽说我们也承认,我们无法真正理解,他的创造怎么会陷入到这样一种窘境,以及究竟是谁的过错(大概是我们的过错)。现在的情形却是,我们认为,我们明白所有这一切是怎样发生的……人们在咖啡馆和沙龙对神性公义进行反思，开始表达他们的不满，面对这种状况，神学家们开始觉得，这是他们必须应对的挑战。[63]

另外，人们现在觉得，人类受造不是首先为神的益处。恰恰相反，神创造世界是为了我们的益处。但是泰勒继续说道，正是这个基于自然神论的对神的观念——并不完全符合传统基督教观念——因里斯本大地震而陷入危机。他写道：

一旦我们声称理解了宇宙及其运作，甚至试图援引宇宙创生是为了我们的利益而解释其运作，那么这种解释就会遭到明确的挑战。……1755 年的里斯本（大地震）明显没有达标。于是内在秩序加大赌注。[64]

如果你相信神创造世界是为我们的益处，那么一旦苦难袭来，邪恶临到，你的人生观必将动摇。有些人半信半疑——相信有个遥远的神为我们的益处而存在，有些人依然持守正统——内在框架没有削弱他们的信仰，对前者来说，恶之难题带来的冲击更大。换句话说，只有当你偏离正统，对神持有异于传统的特定看法时，苦难和邪恶才会反驳神的存在。前提已经包含了结论，就是怀疑神。可以这样认为，在内在框架里，每当苦难和邪恶发生时，圣经中的神必然遭受指责。

对基督教半信半疑和恶之难题

　　一般认为，美国的世俗化进程比欧洲和加拿大要慢，但世俗化的趋势不可阻挡。尽管不少建国先驱（像托马斯·杰弗逊）都是自然神论者，但是美国依然经历了几波强劲的灵性觉醒，基督教信仰依然主导美国大众文化。具体来说，人们相信人生来有罪，每个人都动过犯罪的念头，也有犯大罪的能力。这意味着"道德邪恶"——人类彼此恶意伤害——很容易解释。生活在罪人当中，痛苦成为必然。此外，人性本恶也解释了"自然之恶"。因为我们背离了神，世界只能是个黑暗破碎的地方，公义的神要来施行审判，这是可以理解的。地震和战争就是在向人类呼喊，要热切祷告，真正悔改。

　　但是美国已然开始偏离以往的信仰，不再相信人性本恶、人在精神上盲目绝望，必须寻求神的帮助。安德鲁·德尔班科（Andrew Delbanco）在《撒但之死》（The Death of Satan）一书中回顾了美国文化如何从十九世纪初期开始，逐渐失却了基督教教义中对人性之恶和撒但之真实的教导。他写道："以己为傲原本是魔鬼的印记，现在不只成了正当合理的情感，甚至是美国人人追捧的最高神明……自由个人主义在这段时期形成了它的现代样式。"[65]

于是到了今天，整个西方社会都在世俗框架内运转，虽然仍有人公开表示持守传统信仰，相信神，但大部分人都受到这个框架的影响。我们认为自己是命运的掌控者，是是非对错的判定者，神有义务为我们的益处安排一切，如果遵守了自己选定的标准，那就应该生活得更好。社会学家克里斯蒂安·史密斯（Christian Smith）把这种心态称作"道德主义且有治疗作用的自然神论"（moralistic, therapeutic deism）。[66] 许多持这种心态的人都会说自己信神，还有人更甚，直接称自己为基督徒。但正如我们看到的，世俗化削弱了传统信仰。而且这种世俗化了的信仰，或者说，这些半信半疑的基督徒们，在遭遇苦难时恐怕最不堪一击。

在古代，人们公认基督教能提供更好的资源，帮助人们面对邪恶、苦难和死亡。到了现代——虽然讨论不再那么公开——受苦者还是可以寻求基督教，所获得的强大资源恐怕远超过世俗文化所能给予的。这些资源存在于独特且富有活力的基督教信念中。

第一个相关的基督教信念是，神是有位格的、智慧的、无限的，因此不可测透。他掌管世间的一切——比起相信命运无常、我们被命运玩弄于股掌之中的信念，这更能安慰人心。第二个关键的教义在于耶稣基督，他本为神，但他来到世上，和我们一同受苦，为我们牺牲——比起相信一位遥不可及、无动于衷的神，这更能安慰人心。

十字架还证明了，尽管神不可测透，他却与我们同在。第三个教义是，只要相信耶稣基督在十字架上为我们成就的，就可以确定得救——比起相信因果报应，这更能安慰人心。我们有把握，受苦不是为过去赎罪，因为耶稣已洗净我们所有的罪。路德教导说，如果你不确信神供应你、与你同在，那么你根本无法承受苦难。世俗文化给不了这种确信，那些宣扬用美德和善行换取拯救的宗教同样做不到。

第四个伟大的教义就是凡相信的人，死后身体会复活。这让我们的喜乐和慰藉有了完美结局。人心最深的渴望之一，就是永不分离的爱。无需多讲，比起相信死后进入虚无或者无情的灵界，复活的盼望更能安慰人心。它超越缥缈空洞的来生。我们重新拥有身体，美丽而强壮，是今生无法想象的。耶稣复活的身体真实可感——可以触摸、可以拥抱，他还进食。但他也能穿过锁着的门，他也能消失。他的身体真实存在，但又超过任何想象。说到天堂，它的确可以安慰受苦的人，弥补逝去的今生。但是复活不仅带来安慰，更是复原。一切都失而复得——我们的爱，我们所爱的人，美好的事物，今生的福乐——但又和以往不同，一切都带着不可思议的荣耀、喜乐和力量。这就是吕克·费里说过的看似消逝，却已**挽回**。[67]

如果一个人不能从这些基督教教义中得到安慰，那我觉得他遭遇苦难时，不信神反倒会更好过。在西方世界，信仰被世俗文化冲淡的现象很普遍。今天许多人信神，也去教会，但是你问他们，是不是真的相信神已拯救并接纳了他们？是不是真的相信耶稣在十字架上舍己，且真的为此深深触动？是不是有十足把握，相信耶稣身体复活，凡是信他的也会身体复活？答案可能是"不"，或干脆给一个白眼。西方文化的内在框架让我们理智上不再那么相信神，全心全意信靠他更是难上加难。但是相比于无神论，这种对基督教或其他一神宗教信又不全信的状态，最容易受到苦难的冲击。正如泰勒所说的，自然之恶冒犯了那些相信神为我们而存在的人，又让那些不相信自己是罪人、只能靠恩典得赎的人惊慌失措。

苏珊·雅各比（Susan Jacoby）是位无神论者，她在《纽约时报》撰文写道："每当我看见风暴过后，活下来的人无家可归瑟瑟发抖；每当我看见媒体肆无忌惮，将父母的丧子之痛摆在公众面前，我不需要问为什么全能全善的神允许这些事发生，因为所有信神的人都必定会问。"[68] 在某个层面上，她说得对。如果你不信神，那么根本不用为人生是否公平这件事费心。人生本就如此，只能接受。但是同时，你也得不到基督教信仰中可以支撑你的强大的慰藉和喜乐。雅各比说，不信神就不用想"所谓神义论的问题"，不用和"一位来生的隐形君王"把"今生的苦难弄清楚"。

但是读哲学家查尔斯·泰勒的著作就会看到，"神义论这个问题"之所以产生，不是因为坚信神和罪性，而是因为信得不够坚定。由于我们自以为眼界开阔，不需要倚靠神的恩典和启示，越来越自信已经明白了宇宙如何运转、历史如何前进，这才使得恶之难题变得如此无法容忍。我们遭遇苦难时，神似乎无动于衷，那是因为神在我们眼中变得遥远了——神的爱是抽象的，他不是为我们受苦、为我们死去、拯救我们脱离罪恶的神。简而言之，人若陷入痛苦，信神却怀疑拯救和复活比不信更让人感到幻灭。苦难来临时，信神却三心二意或只有理论，比不信更痛苦。

生命故事：未完待续

泰 斯

我的信仰危机发生在我刚成年时，并非由于我自己遭了什么大难。在我的医生生涯中，我参与救助的惨剧数不胜数：七岁的孩子被扔出货车、致命的交通意外、二十五岁患了乳腺癌、圣诞节心脏病突发，诸如此类。我看了太多，也处理了太多。每一次都充满挑战。我拼命应对，我的丈夫巴里和我一起，我们的信仰受到考验。可是神让我们更有信心，我们虽然不明白他的作为，却全然信靠他。接下来几年，随着我更了解人体，我感到我们的身体只要如常运转，这就足够让人惊讶不已了。孩子出生却不是先天畸形，这简直是个奇迹。我们能呼吸、进食、消化、抗击癌症，又能入睡，这真值得赞叹。

每天我都能体会到，大自然拥有精妙的构造，保持微妙的平衡，全都仅凭神的恩典。所以每当苦难发生时，人们会问："为什么是我？"我们却不会这样问。或者说，我们会问另一个问题："为什么不是我？我做了什么，配得这源源不断的祝福？"

2012年初，我的母亲被确诊癌细胞转移，卵巢癌复发，属于晚期。我那时正怀着第三个儿子，我们一家四口搬到亚利桑那州，希望陪母亲走过人生最后一程。我们搬过去后第三个星期，她安息主怀。在她临终的日子里，她神志不清，但不可思议的是，她口里嘟哝的都是圣经经文。那些词句在她心里扎根，虽然病痛让她糊涂，语无伦次，可神的话语早已深深印在她心里。我在安息礼拜时向主祷告，求主让他的话语也在我心里扎根，这样，在我弥留之际，神志不清时，我向他倾诉的唯有他给我的话语。

2012年8月，我们的第三个儿子出生了。三年间，孩子们先后来到，最大的再过六个星期就三岁了。生活近乎完美。11月的一个下午，风和日丽，我下班回到乱哄哄的家，心里满是幸福，小儿子在午睡，保姆去叫他。突然，保姆惊恐地尖叫起来，持续了几秒钟，使我惊恐不已。我走进卧室后马上就明白了。我还没来得及看他一眼，他就已经死了。我立刻想起《约伯记》1：21："赏赐的是耶和华，收回的也是耶和华；耶和华的名是应当称颂的。"紧接着是《帖撒罗尼迦前书》5：18："凡事谢恩；这就是神在基督耶稣里给你们的旨意。"在这紧要关头，多年的训练和圣灵惊人的力量给了我此时此刻需要的一切。我给丈夫打电话，告诉他怀亚特死了，让他马上回家。我一边给孩子做心肺复苏，一边用免提打911，但我知道这都是徒然。警察和探员到场后，排除他杀，接下来验尸官要带走孩子的尸体。我拒绝了。我要向神争取，至少要谈一谈，否则我不能放弃。我知道耶稣说过，叩门的就给他开门；我们得不到是因为我们不求；那寡妇不依不饶，终于说服了审判官，得偿所愿；还有那如同芥菜种般大小的信心。在接下来的一个小时里，我和我的丈夫还有保姆一起祷告，求神让我们的儿子复活，好像拉撒路一样，站起来，身体复活。我们大胆地来到神的宝座前，没有悲伤，清清楚楚，直截了当，求他把孩子还给我们。可是不要照我们的意思，唯愿神的旨意成就。神听了我们的祷告。他说，不。我对他说，好，但你要和我们一起经历这苦难，因为我们靠自己绝对不行。后来确定了死因，是体位性窒息，又叫婴儿猝死综合征（SIDS，sudden infant death syndrome）。他死的时候身体健康。

故事并未完结。神不断向我们显现，他从来没打算让我们独自经历这一切。他把自己给了我们，他把基督的身体给了我们。怀亚特死后第二天一早，两位朋友没打招呼就不请自到，帮我们照顾另外两个孩子。我们聚会的救赎主教会动员了两队人马，一队负责祷告，一队负责关怀。有人送饭，有人把自己的家让出来，给我们从尼加拉瓜、阿肯色州、得克萨斯州还有亚利桑那州飞过来的亲人住，又在附近的街区帮我们租房子，有人给我们住在布鲁克林的保姆送饭，有人筹划安息礼拜，印制单张，忙个不停。每个细节都不放过，一丝不苟，是典型纽约客的风格，所有这一切都不需要我们过问和关心。这让我们得以沉入悲伤的最深处，经历撕心裂肺的剧痛，然后从另一端走出来。走出悲伤后，我们发现整个社区因着苦难而更加团结了，而我也再次怀孕了。"赏赐的是耶和华，收回的也是耶和华；耶和华的名是应当称颂的。"

提摩太·凯勒说过，如果我们知道神知道的一切，那么我们求的，神都会给。神的儿子倒空自己，经历穷乏，住在我们当中，想到此，我们就应当谦卑。人所经历的苦难，神都亲自尝过，包括失去爱子，想到此，我们就应当坚持。耶稣复活，他的伤痕成为他的荣耀，想到此，我们就应当振作。神会为自己的荣耀使用这些伤痕，它们也会成为我们的荣耀。的确，故事尚未完结。

第3章
挑战世俗文化

朋友，你想知道生活的艺术吗？一句话即可概括：好好把握苦难。

——亨利·弗里德里克·阿米尔[1]

从前两章看得出，说到装备受苦的人，世俗观点遭遇重重挑战。尽管古希腊哲学家坚持认为他们的哲学框架能帮助人面对悲伤和死亡，但是帮不了太多人，或者说，帮不了大部分人。今天也是一样。理查德·道金斯和苏珊·雅各比这些无神论作家声称，彻底的世俗观点除去了"恶之难题"，让人们专心建设更美好的世界。但是这能帮到大部分人吗？

理查德·史威德指出，尽管这套框架主导西方社会的精英阶层，真正受苦的人却并不认可。史威德说，世俗观点表面上占主流，可是对普通人来说，更古老、更注重心灵、更传统的应对方法却经久不衰。相对于用科学来解释的主流话语，它们是"个人或集体的'反话语'"。[2]

人文主义者在哪里？

2012 年 12 月新城校园枪击案后，多位民间领袖出来演讲，追悼会和丧礼也纷纷举行。这些活动告一段落之后，塞缪尔·G. 弗里德曼（Samuel G. Freedman）在《纽约时报》上发表专栏文章，题为"灾难中，人文主义者似乎缺席"。他发现，在各种公开纪念活动中，不论政治领袖还是受苦的人，都大量使用宗教用语和象征符号，毫不避讳。案发地康涅狄格州从来不是基督教重镇，但是新城每一个失去孩子的家庭都选择举行宗教仪式，地点不一，有天主教堂、公理会教堂、摩门教堂、循道宗教堂、超大型新教教堂，还有犹太教公墓。一队年轻的黑人基督徒从美国南方腹地远道而来，高唱《奇异恩典》。[3]奥巴马总统的悼词其实是一篇讲道，说神"呼唤这些孩子回家"。他大量引用《哥林多后书》4—5 章的经文，用彼岸世界的盼望安慰受苦的人，使他们能承受此时此地失去的一切。

不仅弗里德曼，很多人都惊讶，在我们所处的日益世俗化的社会中，约有百分之二十的人在民意调查中称自己

"没有宗教偏好"，然而，我们整个社会却如此明显地转向神和信仰，以便共同应对灾难。弗里德曼说这一切"留下了一个棘手的问题：人文主义者在哪里？美国没有宗教信仰的人口所占的比例越来越高，但为什么这些通俗地称为'非宗教人士'（nones）者好像都不在场？"（弗里德曼用这个词指那些不相信人格化的神明或任何超自然现象的世俗人士。）

弗里德曼引用哈佛大学人文学院的牧师格雷格·M.爱波斯坦（Greg M. Epstein）的话说："宗教在这种时刻提供给人们的——不仅是神学，不仅是神的存在——更是群体关系。越来越多的人说他们什么也不信，我们要为他们提供另一种形式的群体关系。"简而言之，爱波斯坦的意思是，宗教带给受苦者的无非是关爱互助的人际关系，这些持世俗观念的人也能提供。

但是我们在前面考察了不同文化和历史时期，发现事实并非如此。理查德·史威德、彼得·贝格尔和其他社会学家及人类学家肯定不会同意，宗教文化所能提供的主要是互助的群体关系而非"神学"。关键在于，宗教给受苦者一个全盘的解释，让他们理解苦难，找到痛苦的意义。这些解释都包含深刻的神学，恰恰是现代世俗文化无法提供的。

弗里德曼还提到，世俗人文主义不仅无法提供神学，它也很难让人建立群体关系。宗教通过集体崇拜和节庆造就群体，研读宗教经典也能培养会众之间深厚的关系。各种人生大事的仪式——出生、成年、结婚和死亡，不仅让人们彼此的关系更为深厚，也和古时信徒建立起联系，从而融入历史。这一切，世俗文化都做不到，所以无法形成那种紧密的群体关系来安慰受苦的人。

弗里德曼指出，世俗文化有一个根本性的难题无法解决，因此无法像宗教信仰那样建立"深厚的"群体关系。要想建立群体关系，人们必须超越个人利益，共同忠于一个更高的追求。他说："人文精神受损……因为个人决定一切。"当我成了决定对与错的最终权威时，当我追求自己看为理想生活的权利高于一切时，人们没有动力去维系紧密的、互助的群体关系，或者说，根本不可能建立这种关系。

无神论是祝福吗？

塞缪尔·弗里德曼的文章刊出没过多久，苏珊·雅各比就在同一版上发表回应文章，题为"无神论的祝福"，前面一章提到过。她表达了她的"愤怒，人们没完没了地说，只有神才能安慰那些因这莫名其妙的枪击案而悲痛欲绝的人……苦难发生时，没有宗教信仰的人根本帮不上忙"。[4] 作为反驳，雅各比回顾了她是怎么成为无神论者的。

1952 年我七岁，身边有个九岁的小朋友患了小儿麻痹症，他靠铁肺（iron lung，一种人工呼吸器）撑过每一天，忍受极大的痛苦。从那时起我心里就种下了无神论的种子。记得有一次我和妈妈去医院探望他，离开后我问妈妈："神为什么要这样对一个小男孩？"她叹了口气，流露出无奈，对我说："我也不知道。牧师会说，神自有原因，可我真的不知道究竟是为什么。"两年后，1954 年，乔纳斯·索尔克（Jonas Salk）研制出疫苗，小儿麻痹症被攻克，我的妈妈趁机对我说，可能是神带领他取得了研究成果。我记得我是这么回答的："好吧，那神早就应该带领那帮医生了，阿尔（Al）也不用受铁肺之苦。"（八年之后，阿尔离世，我那时已经是个不折不扣的无神论者了。）

雅各比还宣称："我总是在苦难中……不由得想起无神论能提供些什么。"她说因为自己是无神论者，所以不用像那些宗教信徒一样，因恶之难题而烦恼。"凡是有宗教信仰的人都会问，为什么一位全能全善的神会允许这样的事发生"，可是这个问题她不需要问。无神论者摆脱了恶之难题这个重担，于是有"自由"，能够"专注于这个世界的命运"。她说惨剧发生时，信徒们怀疑困惑，为此耗费心神，无神论者却不必如此，可以立刻去关怀受苦者，改变现状，使惨剧不再发生。

她最后还说，安慰人的时候，"理性和感情可以互补，不一定互斥"，这是做得到的。她引用十九世纪著名的不可知论者罗伯特·格林·英格索尔（Robert Green Ingersoll）的话，后者参加朋友孩子的丧礼，站在墓旁说："围在这小小坟墓旁边的人们，你们心碎，却不必惧怕。那更宏大更崇高的信念统管此时和将来，它告诉我们，死亡再恐怖，也不过是完美的安息……死去的人不再受苦。"[5]雅各比指出，这恰恰印证了世俗文化能够带来安慰。英格索尔的出发点非常"理性"——死后什么都不存在——他用这个来安慰悲痛的人。

雅各比说得对，抱着世俗心态，人们更容易采取行动，除去苦难的源头。各类宗教体系——宣扬因果报应的、把世界看作幻象的，或任何指向来生的，都会让人对今生的邪恶与不公义产生消极态度。相比于其他文化和宗教的苦难观，世俗文化可能只在这一点上站得住脚。

除此之外，世俗主义再无可取之处。

首先，雅各比说凡是有信仰的人，都必然因恶之难题而挣扎。但是我们从查尔斯·泰勒的文章中得知，以前，大多数人都没有恶之难题的困扰，直到我们这个时代，大多数人才感到困惑，因为内在框架，也就是世俗心态，越来越普遍。它使得个人理性规定一切，让人对"自己做出道德判断的能力十分自信"。我们看到，对神持有坚定的信仰虽然不会让恶之难题消失，却能守护人们不被吞没，不会懦弱。

雅各比还说，无神论者拥有自由，"为各种社会议题发声，比如美国黑人的公平待遇、妇女权利、监狱改革和废除动物实验"。在这一点上，她和罗伯特·格林·英格索尔意见相同。但是她的看法似乎故意绕开了两个问题——一个是历史问题，一个是哲学问题。说到历史，许多伟大的、倡导公义的社会运动本质上都源于宗教。所以，宗教同样能够让人们为社会公义发声。[6] 从历史角度来看，很难说无神论激励人们发起更多社会运动、争取社会公义。所以，无神论能提供更好的资源来回应苦难，这种说法值得商榷。

哲学所涉及的问题可能更大。雅各比假设，尽管没有神，可是公义、人类发展和道德对错的定义本来就存在，不证自明。但事实并非如此。在宗教框架内，伦理和道德有清晰的基础。它们来源于受宗教认可的权威。但是在世俗框架内，很难定义什么行为才是道德和公义的。这不仅因为无法对具体的道德标准达成共识，更深一层，世俗思想家必须考虑，什么才是建立标准的基础，否则只能凭空论断。大卫·休谟（David Hume）等哲学家在十八世纪就指出，科学和实证理性不能成为道德基础，因为它们只能展示生活中的现象，却不能告诉我们**应该**如何生活。休谟写道，单靠理性，"回答不了任何……关于道德或人生意义的根本问题"。[7]

哈佛大学教授迈克尔·桑德尔（Michael Sandel）在《正义：什么是正确的事？》（*Justice: What's the Right*

Thing to Do?）一书中指出，如今至少有三种互相矛盾的关于正义的理论，争相要成为社会主流观念。每种理论对人性和人生意义的信念都不同，他们所相信的万物本质都无法验证。桑德尔提供了大量例证——堕胎、移民政策改革和同性婚姻——来说明，各方在讨论时，根本没有一个中立"理性"的基础。对于什么是自由、什么是个人与群体之间适当的关系、什么是品德高尚的生活等这些基本观念，各方看法都不同。由此可见，无神论不能解决"正义是什么"这个重要问题，也不能提供"未来社会应该如何"的远景。[8]

最后，雅各比引用罗伯特·格林·英格索尔在葬礼上的那段话，说明"死去的不再受苦"这个纯粹的世俗观点能够安慰人心。但是英格索尔不过是重复伊壁鸠鲁的观点，即我们不需要害怕死亡，因为死后就不存在了。前面讨论过，正如吕克·费里所说，这样的安慰"太残酷，显得不诚实"。如果告诉人们死后没有爱，一切赋予人生意义的东西都消失了，所以根本不需要害怕，那实在是毫无意义。和基督教复活带来的安慰相比，"死去的不再受苦"这种世俗观点显得空洞。像雅各比这样的无神论者可能会反驳，"复活不可信"，但是基督徒也可以同样回应对方。先不考虑真假，我们很难断言，在面对邪恶和苦难时，持世俗观点的人比有宗教信仰的人表现得更好。

如果你身为父母，看着躺在棺材里孩子的尸体，你会如何比较这两种安慰？从史威德这些人类学家所举的例子，还有新城校园枪击案都可以看出，苦难发生时，大部分人会转向非世俗的文化和宗教寻求应对之法。

新城校园枪击案后，很多人都对总统的演讲发表意见。有一位女士是坚定的无神论者，她在评论中承认，世俗观点对大多数人都没有用。她写道："当我儿子下葬的时候，有大约三十秒，我相信神，这是我成年后第一次。那一刻，我感到他的灵魂升天，栩栩如生，不可言说。但是接下来我恢复了理智。"她在那一刻凭着极为强烈的直觉，知道这个物质世界并非全部的存在。即便她拒绝跟随那直觉，她仍然意识到，那是一股多么强大的力量。她补充说："人们很容易就被吸引过去。"[9]

按照史威德的说法，这直觉——我们不是物质和化学元素的简单拼接，而是有灵魂的存在——是人类从古至今最普遍的信念。即使像这位女士，刻意地彻底拒绝宗教信仰，可是当她陷入悲伤时，她也不能躲避。执意让每个人都拒绝这直觉，或者按照理查德·道金斯所说，不拒绝就很"幼稚"，这既不现实，恐怕也很残忍。

苦难和转向精神追求

从研究和经验可以得知，大部分人遇到灾难时会寻求精神资源以解释苦难、捱过苦难。维克多·弗兰克尔

(Victor Frankl)是一位犹太裔精神病学家，他曾在纳粹集中营里度过了三年。在那段时间，他透过观察了解到，为什么有些狱友能挺过去，有些却不能。在他看来，差别在于一种叫作"意义"的东西。当今世界，人们认为生活就是为了寻找快乐，而这正是问题之所在。我们决定什么样的环境才能带来快乐，然后努力创造那样的环境。"为快乐而活"意味着，要在生活中有所收获。可是一旦苦难发生，环境被破坏，快乐不再，活下去的理由也就随之消失殆尽了。"为意义而活"却不是这样，不是我们向生活索取，而是生活对**我们**有所期待。换句话说，怎样才算有意义，就是生活中有些东西比你个人的自由和快乐更重要，为了它，你甚至甘愿牺牲自己的快乐。[10]

只有这样才能在集中营里活下去。弗兰克尔强调说，抱持世俗观念的人或者表面上信教的人，一旦踏进这恐怖的地方，都会开始寻求信仰。许多犯人在心里产生了全新的"宗教情怀……十分虔诚，难以想象。他们信仰的深刻与活力常常让新来的人吃惊"。他们会"自发地祷告和崇拜，可能是在临时营房的角落里，也可能是在锁着的运牲畜的车里，那里漆黑一片"。[11]弗兰克尔说，他们被激发出信仰，这或许不足为奇，但重要的是在那样的环境里，没有任何物质资源可以给你尊严、安全感和人生目的，你只能倚靠信仰，别无选择。

波士顿马拉松爆炸案之后，《大西洋月刊》(*The*

Atlantic）的记者埃莉诺·巴克霍恩（Eleanor Barkhorn）发现，在她订阅的各类社交媒体动态信息中，很多人都呼吁"为波士顿祷告"。巴克霍恩说："这很刺眼……看到那些不信教的朋友们让大家祷告，感觉很奇怪。在我的Facebook好友中提到祷告的那些人，他们大部分都不是委身信仰的教徒。他们或许周末会去教堂或犹太会堂，但都不固定——如果是平时，他们绝不会发帖让人祷告……我在 Twitter 和 Facebook 上看到，不仅信徒提醒信徒要祷告，不信的人也恳请大家来祷告。"巴克霍恩接着说，照她的观察，"危难之时没有人是无神论者"（There are no atheists in foxholes）这个说法既武断又站不住脚。很多人在危难之时都**变成了**无神论者。她还说，灾难发生后，很多人屈从压力不得不祷告，祷告不过是暂时现象。但是她也讲述了自己的亲身经历，"9·11"事件之后，她感到"一股不可遏制的动力让她呼求神的名"，她后来主动去读圣经，最终完全接受了基督教信仰。[12]

安德鲁·所罗门（Andrew Solomon）在他的著作《背离亲缘》（*Far from the Tree*）里记录了许多关于亲子关系的故事。那些父母发现，自己的孩子生来就不对劲——患有耳聋、侏儒症、唐氏综合征、自闭症、长期患病，或者其他某种残疾。书中记录了他们震惊过后的反应。所罗门在书中提供了许多案例，其中每个家庭都面临上述种种情况。他文笔流畅，笔下富于同情心。一般来说，生下这样的孩子，总是家庭的不幸，但是所罗门真实的发现是：
"真是奇怪，书中的父母最初都想，应该想方设法逃避灾
难，可是后来却为此感恩。"[13] 当然，这种情形正好和古代
文化中"祸兮福所倚"的观念相吻合，苦难没有妨碍人
生，而是美好人生的重要组成部分。读者会有一个有趣的
发现，这些父母在讲述的时候，经常不经意地提到宗教怎
样帮助他们接纳自己的孩子。这是实情，尽管所罗门没有
宗教信仰，他写书的目的也不在此。

　　有一对父母，大卫和萨拉，他们的儿子杰米有视力障
碍并智力迟钝。杰米从小到大不能站立，也不能自己翻
身，终生倚赖导尿管。大卫和萨拉坚信杰米的状况是个偶
然，于是生了第二个孩子，是个健康的女儿。他们后来又
生了儿子山姆，但山姆的情况比杰米更糟，智力水平更
低，神经障碍更严重。读者置身局外，会觉得不可思议，
但是萨拉对所罗门说："如果我们知道情况会重演，那我
们不会冒这个险……可是话虽如此，如果有人对我们说
'你们可以抹去这一切'（不要第二个有障碍的孩子），我
们不会这么做……一个看不见、反应慢、说不出话、走不
了路的人对他人的影响有多大，你根本无法想象。他能让
人敞开心扉，他能打动别人，我们根本做不到。我们坚持
下来了，这就是我们的故事——他感动了那么多人，真是
令人称奇。"[14]

　　这个故事很不寻常，当中多处提及信仰。在考查了文

化和历史之后，我们无需感到惊讶。得知杰米眼盲智障的当天，萨拉对大卫说："我也不知道我是怎么了，就是有个很强烈的感觉，我们要让杰米受洗。"他们自己也不能理解这个冲动，因为他们已经多年不去教堂了，甚至排斥大多数宗教教义。萨拉这样解释："我可能是想以此宣称杰米是个有灵魂的人。"对他们来说，这是至关重要的一步。只有确信他们的儿子是个真正的人，他们才能爱他关怀他。如果他只是个躯体，那就另当别论了。杰米没有人天生具有的那些能力。哲学家玛莎·努斯鲍姆（Martha Nussbaum）列出了如下几类"能力"，按照世俗观点，它们界定了什么是人，以及人可以享有哪些权利，包括运用想象和思考的能力，情感、实践理性、社交（拥有能够建立社会关系的自尊）的能力，玩乐和控制所处环境的能力。[15] 毫无疑问，杰米对上述各项一无所能。可是日复一日，他的父母并没有把他当成动物或物体来对待，他们如何做到的？他们转向古老的观念，即人包括躯体和灵魂，因为人都是按照神的形象被造的，无论天资聪颖还是智力低下。正如理查德·史威德所说，主流的世俗说法对西方社会中数以百万计的受苦者来说，根本没用。

所罗门的书里还有许许多多父母，他们一路靠着"反话语"（counter-discourses），在看上去无法忍受的环境里坚持，甚至活出丰盛。有一位笃信基督教的父亲，他的儿子生来有侏儒症，他这样宣称对儿子的爱："我相信有一位神。我相信神不会创造垃圾。"[16] 还有一位母亲，她的孩子患有自闭症，她说教会给了她最大的安慰。杰米的妹妹丽莎有一次请了两个星期的假，给杰米读 C.S. 路易斯写的儿童故事《纳尼亚传奇》（*The Chronicles of Narnia*）。那本书里充满基督教意味。所罗门虽然没有宗教信仰，可是他也说，他的儿子在他眼里"永远是个富有人性、拥有灵魂的人，这是不可改变的事实"。[17]

世俗观念的失败

世俗人生观不能帮助大多数人度过苦难。让我们总结一下个中原因。

第一，苦难多种多样，原因也千差万别。西方世俗观念把苦难的复杂原因看得过于简单，说那不过是"成为牺牲品"。[18] 当然，很多时候这个说法成立。因房屋安全隐患而死于火灾的孩子——他们的确是建筑商违反防火条例和电路发生事故的牺牲品。但是还有不少苦难——甚至很多疾病——在某种程度上都要归因于受苦者自己。有太多苦难，西方世俗文化狭隘的分析无法解释。其他文化却认为，苦难的原因包括意外和事故、罪性和失败、命运或神的旨意，还有善恶对峙。有些文化还谈到"自然之恶"（灾祸和命运）以及"道德之恶"（罪性和压迫）的差别。种种解释，范围之广，恰恰说明了苦难多种多样。世俗进路无法真正解释清楚。

另外，当代西方文化观点有个严重的问题，说到底，它对人生盲目乐观。按照苏珊·雅各比等人的建议，一个持世俗观点的人，对邪恶和苦难的回应不是要从中寻找意义，也不是为来生战胜苦难而做好准备，而是让当下的世界变得更好，缓慢而坚定地采取行动，消除此时此地的苦难。世俗主义之所以强调眼前的一切，正是因为无法提供其他快乐的源泉。如果你在此时此地找不到快乐，那你真的没有任何希望了。

哲学家约翰·格雷（John Gray）在《刍狗：对人类及其他动物的一些想法》（*Straw Dogs: Thoughts on Humans and Other Animals*）一书中谈到西方社会滥用药物和成瘾的问题。他写道："人们吸毒，其实变相承认了一个［西方文化］刻意回避的真理。"究竟是什么真理呢？就是"快乐对大多数人来说遥不可及"。人生艰苦，充满悲伤，对大多数人来说，这无可避免，也无法改变。按照世俗世界观，所有快乐和意义都只在今生今世。于是，持世俗观点的人必须相信，人们有能力除掉造成多数人不幸的根源，否则人生没有任何希望。但这是不可能的。苦难的根源极其复杂，不可能完全消除。让人意外的是，格雷本来没有宗教信仰，但他也承认，宗教文化凭借其信仰的本质，把人类苦难之深看得极为透彻：

宗教文化能够承认人生之苦，因为它们应许在另一个世界所有泪水都将被擦干。而它们的人文主义继承者们给了一个更不可思议的承诺——在未来，而且是不远的将来，所有人都会幸福快乐。把进化奉为圭臬的社会，不可能承认人生本来就充满不幸。[19]

厄内斯特·贝克尔在《拒斥死亡》一书中表达了他对所谓科学操控者(scientific manipulators)的厌恶，说他们对待痛苦和恐惧不够认真。他们给人一种印象，就是用这样或那样的技术，"我们可以改变世界"、"我们有办法管理痛苦"、我们可以"通过立法矫正一切，开创'恰当的'人生局面"。所以，他觉得"在这个意义上，凡是科学都属'布尔乔亚'，是官僚作风"。

自我的扩张

苦难给世俗文化带来的主要挑战，还是揭露了世俗文化对其追随者所讲述的关于世界的故事（World Story）多么不堪一击。正如我们观察到的，每一种文化都要给生活在其中的人一套说法，要对什么是人生作出完整全面的解释。安德鲁·德尔班科在《真实的美国梦：默想希望》（*The Real American Dream: A Meditation on Hope*）一书中写道，一种文化叙述必须包含两个方面。首先，它要给人希望。只有它能"为我们设想某种人生结局，超越今生短暂的时日"，帮助我们"摆脱那灰暗的、挥之不去的疑虑——我们会在一个荒谬的世界里漂泊"，帮助我们战胜那"若隐若现的担忧——我们赚钱然后消费不过是等待死亡过程中的坐立不安"，[20]我们才能从中获得希望。第二，这种文化叙述必须促进社会凝聚力，而不是四分五裂成为数不清的个体。文化要传递这样一个信息，"自我以外仍有一片天地，这种感觉不可或缺"，我们因此受到激励，愿意为集体放下私利。[21]

德尔班科说，每种文化叙事都围绕一个核心思想，"什么是人生的目的？"人们以此来认同自我。按照这一思路，他追溯了美国文化在历史上经历的三种核心思想——神、国家和自我。在美国社会成型之初，大家都认同人活着是为了荣耀神。

德尔班科说，等到了十九世纪，美国人眼中不再有神和神的国，取而代之的是美国这个国家——它的民主价值、扩张与兴旺。对神国的盼望演变成一种使命，即美国要拯救世界，作为"地球上最强大的国家"，美国要用价值观和实力让世界变得更好。在这一点上，德尔班科和许多学者看法一致。在西方社会世俗化的过程中，这个转变堪称最重要的阶段，推动社会进一步陷入内在框架中。民族主义和民主成了新的宗教，因为美国人致力于将自己打造成强大的个体。托克维尔（Alexis de Tocqueville）说过，即使到了十九世纪三十年代，个人主义仍然是美国的"独创发明"之一。他写道，美国人"活在自己的世界里，只为自己而活"。[22] 这是美国历史上的第二个阶段，在此期间，绝大多数美国人仍然信神，但是神却越来越遥远，不再与世界的运转密切相关，不再那样神秘伟大，人类因此能够靠自己来认识世界、改变世界。

德尔班科相信，古老文化的"故事"一直在延续。在第二个历史阶段里，虽然美国人眼里只有国家，但心中仍然有一个高于个人自由的远景。每种文化都让我们为了其他东西——那时是国家的益处——把个人利益放在一边。但是到了二十世纪末，"有些东西消逝了。就是一种关乎集体命运的概念，我们曾为之流泪、牺牲甚至丧命"。及时行乐成了"美好人生的标志"。在美国，敬畏神或者爱国都会遭到持"进步观点"的人耻笑，"集体远景"不复存在。[23] 例如，现代人不再有强烈的羞耻感，因为"他不觉得……世上还有些东西比他自己更重要"。[24]

我在本书中描绘了一个关于希望的历史，而希望越来越模糊。最初，个体扩张以便（有时完全被它吞没）寻求神的伟大。从合众国初期到伟大的社会（the Great Society）*，美国人心中仍然有一个国家理想，虽然比不

---

* 1964 年时任美国总统林登·约翰逊发表演讲称："美国不仅有机会走向一个富裕和强大的社会，而且有机会走向一个伟大的社会。"——编者注

上神的伟大，却远比个体公民重要持久。今天，希望如此渺茫，几乎消失殆尽。[25]

罗伯特·贝拉（Robert Bellah）在其经典作品《心灵的习性》（*Habits of the Heart*）中把上述现象称之为表现型个人主义（expressive individualism）。他的书出版时，德尔班科也察觉到我们的文化已经明显"转向自我"。[26] 这是一个很大的话题，无论左派还是右派作家都对其后果发出过警告——从托克维尔到爱米尔·涂尔干（Émile Durkheim），从卡尔·马克思到埃德蒙·伯克（Edmund Burke），他们都预言社会结构会瓦解，人们会陷入"孤独的地狱"。

但是本书不会对此深入讨论。许多人警告过，"扩张的自我"会影响社会凝聚力，这样的自我总是说"我必须创造自己的幸福，增强自己的实力，成为自己前进的动力"。[27] 但我们关注的是，它对苦难意味着什么。维克多·弗兰克尔在集中营里发现，那些自己决定道德对错和人生意义的人，没有什么值得为之而死的，所以当他们失去自由时，他们也没有什么值得为之而活的。理查德·史威德和安德鲁·德尔班科用不同的方式察觉到同一件事，在现代文化给人们讲的"生命故事"中，除了个人享乐和权力，没有更重要的终极目标。弗兰克尔看到，如果寻求个人享乐是唯一的人生意义，那么当人遇到苦难时，就很容易选择自杀。

一个不同的故事

我们提到过，每种文化都会为其成员提供一套说法，告诉他们人生的目的，在现代文化的故事里，人生关乎个人自由和快乐，苦难没有一席之地。我们会看到，基督教所讲的则完全不同，苦难恰恰是故事的核心。由于我们背离了神，就有苦难发生，苦难从而成为神自己借着耶稣基督来到我们中间施行拯救的途径。如何面对苦难，这是一个重要的选择，我们可以因此变得强大，更像基督，圣洁而又快乐；这也是世界透过我们看到救赎主的爱和荣耀的重要方式。

威廉·威里曼（William Willimon）既是牧师又是神学家，他刚开始侍奉时经历了这样一件事。教会里一位姐妹刚刚生产，他去医院探望。到达医院的时候，他看到这位姐妹和丈夫正在等医生，因为他们得知"孩子有些问题"，看来凶多吉少。医生来了，告诉这对夫妻，孩子患有唐氏综合征。另外，孩子的呼吸系统也有些毛病，不过能够治愈。医生说："我的建议是，顺其自然，过不了几天，问题会自动解决。"也就是说，维持现状，这个孩子会"自然"死亡。这对夫妻感到困惑，问医生为什么要放弃。医生看着他们，对他们说，抚养一个患有唐氏综合征的孩子会让婚姻承受极大压力，很多研究显示，这些夫妻最终以分居或离婚收场。他接着说："你们让另外两个孩子一起承受苦难，这公平吗？"[28]

听到**苦难**一词，那位姐妹似乎立时明白了。她反驳说，她的孩子一直以来生活安逸舒适，对世上的苦难和人生的艰难了解得太少太少。她提到"神的手"，又说"我完全明白为什么这个孩子会生在我们家"，他们两个可以应付，"想想看，这可能是个好机会"。

医生无话可说，转向牧师，希望他能"给他们讲讲道理"。威里曼当然知道，需要有人和这对夫妻讲清楚，抚养这样一个孩子要克服多少困难，以免他们一时冲动。但是他写道，这对夫妻恰恰是明白道理的，只不过他们的道理，医生从没听过。医生的话反映了主流文化观念，"像'苦难'这样的词只有负面含义"，因为"生活的［价值］取决于能否满足欲望"，所以"我们应该尽一切努力避免痛苦"。但是这对夫妻却是用基督教的逻辑来思考，也就是人类堕落，耶稣基督来到世上施行拯救，在这个故事里，苦难为我们带来救赎，让我们能够服侍他人，荣耀神。[29]

呼吁心存谦卑

旧约《列王纪下》记载了亚兰国的元帅乃缦的故

事。[30] 乃缦拥有财富和权势，可他患有麻风病，只能痛苦等死。他听说以色列有位大能的神，于是带上财宝和亚兰国王写的一封信出发了，国王在信中命令对方医治好乃缦。他到达以色列后去找以色列王，要求他治好自己的麻风病。乃缦和今天许多人的想法一样，认为金钱、权势和技能可以解决痛苦。所以他动身去找在当时的文化中拥有这三样东西的人，期待他解决问题。但是以色列王却撕裂自己的衣服，说："我是神，能使人死使人活吗？"（王下5：7）换句话说，他的意思是："不要让我做只有神才能做的事！"

如今的西方世界需要认真听一听这位以色列王的呼喊。我们遇到苦难时会想到改变公共政策，找到最佳心理学和临床治疗方案，推动科技进步，认为这些才是解决之道。但是世界的黑暗远非这些方法所能够驱除。我们骄傲地相信可以用知识控制黑暗、打败黑暗，但这是错的。大多数情况下，我们都不愿正视世界究竟有多黑暗，但是像"9·11"或者新城校园枪击案这样的事一发生，面对排山倒海般的真相，我们毫无招架之力。面对灾难和惨剧，的确**不**应该被动。如果改变某项公共政策可以防止同一类型的悲剧再次发生，当然应该尽全力采取行动。

但我们也必须意识到，这些行动永远不足以彻底解决问题。世上的痛苦与邪恶太普遍、太深重，且有属灵的根源，其原因不是仅凭经验就可以归类并根除的。正如哈姆雷特所说："天地间的一切，远远不是哲学思考所能穷尽的。"J. R. R. 托尔金在《指环王》中有一句话说得十分到位："［邪恶］受挫后会歇一歇，然后改头换面，卷土重来。"[31] 无论我们怎样努力，都不可能消除人类的苦难和邪恶。即便你用尽全力去阻止，它还是会改头换面，卷土重来。要想对付苦难，属世的资源远远不够。

乃缦最终没有倚靠财富、技能或者权势，而是转向了神。他不再骄傲地仰赖自己或他人的专长，而是愿意顺服，完成谦卑这个内在功课。结果，他不仅身体痊愈，还和神建立了全新的关系，灵魂充满喜乐和恩典。苦难带领他得到救赎。这个故事无意回答"为什么神允许这么多邪恶和苦难在世上横行"，它也没有为苦难辩护。但是圣经的核心教导之一就是，几乎没有人不经历苦难就能变得伟大，或者不经历苦难就能找到神。人生的痛苦就像嗅盐一样，能唤醒我们，使我们对人生的各种真相和自己的内心世界保持清醒的认识。

从前面的讨论可以发现，即便是基督要拯救我们、给我们恩典，也必须在十字架上承受无尽的苦难。正如他爱我们，情愿用勇气和忍耐面对苦难，我们也必须学着信靠他、效法他。他用软弱面对苦难，从而获得了复活的能力，这也能够成为我们的经历。

生命故事：又美又深的伤痕

肯德拉

没有声音。没有动静。超声波技师说："怎么回事……好像没有心跳。"刹那间，屋子里静得可怕，一切本来就很阴暗，现在变得更阴暗、更冰冷。我和丈夫约翰刚才还和医师有说有笑。熬过整整二十个星期，我们终于知道了孩子的性别……我们苦等的正是这好消息，指望靠着它撑过十月怀胎余下的日子。但是一瞬间，屋子变得冰冷死寂。超声波技师出去叫医生，黑暗开始在我们心头盘踞，恰如这间屋子已被黑暗笼罩。我们在心里绝望地呼喊："**这不可能……只要医生进来，就能发现心跳。然后就没事了。**" 冷酷的二月，死气沉沉，只一句话，死亡就翻转了我们的希望和梦想。

这种情况并不多见。得知怀孕的好消息后，我们心里有种不祥的预感，虽然高兴，却也掺杂着恐惧，有些事看似不可避免。对我们家来说，迎接新生命的喜悦——第二个孩子即将到来——是沉甸甸的，既让人害怕又让人渴望。苦难和失去、悲痛和平安、喜悦和哀伤，交织在一起，这就是我们的故事。

两年前，我们的第一个孩子出生了，是个健康又漂亮的女儿。但我怀孕生她的过程真的极其艰难。怀孕几个星期后，我被确诊患上一种罕见的病症——妊娠剧吐（HG，hyperemesis gravidarum）。大概有百分之二的孕妇会受此病影响，症状包括体重急剧下降、营养不良、不停地恶心呕吐导致脱水。我的体重在最初三个月下降了二十五磅，每天不断地输液才不致脱水，还要用静脉药物，整个孕期都倚赖一种副作用很强的抗呕吐药物。孩子出生那天，所有症状都消失了。我逐渐康复，生活重回轨道，新生命让我们手忙脚乱，却又感到十分美妙。回头看，我们盼望这孩子太久了，她带来的喜悦如此丰富，让之前所受的苦不值一提。尽管医生说，我很有可能再次经历妊娠剧吐，但我们太想再要一个孩子了，那段痛苦的记忆不算什么。我们天真地以为，自己有经验，知道如何应付，于是决定怀第二胎。

试纸呈阳性，好消息来了，我又怀孕了。可是一个星期之后噩梦重演。很不幸，这一次情况注定更糟糕。事实上，只有百分之零点五的孕妇会患上重症妊娠剧吐。医生马上采取积极的治疗方案，让我住院。为了让我吸收药物并且给腹中的小生命提供足够营养，医生在我的心脏旁边插入了外周导入中心静脉置管（PICC, peripherally inserted central catheter）。整整四个月，我没有进食，非常虚弱，白天只要醒着就恶心，每天频繁呕吐。家人和朋友日夜陪伴，照顾我们的大女儿，准备食物，陪在我身边，为我们祷告。他们就是基督的肢体，我们常常想，如果没有大家的照顾，我们根本不可能渡过难关。说真的，正是他们的爱滋养我们的内心，给我们力量。

回头看，在怀孕的最初几个星期，悲痛就已真切地降临了。没有选择，这一次只能是最后一次。因为我的身体在化学上排斥（chemical incompatibility）怀孕，我们不能再次把整个家——或者我——置于痛苦中。每一天，我们都竭尽全力，要挺住，要捱过去，我们心里明白，只有等九个月后孩子出生了，痛苦才会结束。

在那个阴沉的二月，艰苦旅程终于走到一半。这真是了不起的里程碑，我们感到振奋。但是那天没有庆祝，相反，那天成了我们的祭日，我们无辜的胎儿夭折了。**婴儿不应该死去！** 这个念头在我脑子里挥之不去，有时我甚至失声尖叫。数月痛苦换来如此悲伤结局，实在太残忍了。我们后来还是人工引产生下了第二个孩子，是个男孩。我们今生与他无缘。

第二天早晨，约翰·威尔逊（John Wilson）平静地出生了。我们抱着他没有生命气息的身体，被一股强烈的情感淹没。新生命到来，这消息带着神奇的魔力，让我们充满希望，梦想着未来和孩子在一起，陪伴他们成长。现在这个梦破碎了，我们哀伤哭泣。我把他交托给神的时候，感到神的双臂温柔地环绕我们，他和我们一同哀伤。我们的好朋友还有教会弟兄姐妹一起筹备了一场美丽的安息礼拜，我们也尝试放手，不再执着曾经对家庭的期待。

接下来的日子尤其黑暗空虚。我睡不着，有时几乎喘不过气来。我感觉疲乏无力。身为心理治疗师……我在理性上知道哀伤的不同阶段。但是此时此刻，我身在其中……语言似乎不足以描述我的感受。我相信神会安抚我的情绪，我常常向他倾诉，并没有回避……有时候是愤怒，但更多是苦闷、绝望、嫉妒、苦楚和深深的哀恸。但是不知怎么的，我每天在这些情绪中纠缠，却同时感受到一股强而有力的平安深入我心，带给我安慰。我深刻地体会到神的同在，慢慢学会一个功课，尽管神让悲剧发生在我们身上，但他不会抛弃我们，也不会拒绝我们和他建立亲密的关系、从他那里得到丰盛的生命。我和神的关系以全新的方式变得更深更真了。痛苦中，他用我的每个质问和怀疑把我拉到他身边。黑暗中，他真的与我们同在。在经历医治的岁月里，《诗篇》的这句经文陪伴着我——"耶和华亲近心中破碎的人，拯救灵里痛悔的人。"（诗34：18）神的确是我们的避难所。

"哀痛的人有福了，因为他们必得安慰"（太5：4），这不再是纸上的一句话，而是我们经历到的神的话语，带着活力和生命气息。我们靠着它生活和呼吸。和这篇文章大多数读者一样，如果可以重来，我们**绝不会**选择去忍受胎死腹中这燃烧的火炉。但我们也意识到，要不是经历这苦难的火炉，我们也不会获得那些丰富的礼物。神渴望和我们建立深厚的关系，也乐意看到我们彼此有深厚的关系。每一次当我真正体会到别人的痛苦时，我总会为自己领受的痛苦感恩。它让我知道，我软弱，必须倚靠神。按照本性，我们希望自己强大又独立。但是在痛苦中没有自我的一席之地。剥去自我，敞开心门，我终于和别人建立了真实的关系。我和别人越亲密，就越能经历神，他就在此时此地。

我们失去儿子之后，有个朋友说我们从今往后只能"一瘸一拐"地过日子了。伤痕虽然不在身上，可是痛苦的印记却留在心里。但是在我看来，这些伤痕美丽又深刻，是独特的印记。我们的故事并没有结束——神把四个生命联结在一起，从新生之美到化为尘土，神奇又美妙。我们现在的生活因两个宝贝而充满活力，一个是九岁的女儿，还有个奇迹般的儿子，他这个星期就五岁了。我们期待那一天，在天堂和前一个儿子重聚，但是在那之前，我们为经历神而感恩，这段经历让信仰真实而有活力，我们因神所赐的生活而无比喜悦。

第4章
恶之难题

"既然世界的秩序由死亡塑造，还不如不相信神，完全靠自己去和死亡角力，这对神难道不是更好吗？我们也用不着抬头看他，反正他只是静静地坐在天堂里。"

塔鲁点点头，说："没错，但是就算你成功了，也不会持久。仅此而已。"

雷克斯面色一沉。"对，我知道。但是没有理由就这样放弃。"

"的确没有理由。不过我现在倒是看出来了，你把这场鼠疫看得很重。"

"对。一场永无休止的败局。"

——阿尔贝·加缪，《鼠疫》[1]

恶之难题的背景

"恶之难题"（problem of evil）由来已久。如果你相信有一位神，他无所不能、统管世界、良善公义，那么你一定会问，为什么世上有邪恶和苦难？大卫·休谟在他的《自然宗教对话录》中论述了这个问题，堪称经典。"伊壁鸠鲁早先问的问题，尚未有答案。他愿意制止罪恶却无能为力？那他就不是全能的。他有能力制止邪恶却不愿意？那他就一定心怀恶意。他既有能力又愿意？那邪恶究竟从何而来？"[2] 这番话正是在用邪恶反对神，或者干脆叫作邪恶之辩。

很多人坚持认为，恶之难题是最强有力的反驳，它在广义上证明了神不存在，具体到基督教，又让后者饱受质疑。那我为什么不在第一章开篇就探讨这个问题呢？我的原因是，苦难是个真实的处境，古往今来，个人和社会都在不断和苦难较量。苦难在成为哲学议题之前，首先是现实生活中的危机——在我们问"为什么？"以前，先问"怎么办？"，我要怎样度过苦难？所以，我们先从历史和文化角度审视苦难，对比不同社会、不同民族，看它们怎样切实地处理邪恶和伤痛。我们发现，要想度过苦难，必须有一套行之有效的理论，告诉人们苦难是什么、苦难的意义（或者没有意义），以及如何回应。如果没有这样一套信仰，没有人能在苦难中照常生活。

如果我开篇就回应"邪恶证明神不存在"这个古老难题，那免不了会给人留下印象，苦难**只**对相信一位传统的神构成威胁。那些信神且用苦难质疑神的人，他们大部分的想法渐趋世俗化。但是我们发现世俗主义也是一套信念，而且恐怕是众多世界观中最不堪一击的，无法帮助其追随者理解并度过"生命中的恐怖时期"。基督教尽管确实被恶之难题所困扰，可是和其他信仰相比，其表现却相当不错。如果全面地看待苦难——从社会文化、实际生活和心理因素的角度，这就更明显了。正是由于这个原因，我首先考察上述领域，直到本章才探讨哲学问题。不可否认，苦难的确让人质疑对神的信仰，我们必须认真回应。

　　在开始之前，我们要把查尔斯·泰勒所描述的西方社会世俗化的演变史记在心里。人们很早就意识到，神和邪恶之间会产生问题，古希腊哲学家伊壁鸠鲁早在基督降生三百年前就提出了这个问题。但是泰勒看得很准，他说尽管哲学家们很早就开始探讨，然而人们对邪恶之辩产生广泛兴趣却是在启蒙运动之后。这种转变是因为西方思想认为神遥不可及，认为人类靠理性就能完全了解世界。科技进步又强化了这股新思潮，一路发展，最终产生了"缓冲的自我"——一个不断扩张、自给自足的自我。人类对自己的理智和认知能力空前自信。

　　如果身处内在框架思考邪恶和神，那么结论只能是怀疑神，因为它已隐含在前提假设中。现代人讨论苦难，出发点是一个抽象的神——为了方便论证，这位神全能全善，但是不再荣耀、伟大、智慧无限、无始无终、创造万有、供养万物。所以现代人比其祖先更容易得出怀疑神的结论，这不足为奇。如果**他们**看不出某一次受苦是值得的，那么神也给不出一个合理的解释。如果邪恶对我们来说没有意义，那么好吧，邪恶就是没有意义的。

由此可见，虽然哲学讨论和难题仍在，文化环境却不知不觉动了手脚。我们本来可以直接进入哲学辩论，但为什么要先记住这一点呢？因为我们必须提醒自己，除了推理和论证，社会环境也塑造我们的信念。[3]我们崇拜和渴望取悦的人信些什么，我们也会觉得那有道理。社会和文化环境会影响我们对不同论点的接受程度。所以要想尽可能做到深思熟虑、不偏不倚，只有一个办法，就是对自己的文化偏见保持高度警觉。

如果有个案子呈在法官面前，而他恰巧投资了涉案公司，那他就应该保护自己，回避这个案子，因为他的客观性会遭到质疑。我们现代人也是如此。既然我们的最高追求就是自由、个人独立自主，那么神已经不可信了，因为他的存在是妨碍我们的那块最大的绊脚石。我们遇到邪恶和苦难马上就开始抱怨，因为这符合我们的文化偏见。但我们不是那位法官，不能走开不碰这个案子。我们必须认真思考。我在这里只想呼吁读者，每个人或多或少都受到西方文化偏见的影响，在讨论恶之难题的时候务必保持警觉。

邪恶对神的种种反驳

今天许多人被恶之难题所困扰，的确，只要相信神就无法绕过这个难题。人们会期待，一位神，只要他全能**并且**全善，就应该阻止惨剧发生，因为他不仅想要如此，而且他完全有能力做到。但是邪恶存在，横行于世。所以，这位全能又充满爱的神要么无法存在，要么恐怕从未存在。这句话隐含的意思不可忽视。邪恶以两种形式向神发起攻击。一种叫做逻辑论证（目的是要证明这样一位神根本不存在），另一种叫做事实论证（目的是用推理来说明，这样一位神**可能**不存在）。我们先讨论更雄心勃勃的"逻辑"论证。

直到上世纪八十年代，纯理论哲学家普遍认为，邪恶对神的反驳已经盖棺定论，圣经中的神已被证明不可能存在。在他们看来，基督教表面上讲不通，逻辑上也不成立。英国哲学家约翰·麦基（John Mackie）在他那篇广为流传的文章《邪恶与全能》（Evil and Omnipotence）中写道："可以证明，宗教信仰不仅缺乏逻辑支持，而且很明显是非理性的，其核心教义中有些部分互相矛盾。"[4]

但是在 1974 年，阿尔文·普兰丁格（Alvin Plantinga）出版了两本著作，情况有所改变，一本是《神、自由和邪恶》(God，Freedom，and Evil)，另一本是《必然性的本质》(The Nature of Necessity)，后者语言更学术，论证更有力。[5]普兰丁格在书中指出，"从逻辑上讲，邪恶和一位全能全知全善的神并非互相排斥（即便用广义的逻辑来检视）。"[6]普兰丁格和追随他的哲学家们把道理讲得十分透彻，二十五年后，大部分人都同意，逻辑论证对神的反驳以失败告终。哲学家威廉·阿尔斯顿（William Alston）写道，用邪恶证明神不存在，"无论从哪个角度来看，这个观点已经彻底破灭"。[7]不过，仍然持怀疑态度的思想家又推出了新的版本，这一次叫作事实论证。虽然改头换面，它的驳斥力度却更弱了。事实论证的意思是，苦难不能**证明**，但是**显明**了神的存在不那么可信，尽管并非不可能。[8]我们在后面会看到，扳倒说服力更强的逻辑论证的理据让事实论证同样站不住脚。

这些都说明了，以前就连街头路人都可以理直气壮地宣称，苦难和邪恶能证明神不存在，但是现在，学术圈已经彻底抛弃了这个论断，"因为无神论者背不动这个包袱，就是证明神和……邪恶根本没有同时存在的可能性"。[9]邪恶对神的种种驳斥不再那么令人信服了。

这一切是怎么发生的？要了解这场近代历史上的哲学辩论，我们最好先区分神义论（theodicy）和为神辩护（defense of God）。

"塑造灵魂"和苦难

普兰丁格在他的《神、自由和邪恶》一书中对**神义论**和**为神辩护**作了区分。"神义论"一词是哲学家戈特弗里德·莱布尼茨杜撰的，字面意思就是证明神对人类所做的一切都是正当的。[10] 神义论的门槛很高。它试图回答"为什么?"这个大问题。它的目标是解释为什么一位公义的神会允许邪恶一直存在。它试图揭示神为苦难定下的原因和目的，以便给听者满意的答案，让他接受神对邪恶和苦难的行动都是合理的。

最早的神义论观点是"塑造灵魂"(soul-making)，由公元二世纪的神学家爱任纽 (Irenaeus) 提出，到了近代则被作家约翰·希克 (John Hick) 所推崇。按照这个观点，邪恶的存在是有道理的。神创造世界是为了让人们可以寻找到他，并且在灵性上成长，最终成为他预先设计的样子。我们在这个过程中会"遇到试探，最终胜过试探，在现实环境中作出负责任的选择"，我们"不断努力，付出高昂代价，最终形成积极和负责的品格"。[11] 希克认为这种塑造灵魂的过程是无限的善，单单把灵魂创造成天真无瑕或高尚的样子无法达到塑造的目的。

这个解释很有用，它让我们不得不重新检视我们的前提假设。什么是人生的终极目标?是舒适无忧还是在精神和道德上臻于伟大?如果生活不如意，那我们很自然地会质疑神的智慧，甚至义愤填膺。我们反应如此激烈，是因为我们怀抱一个未曾审视的前提假设，就是如果神存在，那他存在就是为了让我们快乐，而这快乐要由我们自己下定义。另外，如果善有善报、恶有恶报的法则即刻应验，那人们又怎么会生出勇气、谦卑、自制和诚信这些美德？没有人仅仅因为某件事公义正当、彰显爱心就去做。依照本性，我们唯一的反应就是避免痛苦和趋向享乐。所以世上的不公和艰难都是手段，让我们成为人，而不是只会条件反射的动物。

不过，用塑造灵魂来证明神的公义，这个观点也有不可回避的弱点。首先，痛苦和邪恶不是按需分配的。许多人灵魂堕落，他们显然没有经历足够的逆境；有些人灵魂伟大，但他们却忍受了太多苦难，远超过灵性长进的需要。另外，这个观点也没有解释孩子和婴儿惨死的现象，更不用说动物遭受的痛苦了。

神、自由和邪恶

第二种解释，恐怕也是最广为流传的解释，是基于自由意志的神义论。它历史悠久，最早可追溯到圣奥古斯丁。[12] 简而言之，神创造我们不是机器人，也不是仅有动物本性，我们是自由理性的个体，有选择的能力，因此也有爱的能力。但是如果神创造我们可以自由行善，那他也要让我们有选择作恶的能力。所以，自由意志可能被滥用，邪恶由此而生。要想达致更伟大的美善——人类拥有理性；神拥有发自内心爱他的儿女而不是一群"宠物"——经历邪恶虽然不可避免，却也值得。让-保罗·萨特（Jean-Paul Sartre）说得好："想要被爱的那个人，不愿所爱的人被奴役……如果所爱的成了机器人，那他反而会感到孤独。"[13]

沿着这个思路，人们往往会极力主张，神从来没有创造邪恶，因为邪恶和其他受造物不同，它不是一样"东西"。不只是奥古斯丁，还有后来的托马斯·阿奎那等人都教导说，邪恶之所以发生，是因为神创造的美好事物被扭曲、被损毁了，偏离了神最初的设计或意图。所以，只有美善没有邪恶是可能的，但是邪恶不能单独存在，一定要寄生在美善身上。[14] 神没有创造邪恶，但是他为了人类能够拥有更伟大的美善，就是自由和爱，允许邪恶发生。

彼得·冯·因瓦根（Peter van Inwagen）总结道："全能的神知道，人类选择背弃他，由此导致诸般罪恶……但是即便如此，为了给人类自由意志这个礼物，无论罪恶多深都值得。因为只有自由意志才能带来永恒的爱，相比那看似漫长实则不然的神人分离状态，这份永恒比当中的恐惧重要得多。"[15]

自由意志神义论非常受欢迎，但是要谨慎，因为我们可能是受文化的影响才觉得它有吸引力。按照西方文明的教导，个人自由和选择近乎神圣，这样一来，我们当然会觉得自由意志神义论有道理。但是有两个问题随即产生。

第一，它似乎只解释了某一类邪恶。我们通常把邪恶区分为**道德**之恶和**自然**之恶，前者是人为的，后者则和人类无关，由飓风、洪水、地震以及种种疾病造成。自由意志神义论解决了道德之恶——但是自然之恶呢？彼得·冯·因瓦根提出了一个延伸版本的自由意志神义论，他在圣安德鲁大学的吉福德（Gifford）讲座中谈到圣经中人类堕落的故事。在这个故事里，人类本来有神的祝福，生活在乐园里，但是人类叛逆，背弃了神，于是失去了神的保护和同在。[16] 他说这意味着"自然之恶……是人类因其始祖滥用自由意志而要承担的后果"。[17] 所以自由意志可以用来解释自然灾害。

但是第二个问题逐渐显现——在我看来，更难对付。神是不是真的没有这个能力，无法创造出既能去爱又不会犯罪的自由的人？认为神的确没有这个能力的观点被称为"自由至上主义"，也就是说，只要神引领我们去做对的事，那我们的自由意志就一定被侵犯，结果就是，拥有自由的人免不了要犯罪。

但是从圣经可以看出，神有主权且是自由的（诗115：3），他不仅有爱的能力，更是一切爱的源泉。但他不可能是邪恶的。他不能撒谎，不能违约（民 23：19；多 1：2），他不能被邪恶诱惑（雅 1：13），他的所作所为不能违背他公义圣洁的本性（提后 2：13；彼前 1：16）。如果神拥有自由意志，但却不能作恶，为什么其他造物不能同样有此特性呢？而且圣经的作者告诉我们，神最终会赐给我们一个没有苦难、没有邪恶的世界，里面住的全是被救赎的人。苦难和死亡将被根除。也就是说，我们在神的国度里不能选择作恶，却依然能够去爱。

最后，许多基督教神学家指出，圣经中的自由观念和现代自由观念迥然有别。圣经把所有的罪恶都看作是奴役，绝不是自由。只有我们彻底得到救赎，彻底脱离罪，才能经历真正的自由（罗 8：21）。自由的前提是按照神创造我们的目的去行事——服侍他。所以，你越有能力犯罪，你就**越不自由**。只有进入天堂，再没有作恶的能力，我们才称得上真正拥有彻底的自由。既然如此，能够去犯罪，这怎么能算是自由呢？[18]

圣经中还有其他教导也削弱了自由意志神义论。这个观点假设，神给我们自由意志这个礼物，但他无法控制我们怎样使用它。然而圣经有多处记载，神可以凭着他的主权，在历史上引导我们做选择，却没有侵犯我们的自由，并且让我们为自己的行为负责。例如，耶稣被钉十字架这件事很明显是注定会发生的，但是按照神的计划，所有参与其中让此事发生的人都是自己做的自由选择，所以要为自己的行为负责（徒 2：23）。这说明我们可以拥有自由，同时神也引领我们所行的路，二者并不矛盾。除此之外，还有很多例子可以说明这一点。所以，神既可以给我们自由意志，也可以引领我们自由选择的结果，成就他为历史定下的计划。[19]

关于自由意志神义论的前提假设，还有一个问题不得不谈。它认为尽管历史上充满令人发指的罪恶，但是为了自由意志，那些代价都值得。但果真如此吗？如果你看见一个孩子站在火车道上，迎面有火车冲过来，你会怎么做？你会说"我不能侵犯她的自由选择！她要承担后果"吗？当然不会。你会去救她，她的生命比她的自由意志重要得多！你会侵犯她的自由意志，越快越好！你会一把将她拽过来，然后教训她说，这种事太危险，绝不能再发生。既然如此，假如真的如圣经记载，人类堕落，神为什么不能对我们也这样做呢？神为什么不给亚当和夏娃放一套电影，把他们偷吃禁果后发生的事和他们子孙后代的遭遇展示一遍，不放过任何细节，达到震撼效果？他当然可以吓唬他们，让他们再也不敢偷吃禁果。

简单来说，赐下自由意志并且维护自由意志，这难道就是神允许邪恶的唯一原因或主要原因吗？神义论的目的就是要充分揭示神为什么允许邪恶和苦难，这样我们就不再质疑了。但是自由意志神义论做到了吗——它解释了大部分难题吗？我不这么认为，而且还有相当多的人也不同意。[20]如果神有好的理由可以解释苦难，那一定远远不止让我们有自由意志这么简单。

神义论的通病

　　除了前面讨论的，历史上不乏其他神义论观点。有一种被称为自然律神义论，由 C. S. 路易斯在《痛苦的奥秘》（*The Problem of Pain*）一书中提出，牛津大学哲学家理查德·斯温伯恩（Richard Swinburne）也提到过。[21] 这个观点强调神所创造的世界必然遵循一个自然法则——世界不可能是随机的，它的运行方式肯定有规律可循。如果我们违背了自然律，那就一定会面临相应的后果。比如，假设这个世界没有地心引力。但是如果有地心引力，你跳下悬崖，一定会受伤甚至丧命——不管你是好人还是坏人。没有自然律就没有生命，于是苦难也就不可避免。虽然自然之恶危害巨大，它实际上却是给我们带来更多益处的自然律的副产品。

　　但是大部分苦难的发生都**没有**规律可循，和人们错误的选择也不成正比。如果人们受伤是因为跳崖这样的**蠢**事，那么受苦也算公平。但这不是发生在我们身上的自然之恶。人们不仅因为跳崖而丧命，还有另一种情形，山崩地裂，巨石滑落，无辜的人经过而被埋葬。苦难常常是随机的，十分恐怖，而且发生在看来无辜的人身上。

　　还有其他神义论观点我们没有讨论。有些很有创见，但是过于复杂，比如"丰富理论"（plenitude theory）。这个理论认为神创造了无数个宇宙，在每个宇宙内部，邪恶的分配各不相同，但总量都是一样的。[22] 还有些理论过于简单，比如"惩罚神义论"（punishment theodicy），只看《创世记》开篇记载了人类堕落就下结论，说苦难是我们应受的惩罚，合情合理，因为我们反叛神，犯了罪。

但是《约伯记》生动展示了这个说法存在的问题，如果苦难是对罪的惩罚，为什么它发生在人们身上，却和人性中的善恶不成比例呢？为什么神允许"惩罚"的分配如此随意不公？另外，对自由意志神义论的质疑在这里也成立。神是不是没有这个能力——劝说人类始祖听他的话，避免受罚，同时又不违背他们的自由意志？我们读圣经知道，神终有一天会终结邪恶和苦难，那为什么这位全能全善的神允许邪恶一直横行？

总而言之，笼统地看这些神义论观点，它们可以解释大部分的苦难——每个理论都给世上某类邪恶提供了某些合理的解释——但是说到底，它们仍然无法把所有苦难都解释清楚。我们很难理直气壮地声称，有哪一种观点能够充分证明，神有理由允许我们眼前的一切邪恶发生。彼得·冯·因瓦根写道，没有任何一间基督教大教堂、主流教派或传统对某个特定的神义论观点表示认同。[23] 阿尔文·普兰丁格自己也说："我必须这样讲，我们所称的**神义论**——试图解释**为什么**神允许邪恶——让我感到震惊，它们冷漠、肤浅，毫无价值。"[24] 除了这些人发出的警告，我们还可以看看《约伯记》。这卷书要表达的信息之一就是，世上任何痛苦哀伤都有神为它定下的原因，我们若以为凭借理性能够完全掌握，那既是徒劳的，也是不应该的，更不用说把所有邪恶都解释清楚了。可能圣经本身就警告我们，不要试图构建这些神义论。

在过去的几十年里，大部分基督教思想家和哲学家都不再寻找完美的神义论了，相反，他们更愿意这样建议信徒（在我看来是正确的），与其构建神义论，不如简单些，为神作**辩护**。辩护不同于神义论，它不寻求一个无懈可击的说法，来解释神允许邪恶发生的种种原因。辩护仅仅证明邪恶对神的反驳不成立，那些怀疑神的人不能自圆其说。辩护要表明邪恶存在，**不**代表神不存在，或者不可能存在。要构建神义论，证明的责任落在相信神的一方。他或她必须让听的人十分信服，甚至说："现在我明白为什么所有苦难都值得了"。但如果是辩护，证明的责任则落在怀疑神的一方。为什么呢？

表面上看，这两句话——"有一位全能全善的神"和"世上有邪恶"——并不完全矛盾。怀疑神的人要给出足够的理由证明它们彼此矛盾。他或她必须让听的人十分信服，甚至说："现在我明白了，为什么邪恶存在，神就不存在，或者至少神不可能存在"。但做到这一点并不容易。

逻辑论证和"蠓虫"抗议

彼得·冯·因瓦根说，用邪恶来证明神不存在的人可能会这么说：

怀疑神的人："如果真有一个全能全善的存在，我们所知的邪恶他都知道，那么邪恶根本就不应该发生，因为他应该防止邪恶发生。或者由于某种原因，他没有这么做，那么只要邪恶发生，他就应该立刻将邪恶除去。但是我们不仅看到邪恶发生了，有些还一直存在。所以结论很明确，即神不存在。"[25]

其论点可简化如下：

1. 一位真正善良的神不想看到邪恶发生；一个真正全能的神不会允许邪恶发生。
2. 邪恶存在。
3. 所以，一位全能全善的神不存在。

但是相信神的人可以回应说，上述逻辑隐含一个前提，就是神没有任何合理的理由允许邪恶存在。相信神的人会这样说：

相信神的人："可能有人很想得到某样东西，也有能力获得它，但是却没有付诸行动——因为他有不行动的原因，在他看来，这个原因比获得那样东西更重要⋯⋯所以神可能觉得，允许邪恶存在的原因比想要除去邪恶的愿望更重要。"[26]

如果神有合理的理由让苦难和邪恶发生，那么神的存在和邪恶的存在就不矛盾。于是，怀疑神的人要想自圆其说，就必须证明**神根本不可能有这样的理由**。不过这并不容易。

要证明怀疑者的前提条件不对，信神的人可以举例说明，我们自己也经常让别人受苦，为的是要让他更好。医生经常采用让病人痛苦的疗法，目的只有一个，就是让病人健康长寿。父母惩罚淘气的孩子，拿走他们的玩具，不让他们随心所欲，这一定给孩子造成了痛苦（尤其是从孩子的角度来看），但是若不这么做，孩子长大后就会缺乏自制力，由此可能遭受更大的苦难。另外大部分人都会同意尼采这句话不乏真理："凡不能摧毁我的，都必使我更强大。"（Whatever doesn't kill me makes me stronger.）许多人都有这种经历，虽然饱受逆境折磨，却从中有所收获，避免了将来遭受更大的苦难。[27] 所以，为了将来更美好的幸福而经历苦难是值得的，这个道理成立，我们不仅明白，也在生活中应用。这就意味着神的存在和苦难的存在并非天然对立。

怀疑者会继续反驳说，人们怀疑神的存在，不是因为一般地说世上存在苦难，而是因为我们看见世上的苦难林林总总，而且极其深重。无助的人们遭受暴力和痛苦，骇人听闻，可是根本看不出这种经历如何能教训人，塑造人的品格。怀疑者也承认，某些苦难发生是有意义的，但是世上各样苦难，如此深重，这背后又有什么合理的解释呢？神不可能有任何的正当理由。

但是我们发现怀疑者第一个隐含前提里**包含**了一个隐含假设，就是"如果**我**看不出神允许邪恶的理由……那他恐怕真的没有任何理由"。[28] 这明显是错的。我们要记住，用邪恶证明神不存在的逻辑起点是一位万能的神。怀疑者通常这样质问："如果神真的如你所说，全知全能，那他为什么不阻止邪恶？"但是既然这位神远比我们有能力，那他当然远比我们有智慧。所以要反驳怀疑者，可以这样问："如果神拥有无限智慧，**为什么**他不能有允许邪恶存在的理由，在道德上合情合理，**而你又想不到呢**？"无论文化的内在框架怎样影响我们，让我们产生这种感觉，即坚持认为自己和全能的神一样，全然通晓人生和历史，这都是逻辑谬论。

哲学家史蒂芬·约翰·威克斯拉（Stephen John Wykstra）用"蠓虫"（noseeum）来形象地表明为什么这是谬论。[29] 他在回应威廉·罗（William Rowe）的文章中提到这个比喻，后者说，因为我们看不到任何"更有价值的好处"来证明神应该允许苦难，所以"这种好处不存在"。威克斯拉回应说，"在美国西部，有一种昆虫叫作'蠓虫'。它非常非常小，咬人很疼，可是太小了，人们根本看不见它。"[30] 但是你不能说你看不见蠓虫，它就不存在。阿尔文·普兰丁格在此基础上进一步解释说：

> 我朝我的小帐篷里望了望，没有看见圣伯纳犬，那么圣伯纳犬真的很有可能不在里面。因为如果它在，我一定能看见它。这帐篷很小，圣伯纳犬没那么容易逃过我的眼睛。我朝我的小帐篷里又望了望，没有看见一只蠓虫……可是这一次，我不能十分肯定帐篷里一只蠓虫也没有……因为即便有我也看不见；它们实在太小了。所以现在的问题是，神允许各种各样的邪恶发生……他的原因是像圣伯纳犬还是像蠓虫……假如神真的有个原因，我们为什么觉得自己立刻就能明白？……既然神是全知全能的，而我们的认知又很有限，那我们捕捉不到他的意图……这无须惊讶。[31]

"逻辑"论证试图用邪恶来证明神**不可能**存在，但是我们在这里看到了它的阿喀琉斯之踵。我们也明白了它为什么从此一蹶不振。如果你假设神是万能的，你对他允许邪恶发生感到愤怒，那么你同时也要接受这位万能的神，他有足够的理由允许邪恶发生。

现在我们也明白为什么查尔斯·泰勒言之有理，他说"恶之难题"直到现代才经常被拿出来反对神。生活在内在框架中的现代人远比古人自信，他们相信自己有足够的理性和能力解开宇宙的奥秘。我们相信，如果连我们都想不出，神肯定也想不出。这不仅是个谬论，更是彻头彻尾的骄傲，却被我们奉为圭臬，印刻在我们的头脑中。

事实论证和蝴蝶效应

那么事实论证又如何呢？这个观点野心较小，相对温和，认为邪恶和苦难只是让神的存在不大可能。持这个观点的人会这样怀疑神："我们当然无法证明神不可能存在，或者他不可能有足够理由允许苦难。但是你见过这景象吗，一个孩子被癌细胞吞食，由内到外，慢慢死去？虽然邪恶在逻辑上不能证明一位全能全善的神不存在，但它还是让神的存在非常可疑。"[32]

这个观点的问题在于，它和逻辑论证本质上没有区别。相同的前提假设，相同的阿喀琉斯之踵。如果我们不能证明神在道德上没有足够理由让邪恶发生，那我们当然不能判断他有理由让邪恶发生的可能性有多大。我们又一次忘记了自己的认知局限，反而坚持认为自己有足够能力评估某件事发生的概率或可能性。既然神是无限的而我们是有限的，那我们对苦难的原因这种事根本无能为力。

想象山顶有一个球，它可能滚下来撞进任何一个村庄，导致山崩地裂，改变地形地势和人们的生活。球滚落的路径受无数极其细微的变量的影响，比如初始位置、推动力、地形不规则程度，甚至还有风速和气压这类天气因素。一旦球开始滚落，我们能够确定它的方向吗？能够算出它撞进每个村庄的概率吗？当然不能。因为变量太多，无法计算。根据"混沌理论"（chaos theory），科学家们认识到像天气这样庞大的宏观体系会对最细微的变化产生反应。蝴蝶效应就是个经典例子。一只蝴蝶在中国抖一抖翅膀，其效果会被一串连锁反应放大，最终决定南太平洋上飓风的路径。但是没有人能够计算出或者准确预测蝴蝶振翅的效果。

好了，如果历史上任何一件事，即便最微不足道的事，都有类似威力无穷、复杂难测的连锁反应，那会怎样呢？雷·布莱伯利（Ray Bradbury）在他的科幻小说《雷霆万钧》（*A Sound of Thunder*）中有一段精彩的描述。故事中的时空向导特拉维斯提醒时空旅客埃克尔，每次回到过去，他都必须小心翼翼，千万不要偏离为他提供的金属轨道，否则会出事，例如踩死一只老鼠。那只老鼠所有的后代——可能上百万只——都会消失。然后其他吃老鼠的动物都会饿死，没有后代。然后以这些动物为食的人类没有食物可吃，要么迁移，要么饿死。无论男女，只要一个人死了，那么这个家庭就不存在了，最终甚至整个国家都不复存在。

你踩一下脚，踩死一只老鼠……这个后果经时间传导，整个地球和人类命运的根基被动摇……可能那七座山上永远不会有罗马城。可能欧洲将永远是一片黑森林……你踩死一只老鼠，留下的印记仿佛永恒之中的大峡谷……所以，千万小心。走在轨道上。绝对不能偏离！[33]

既然人们算不出蝴蝶振翅和球滚下山的效果，那么眼前有个年轻人死去，这看似是个"没有道理"的悲剧，可我们又怎能算出这件事的历史效果呢？如果有一位全知全能的神，他一直在引领历史，叫万事一同效力，朝向美好的结局，那我们仅凭某个事件，就说自己了解全局，这真的很愚蠢，我们了解的恐怕不足百万分之一。历史的蝴蝶效应表明，"世上每一个人都有自由意志……引领他们走向预定的［美好］结局……只有一个全知全能的头脑才能做到……我们当然会觉得很多邪恶都是没有意义、没有必要的——但是坦白讲，我们没有资格判断。"[34]

邪恶以情感驳斥神的存在

每当人们在文章中、在讨论中提到上述哲学论证和反驳时，所采用的论调往往是抽离和冷静的。但是大部分人在亲身经历邪恶时，不是因为哲学原因抗拒神，而是在情感上难以接受。据此，彼得·冯·因瓦根把恶之难题分为两类，一类是"普遍的"（global），一类是"特殊的"（local）。有一次他在讲座中谈到"特殊"类别，讲了一位女士的真实故事，她不仅被强奸，那男人还砍掉了她的两条肘臂，然后扬长而去。这位女士拼命爬到路边，后来获救。她从此失去了双臂，永远活在那一晚的恐怖记忆中。[35]

遇到这种事，我们的第一反应必然是来自心底。先是感到心痛，然后头脑里才会生出一连串问题。我们会说："你不用没完没了地演绎推理了。那些论证我都知道。而且我也明白，这类残忍事件在逻辑上不能证明一位善良的神不存在。但是无论如何，说这种事合理，**这本身就不合理**。不用多说，这是**错的，错的**。我根本**不想**相信那位让这种事发生的神——无论他是否存在。"这是邪恶在用情感驳斥神的存在。我们不能简单地把它称作情绪，或稍纵即逝的感觉。邪恶的确让人在心里觉得神不可信、不真实。那么应该如何回应呢？

情感论证并非严格的逻辑推理，但它也遵从一套道德逻辑。多年前，我去探访一个家庭，年轻的父亲刚刚出了意外，他在屋子的电线槽修电路，本来很简单的事，可他却不幸触电。救护车还没赶到他就死了。他家里有三个孩子，最大的九岁，当时只有他道出了在场每个人的心声，"不！孩子要有爸爸！**不**！"我们好像迪兰·托马斯（Dylan Thomas）诗中所写的那样，尽管明白死亡和苦难不可避免，却还是要"暴怒，暴怒"。

埃利·维瑟尔（Elie Wiesel）的《夜》（*Night*）大概是当代最经典的情感论证了。[36] 他生动地描写了自己在纳粹集中营里度过的第一夜，那一夜让他崩溃。他写道，那一夜"把我整个生活变成了一个漫长的夜晚，我被狠狠地诅咒，被死死地封住"。他眼前就是焚烧炉，人被扔进去，当中有小孩子，他们变成"缕缕青烟"。焚烧炉的烈火彻底摧毁了他对神的信仰。

我永远都不会忘记那火焰，它彻底吞噬了我的信仰……我永远都不会忘记那些时刻，它们把我的神谋杀，把我的灵魂谋杀，把我的梦想变成尘土。[37]

读到这些，你怎么还能去"辩论"？我们要认真对待维瑟尔的经历，敬重他用卓越的文笔记录下这一切。但我们也必须指出，有些人看到了同样的景象，但他们对神的信心没有动摇，甚至更加坚定。[38] 维克多·弗兰克尔描述过，他在集中营里的狱友对恐惧的反应千差万别。很多人完全绝望，但也有人找到希望，包括宗教希望。普林斯顿神学院的前教授 J. 克里斯蒂安·贝克尔（J. Christiaan Beker）曾经是纳粹的奴隶，住在柏林的一所劳改营里。他后来在一间阁楼里躲了几个月，终日担惊受怕，怕被出卖，怕被发现，后来终于躲过了德国人的追查。他亲眼见过许多惨不忍睹的景象，以至于终生患有躁狂症。但正是这段为奴的日子让他立志成为基督教神学家，并最终写出了《苦难和希望：圣经的远景和人类的困境》（*Suffering and Hope: The Biblical Vision and the Human Predicament*）一书。[39] 他在书中传递了这样的信息：基督教对复活和新天新地的盼望让我们看到，"死亡的势力仅限于当下，它没有未来，我们知道它必然失败"。[40]

自食其果

由此可见，不是每个经历过极端邪恶的人都自动失去对神的信心。这提醒我们，即便是对苦难的本能反应，其中也有辩论，也有假设，只是我们未必一开始就能意识到。面对令人厌恶、丧心病狂的恶行，我们不仅在情感上**有反应**，也在心里和自己对话，尝试从某种角度加以解读。正如布莱斯·帕斯卡尔所说："某件事让我感到喜悦或震惊，可我起初并不知道原因，后来我才发现那令我感到震惊的原因……心灵自有其原因，理性却不了解。"[41]

那些因苦难而信仰受挫的人，他们脑中和心里有个道德假设，就是如果神存在，那他没有做应该做的事，他违反了道德原则。邪恶之所以算为邪恶，是因为它和一套道德规范相悖。我们在说"我不能相信一位允许这种事发生的神"时，我们实际上是在说神以某种方式与邪恶同谋。

但是不信神的怀疑者却在此处陷入两难。人类有**道德**

感，这无须争辩。因为有道德感，我觉得某些行为正确，某些行为错误，甚至让人厌恶。好了，既然没有神，那我们强烈的道德本能和道德感从何而来呢？现在有很多人说这是进化的结果。按照这种观点，道德感已经成为构成我们基因的一部分，因为它帮助我们的祖先存活下来。尽管这可以解释道德感，它却无法解释道德**责任**。设想一下，你让别人停止去做违反道德责任的事，但如果**他们**感到自己所做的没错，而是你觉得他们错了，那你有什么权利要求别人停止某些行为呢？为什么你的道德感比别人的优越？你的道德感做判断的标准从何而来？你说别人"作恶"的道德依据是什么？如果别人的和你的不同，又当如何？

我们可以把这称为两难境地，因为如果神不存在，那么怀疑者的依据——世上确有邪恶，人们确有道德责任不应作恶——就自动解体了。你提出反对的理由消失在你脚下。所以，用邪恶反对神的存在，这不仅不成立，而且还让运用它的人自食其果。因为它表明，你假设某样东西存在，可是除非神存在，否则那样东西就不可能存在。在某种意义上，你是在倚靠神来反驳神。自食其果受害最深的名人当属 C. S. 路易斯。

很多年来，路易斯都不相信神存在，因为他认为用邪恶反驳神存在的逻辑论证成立。但他最终意识到，作为一个无神论者，邪恶和苦难给他带来更大的难题。他总结说，人们意识到世上有道德之恶，这**实际上**论证了神的存在，而非相反。他把自己的领悟记录在《返璞归真》（*Mere Christianity*）一书中，[42] 但他在《徒劳》（*De Futilitate*）一文中有更详尽的叙述。路易斯解释道："有个相当显而易见的原因可以说明，这世上根本没有道德目的运行其中：很多事接连发生，对生命来说既残酷又没有必要，既冷漠又充满敌意。"[43] 路易斯因为看到世上的残忍与邪恶，于是无法相信宇宙间有一位良善的神，即"道德目的"。

但是他后来发觉，原来邪恶"正是我们不能拿来攻击神的理由"。为什么？"除非我们判定，眼前的荒芜和残忍真的是邪恶……否则我们不能责备宇宙把它们一一呈现……除非我们超越自我的标准，采用一套客观的准则来回应，否则我们不能说那套标准是合理的。"[44] 这就是作为无神论者的路易斯所面临的两难境地。他拒绝相信神的存在，因为他看不出世上有道德标准——邪恶又残忍的事随意发生。但是这样一来，如果没有神，我给邪恶下的定义不过是基于自己的感受。路易斯写道："简而言之，除非我们承认终极的实体是道德的，否则不能用道德来指责它。"[45] 他生动地总结说：

善良的无神论者公开反抗一个明显残忍又愚蠢的宇宙，可他没有发觉，自己其实正在向那宇宙背后的或宇宙内部的致敬，他承认那个实体无限珍贵，且有至高权柄：因为怜悯和公义如果真是他一时兴起想出来的，没有客观的不带个人色彩的根基，那么当他意识到这一点时，他就不会再义愤填膺了。他指天责问，为什么不顾怜悯和公义，这恰恰说明他在某种程度上清楚地知道，怜悯和公义在高过诸天之上的地方作王。[46]

　　这让我们思考，邪恶和苦难是不是让神的存在反而**更**可信了？我们意识到绝对的恶，这会不会是个线索，若循着它就必会在心中某处确知神真的存在？阿尔文·普兰丁格写道，如果从世俗角度看世界，"那根本谈不上任何真正的道德责任……于是也就没有所谓真正骇人的邪恶。如此一来，既然你真的相信世上有骇人的邪恶（……不是想象出来的那种），那么你已掌握了强有力的……论证［可以证明神真的存在］。"[47]

　　作家和批评家 A. N. 威尔逊（A. N. Wilson）曾经放弃了从幼年就信奉的基督教，但是最近他却发表了一篇名为《我为何重拾信仰》（Why I Believe Again）的文章。他发生转变是因为手上正在写一本关于瓦格纳家族（Wagner family）和纳粹德国的书。他看到"有些人相信伦理道德纯粹由人类自己来构建，他们把世界弄得何等疯狂"。[48]《信仰和其他漏气的车胎》（*Faith and Other Flat Tires*）是近期出版的一本信仰自传，这本书让我们看到，自食其果的人不只路易斯、普兰丁格和威尔逊这些知识分子。安德利亚·帕尔潘特·迪利（Andrea Palpant Dilley）在肯尼亚长大，从小和贵格会医疗传教士们在一起，她远比西方国家大多数的孩子更了解死亡和黑暗。十几岁时，她开始怀疑神的良善，到了二十多岁，她彻底放弃了基督教信仰。正是苦难和不公义让她离开了神。

但是有一天晚上，她和一个年轻人就神是否存在进行哲学辩论。对方说道德是相对的——因文化和民族而异。他总结说："我认为道德完全是主观判断，因此神没有必要存在。"迪利清楚记得自己当时的回答，她说："但是如果道德完全是主观判断，你就不能指责希特勒。你也不能说婴儿被饿死这不公平。你不能谴责罪恶。可这站得住脚吗？……在我们之上有一套客观的道德准则，你必须接纳。"她边说边抬手在空中画了一条水平线。"可能真的有个神圣的道德观念在影响我。"她发觉自己迈出了回归信仰的第一步。[49]

迪利后来总结道：

人们问我为当初什么毅然离开教会，后来又为什么回归。我对这两个问题的答案是一致的。我离开教会，有一部分原因是我对神允许苦难和邪恶感到懊恼。正是同样的挣扎又把我带回了教会。我发觉，若不身处一个有神论的框架，我根本无法谈论公义。按照自然论的世界观，面对内罗毕（Nairobi）贫民窟里的孤儿，除了适者生存，再没有别的解释。我们不过是一群动物，在无神的世界里过着贫民窟般的生活，抢夺空间和资源。谈论公义没有什么意义。所以，要谈论公义，就必须有客观的道德准则，要谈论客观的道德准则，就不能回避神。[50]

总而言之，即便你抛弃对神的信仰，你仍然绕不过苦难的意义这个问题。如果没有神，那么我们为什么看到有人因不公义而受苦会感到恐惧、感到愤慨？暴力、苦难和死亡不过是自然现象。你依据什么来指责残忍的行为？两位伟大的思想家分别给出两种截然不同的答案。马丁·路德·金博士（Martin Luther King, Jr.）在他的《伯明翰狱中来信》（Letter from Birmingham Jail）中说，如果没有高于一切的神圣的律法——定义何为公义——那我们无法判断人类的某种行为或某个经历是否公义。但是 1883 年，当尼采听说一场自然灾害摧毁了整个爪哇岛（Java）后，他写信对朋友说："二十万人顷刻消失——多么壮观！"他的言语残酷无情，因为按照他的逻辑，神不存在，人们可以任意进行价值判断。你身处的文化和你的个人性情决定你如何判定公义，仅此而已。

马丁·路德·金和尼采虽然看法不同，却都认同一件事：如果没有神，或者没有更高的神圣律法，那么暴力就再正常不过了。所以，放弃对神的信仰解决不了苦难的问题，不仅如此，我们后面还会看到，很多应对苦难的资源也随之消失了。

生命故事：希望在基督

玛 丽

酒精毁了我的父母。我三岁那年，他们离婚了。

我的妈妈爱我，她也尽力了，可是她用买醉来寻求安慰，时时豪饮，几近疯狂。我只要输了场钢琴比赛或者把伏特加倒进下水道里就会被锁在门外，这种事常常发生，我不得不敲碎地下室的窗户爬进屋里。

耶稣在我十七岁时找到了我。当时有个朋友带我去教会，牧师提到神永不止息的爱，我于是紧紧抓住这抚慰心灵的话语，期待不一样的生活。

后来我和一个大我六岁的男人结婚了。开始时，这段婚姻给我安慰，但他的性情越来越暴戾。我总是挨打，有一次他用狗链打我；他还勒我的脖子，踢我的肚子，把我推下码头，推下台阶。但是我告诉自己我依然爱他，尽管这简直不可思议。

我二十三岁时找回了爸爸。我以为他会保护我，于是我离开了丈夫。但是我爸爸对我实施性虐待。这一次我彻底绝望了。我尝试自杀，但是没成功，我对神尖叫，问他为什么让我活下来。神究竟在哪里？

后来我找人做辅导，他是一位非常有智慧、性格随和的年轻执事。一年之后，我们相爱了，但他当时已有家室。我们内心挣扎，寻求神的帮助，但最终还是向罪低头了。他离婚，我们结婚。神赐给我们三个漂亮的孩子，可我们不配。我人生中第一次有了一个家。

孩子还不到六岁时，我的身体出现了严重的问题，包括头痛、失聪和部分面瘫。专科医生在我脑中发现了一个大肿瘤，手术并未完全切除，后来又引发了其他并发症。我记得自己异常镇定。虽然生活翻天覆地，可我还有一个完整的家。

我的孩子们渐渐长大了，他们虽然在教会里长大，却也躲不过来自世界的冲击。三人都有被拘留的记录。最小的患有精神分裂症。最大的入狱两年。我们心力交瘁。

没过多久，我的丈夫两次中风，性情大变。我发现我们的财务状况一塌糊涂。最终，我们没有了住处。我被彻底击垮了，对着治疗师，一句话也说不出。

生活没有改变。可是神在改变我。

我逐渐发现，让我头痛和生活中的难题，尤其是那些我根本处理不了的难题，恐怕正是神特意允许的，因为我们的确处理不了，无法承受其中的痛苦和焦虑。只有神有这个能力。我觉得神要我们明白，应当信靠他，由他来处理，这其实是个礼物，就是混乱中他所赐的平安。难题仍在，生活也在继续，但是他把那些扎心的刺换成了希望，这个发现真是奇妙。

我开始相信，生活不会一直如此。我不再执着于心痛，而是专注于那位将来会把所有心痛都彻底除去的神，我因此获得更多安慰。

我终生都在寻找从绝望到希望的良方，却从未找到。在我做过或没做过的所有事情中，都没有找到。我们不可能通过解决问题来寻找希望，希望只在于专注基督，他能促成改变。

第二部分
直面火炉

第 5 章
挑战信仰

其他神明强硬，你却柔弱。

他们骑在马上，你却脚步踉跄地走向宝座。

可是，只有神的伤痕能将我们的伤痕诉说，

这伤痕，其他神明没有，只在你身上。

——爱德华·希利托，《带着伤痕的耶稣》

给心灵的回答

我们说过，在情感上不能接受神，这是心灵层面的问题。帕斯卡尔提出了一个很有洞见的概念，叫作"心灵的理由"（reasons of the heart）。它既不是非理性的感受，也不单单是逻辑命题。最好把它称作直觉——一套既能给思维提供亮光，又能让心灵得到切实抚慰和满足的解释。

"心灵的理由"不同于抽象的命题，它影响态度，改变行为。按照我的看法，基督教的教导中有三个震撼人心的主题，可以帮助我们明白苦难中"心灵的理由"。它们不仅让我们对苦难有更深刻的了解，也彻底改变我们的态度，重塑我们的心灵，使我们有能力直面逆境。

第一个是关于创造和人类堕落的教导。根据《创世记》前两章，神本来把人类放进一个没有死亡和痛苦的世界中。眼前的邪恶并非神本来的设计。那不是神为我们人生所设的目的。也就是说，即便一个人活到九十岁，看似寿终正寝，却也**不**符合神创造时的心意。我们当中有人察觉到，任何形式的死亡本身都是"谬误"。没错，正是如此。"因光明渐逝而发怒"是我们的直觉体验，我们不应该承受必死的命运，不应该失去所爱的人，不应该让黑暗得逞。为了让人们接受死亡和哀伤，我们常常说，死亡是生命的一部分，有它才算圆满。但这无疑是让人压抑本来正当又深刻的直觉——我们受造本不只是为了归于尘土，爱本应永远长存。

从《创世记》3章可以清楚看到，这个直觉没错，正是因为我们拒绝让神作我们的主和君王，世界才陷入黑暗且不断蔓延。当我们背离神，和他的关系破裂，我们所有的关系都随之瓦解。因为我们拒绝他的权柄，世上的一切——我们的心灵、情感、身体、人际关系，以及我们与自然的关系——全都失序了。

人类堕落意味着，创造之初的设计遭到破坏。在伊甸园里，男人和女人被吩咐去工作，治理大地。后来亚当和夏娃犯罪，他们遭受的诅咒之一就是，地生出花草和食物时，也要生出"荆棘和蒺藜"。这说明，神创造的美好生活并未被完全挪去，只是远不及他最初的美意。勤奋工作原本应该得到丰盛的回报，但有时候勤劳的成果却被不公义和灾难一扫而空。所以，从人类堕落的教义，可以一窥苦难的究竟。

一方面，它让我们明白受苦多寡和善恶无关。约伯自以为义的朋友们围着他辩论时正是把二者关联在一起："苦难发生在你身上而不是我们身上，原因在于我们的生活无可指摘，而你却不是。"神在《约伯记》结尾处对这三个"叫人愁烦的安慰者"大发烈怒。这个世界太堕落、太破碎，不能简单地按照好人有好报、恶人有恶报来区分。全人类都要承担堕落带来的破碎。正如耶稣所说，神"使太阳照恶人，也照好人；降雨给义人，也给不义的人"（太5：45）。某个人受苦，不一定是他某次恶行的报应。

但是另一方面，虽不能下结论说某次受苦是因为某次犯罪，但至少总的来说，苦难和死亡是我们犯罪的必然后果，是神公义的审判。所以，我们只要想想过去的行径，就不能抗议说人类配过比现在更好的生活。

对于受苦者，这一切都包含了"心灵的理由"，因为一旦接受，他就会变得谦卑，得到解脱。许多人暗自假设，神的任务就是要创造一个对我们有益的世界。我们知道，十八世纪的自然神论十分明确地倡导这个观点，尽管它和《创世记》以及圣经其他记载相抵触。社会学家克里斯蒂安·史密斯指出，无论如何，这个观念赢得了许多人的心。他研究发现，大部分步入成年不久的美国人都是"实际的自然神论者"——虽然很多人并没有听说过这个术语。史密斯的意思是，他们认为神存在的作用，就是满足他们的需要。这些年轻人生活的文化中有一个潜藏的假设，影响力很大，就是，除了极恶之人，神应该给所有人提供舒适的生活。生活总是令人不快，日子艰难、残酷，匆匆飞逝。一旦发生了不可避免的不幸，这些在精神上假设自己有权利过好日子的人注定要陷入困惑。

退一步审视这个前提——神应该为我们提供好生活——很明显它并不成立。如果真有一位无限荣耀的神，为什么宇宙不围着他转，反而围着我们转呢？如果读一读圣经中神给我们定下的行为准则——金律、十诫和登山宝训——再回顾一下人类怎样违背了这些诫命，我们可能会醒悟，邪恶之谜恐怕不是我们所想的那样。或许真正令人费解的是：看看人类的所作所为，为什么神还会允许我们有这么多**快乐**？持自然神论人生观的人遭受自怜之苦，但是创造和堕落的教义会将它除去。这教义让灵魂更坚强，帮它做好准备，受苦时不至于惊慌失措。

世界的更新

　　基督教触动心灵的第二个教义是最终的审判和世界的更新。很多人抱怨说，他们无法相信一位审判人、惩罚人的神。但是如果没有末日审判，世人造成的不公和眼下肆虐的罪行要如何处置呢？如果没有末日审判，那就只有两种选择，要么失去希望，要么复仇反抗。如果失去希望，那么历史上常见的独裁和压迫都不会改变，我们持守公义良善也好，行事残忍自私也罢，最终都没有区别。如果复仇反抗，那么既然没有末日审判，我们就必须拿起武器，现在就出发去追捕那些作恶的。我们必须亲手彰显公义。如果没有审判者，我们必须亲自担当这个角色。

　　所以圣经说有末日审判，这并非一个让人沮丧的想法，它实际上让我们活在希望和恩典当中。我们接受它，就有了盼望，愿意去为公义奋斗。因为即便当下的成果有限，我们知道**终有一日**公义必彻底得到彰显。所谓的道德之恶都会被匡正。它同时也让我们心存感恩，能够原谅别人，控制自己不去报复，不诉诸暴力。为什么？因为如果不确定最终审判是否会来临，一旦被侵犯，我们会受不可抑制的冲动驱使，拿起刀枪，重创那造成伤害者。但是当我们知道没有人能够逃脱，所有作恶的最终都要付代价，那我们就能活得有平安。末日审判警告我们，我们既无法确知每个人应得的，也没有资格在自己还是罪人时给别人定罪（罗 2：1—16，12：17—21）。所以，相信有末日审判让我们不至于太消极，也不至于在追求真理和公义时过于激进暴力。

但是真正带给受苦者切实安慰的，却是末日审判的反面。彼得·冯·因瓦根写道：

在某时某刻，直到永恒，再也没有不应受的苦难：当下的黑暗，"邪恶世代"，最终留在记忆里的，不过是人类历史最初的摇曳微光。恶人对无辜之人所做的每一件恶行都有报应，每一滴眼泪都会被抹去。[1]

我们说过，没有任何神义论观点无懈可击且能够完全解释神为什么允许邪恶。但是若把圣经里所有的应许和启示衡量思索一番，复活以及世界更新的教义无疑是我们能给出的最好的解释。身体复活意味着，我们虽然失去了生命，但得到的不仅是安慰，更是重获新生。我们得到的身体和生命不是那失去的，而是我们希望拥有却从未拥有过的。物质世界焕然一新，在那里，我们的生活荣耀、完美、不可思议地丰盛。

我们常常可以看到，坏事怎样"一同效力，让人得益处"（罗 8：28）。问题在于，我们只能在有限的几件事上，隐约看到这个真理。但是有没有可能，神让邪恶发生，正是为了带领我们进入更伟大的荣耀和喜乐当中？如果世上不曾有邪恶，那我们也无法领略最终的荣耀和喜乐是多么无限又美好？未来世界正是因为当下世界的破碎迷失，所以才无比美好？若果真如此，那毫无疑问，邪恶真的被彻底打败了。邪恶不再是我们追寻美好事物和无限幸福的绊脚石，相反，它让这一切变得更丰盛。邪恶大功告成，不过结果和它的预期截然相反。

这要怎样才能发生呢？简单来说，唯有险境能逼出勇气。若不是罪性和邪恶，我们就不会看到神的勇气，也不会看到神的大爱，更不会看到他作为神的荣耀——愿意放下荣耀走上十字架。我们在今生思想神的荣耀，总觉得遥远抽象。但是我们必须明白，以往那些刻骨铭心的喜悦——壮丽秀美的风景、美味可口的食物、充满爱意的拥抱——仿佛露珠，和见到神的面时那汪洋一般取之不尽的喜悦相比，实在微不足道（约壹 3：2）。这就是我们的盼望，丰盛而毫无缺乏。按照圣经，那份荣美，和我们因享受它而得到的快乐，都因为基督将我们从邪恶和死亡中救赎出来而得以无限提升。圣经还说，就连天使都想详细察看这福音，看耶稣道成肉身和救赎的奇妙作为（彼前 1：10—12）。

保罗说过，我们认识基督和他复活大能的人，"在他所受的苦上有分"（腓 3：10），[2] 这并不容易理解。阿尔文·普兰丁格指出，约拿单·爱德华兹和亚伯拉罕·凯波尔（Abraham Kuyper）这些早期改革宗神学家都相信，正是因为我们的堕落和耶稣基督的救赎，我们才能和神建立一种亲密无间的关系，若用其他方法则不可能实现。这就是天使也羡慕的原因。[3] 或许我们将来会明白，耶稣若不受苦，就不能彰显神的荣耀和慈爱；同样，我们若不承受人生各样苦难，就不能经历那至高无上的荣耀、喜乐和慈爱。

将来的荣耀以不可思议的方式"吞没"了往日的邪恶，即便回想起来，也不会让心灵蒙上阴影，反而更加喜乐，这难道不可能吗？C. S. 路易斯在《开往天堂的巴士》（*The Great Divorce*）里讲述了一个关于天堂和地狱的奇幻故事——地狱和里面的居民都极其微小，小到几乎看不到。他写道，人们在世的时候会说，"无论将来发生什么天大的好事"，都不能弥补这次所受的苦，"但他们不知道，一旦进入天堂，回顾过去，天堂会让每一次痛苦都变成荣耀"。[4] 这和 J. R. R. 托尔金的盼望有异曲同工之妙，他期待将来有一刻，"一切伤心事都成了虚幻"。[5]

神的伤痕

最后，道成肉身和救赎这两个教义也是可供我们心灵取用的资源。

彼得·贝格尔是社会学家，并非神学家，但是他知道，每种文化必须为其成员提供一种理解苦难的方式。他总结了圣经中两种最基本的方式。旧约的《约伯记》展示了苦难最难解、最残酷的真相——说到底，我们根本不能质疑神。约伯求问神，为什么如此沉重的哀伤和痛苦会发生在自己身上。但他得到的回答却是，"质疑者提问的权利遭到严重质疑"。[6] 神挑战约伯，让他看清楚自己作为人的有限，即使神的计划和目的摆在眼前，他也想不明白。此外，身为罪人，他也无权要求舒适的生活。贝格尔承认这个观念在逻辑上很有说服力，但它更像是一个遥不可及的愿景，"大部分人难以承担……只有少数有'宗教癖'的人才有可能接受"。[7] 值得庆幸的是，这不是圣经对苦难的定论。

贝格尔说，"旧约显出苦难让人无法承受的张力"，但随之而来的，是"基督教的根本解决办法"。这解决办法就是，"道成肉身的神是一位受苦的神。如果他不受苦，他不上十字架，道成肉身就解决不了苦难的问题。可以说，道成肉身产生的巨大效果要归功于苦难"。贝格尔引用加缪的话，后者写道："只有无辜的神做出牺牲，无辜的人所受的无穷无尽、无边无际的苦难才算合理。只有神遭遇巨大不幸，人的痛苦才能被抚平。"[8]

贝格尔认为这个解决办法绝妙无比。他写道：

借着基督，旋风惊雷中的耶和华（《约伯记》中的耶和华）不再是可怕的他者，而是显得平易近人。同时，默想基督受苦，人类对自己的罪性认识更深，更发觉自己不配，以往（忏悔）的投降得以重新来过，而且更加明确……［因为］基督受苦不是让神称义，而是让人称义。[9]

《约伯记》恰当地表明了人的不配和有限，必须完全降服于神的主权。但是如此疾呼，受苦者恐怕无法承受。新约时代到来，对那些信靠神的主权的人来说，当中满有超乎想象的安慰。掌权的神亲自下来，经历这个世界的黑暗。他亲自将苦杯一饮而尽。他这样做不是要让自己称义，而是要让**我们**称义，承担我们本应受的苦难、死亡和诅咒。他把所有惩罚都担在自己身上，这样到他再来的那天，他能够终结一切邪恶，却不必指责和惩罚我们。

新约教导说，耶稣就是神取了人的形象来到我们中间——"神本性的一切丰盛，都有形有体地住在基督里面"（西2：9）。他虽然是神，但他也受苦。他也经历软弱，"曾经流泪大声祷告恳求"（来5：7）。他亲身经历了拒绝和背叛、贫穷和辱骂、失望和绝望、丧亲之痛、折磨和死亡。所以他能够"同情我们的软弱"，因为"他像我们一样，也曾在各方面受过试探，只是他没有犯罪"（来4：15）。他在十字架上所受的苦超过人类最深重的苦难，他遭到天父的离弃，他所受的苦远超过我们所受的苦，正如他的智慧和能力也远远高过我们。没有什么比失去爱的关系更让人痛彻心扉。但是我们无法体会耶稣的处境，他不仅失去了几年来和亲友门徒们建立的关系，还有天父无限的爱，耶稣曾在永恒中拥有那份爱。这样的分离，无论怎样都无法承受。因此，耶稣在十字架上大声呼喊"我的神！我的神！为什么离弃我？"时，他经历的是神的离弃。

耶稣彰显了至高的大能——一位无比强大的神，出于对我们的爱，自愿变得软弱，陷入被欺压的境地和一片黑暗之中。同时，耶稣也成就了至高的荣耀——出于对我们的爱，他愿意放下自己全部的荣耀。

这在其他任何宗教中都看不到。约翰·迪克逊（John Dickson）牧师有一次在澳大利亚悉尼的一间大学演讲，题目是"神的伤痕"。在问答环节，一位穆斯林教徒站起来说："宇宙的创造者臣服于他所造之物的力量，这是何等荒谬——他吃喝拉撒，甚至还要死在十字架上。"迪克逊对他说，你很聪明，讲得有道理，而且礼貌客气。那人继续说，神是"万因之因"，他让次等的生命伤害自己，这不符合逻辑。他说完之后，牧师觉得自己实在没有王牌可出，也没有妙语来反击，最后只能感谢这位穆斯林教徒，因为他把基督教的独特之处讲得如此清晰。"说神是有伤痕的神，在穆斯林看来是对神的亵渎，但在基督徒看来，这却是宝贵的真理。"[10]

所以彼得·贝格尔是对的。《约伯记》给出的回答——"神知道他在做什么，你要闭嘴，相信他"——完全正确，但仍显不足。若只有这个答案，实在太冷酷。所以新约给我们更多资源来面对生活中的种种恐怖。我们离开了神，神却没有抛弃我们。在世界主流宗教中只有基督教教导说，神以耶稣基督的身份来到世上，遭受苦难，经历死亡。

明白了吗？的确，我们仍然不知道神为什么允许邪恶和苦难持续肆虐、任意妄为，但我们至少知道了不是因为什么。不是因为他不爱我们。不是因为他不在意我们。他全心全意，要给我们最终的幸福，为此他不惜纵身跳入苦难的深渊。他明白我们的遭遇和感受，因为他亲身经历过，他向我们保证，按照他的计划，每一滴眼泪终将被抹去。有人或许会说，"但'为什么'这个问题他只解释了一半"。没错，但我们需要的正是这一半。

如果神把所有事情背后的原因都解释给我们听，我们有限的智慧恐怕难以招架。想想孩子和父母。三岁的孩子无法理解，为什么父母让他们做某些事又不做另一些事。他们虽然不明白，却能够了解父母的爱，愿意相信他们，被他们保护。那才是孩子真正需要的。不过神和人之间的差距远远超过三十岁的父母和三岁孩子之间的差距。所以我们不应期待明白神的全部意图，但是借着十字架和耶稣基督带来的福音，我们明白了神的爱。那才是我们最需要的。

安·福斯坎普（Ann Voskamp）在《一千次感谢》

（*One Thousand Gifts*）一书中分享了她的经历，两岁的妹妹无故被卡车撞死，她后来走出痛苦，有所领悟。她总结说，重要的只有一件事，就是我们是否相信神的性情。他真的慈爱吗？他真的公义吗？这是安·福斯坎普的结论：

［神］把耶稣给了我们……如果神连自己的儿子都给了我们，他会保留任何我们需要的而不给我们吗？说到赢得信任，神难道不是已经彻底赢得我们的信任了吗？他流血的伤痕、刺入额头的荆棘，还有干裂的双唇，呼唤着你的名字。既然如此，他怎会不慷慨地把他看来最好、最适合的一切全都给我们？实际上，他已经把最不可思议的给了我们。[11]

黑暗中的光

这是一个黑暗的世界。我们有很多方法防止那黑暗靠近自己，但都不能一劳永逸。无论哪一样生命之光——爱、健康、家庭和工作——最终都将逝去。到那时，我们的知识、能力和权势都显得不够，我们需要更多支撑。

《以赛亚书》9：2和《马太福音》4：16告诉我们，耶稣降生，让"住在黑暗中的人民，看见了大光；死亡幽暗之地的居民，有光照亮他们"。但是你可能会问，既然耶稣是世界的光，为什么他来到世上却不**除掉**苦难和黑暗呢？孩子们依然早夭或死于各种暴力。穷人们依然命如草芥。年轻的父亲依然因意外丧生，留下孤儿寡妇相依为命。战争还在继续，战争的传言还在散播。他为什么不停止这一切？

但是如果耶稣来到世上，不是三十三岁就死去，而是有更长时间惩治不公、制止邪恶，又会怎样呢？我们的结局又当如何？托尔金说过："〔邪恶〕受挫后会歇一歇，然后改头换面，卷土重来。"[12]他说得没错。想想看，科技进步给医疗和传播带来的好处数不胜数。借着通讯革命，铁幕落下，冷战结束。但是不少博学之士担忧，恐怖分子可能用同一科技手段瘫痪整个电力网络，使上万亿财富化为乌有，使世界陷入衰退。核能若运用得当，可以有效解决能源问题，但也可能引发核扩散，带来核恐怖主义。每当新发展制服了某种邪恶，邪恶总能找到方法，利用那项新发展，摇身一变，又回到我们当中。

为什么？因为世上的邪恶和黑暗很大程度上源于**我们的内心**。马丁·路德说过，人类的本性就是"朝向自我"（in curvatus in se）。我们极度自我中心，本性如此，甚至自己都不承认。这种"朝向自我"的本性正是无数苦难和邪恶的源头，大到报刊头版的暴力和屠杀，小到个人婚姻不幸。哲学家约翰·格雷是无神论者，但是在这一点上他认同《创世记》：

现代神话说人类正走向一个美好的未来，比起《创世记》里的神话，那无非是迷信。《创世记》里的故事告诉我们，知识不能把我们从自己手中解救出来。我们知道得比以前多，但这只能说明，我们有更广阔的空间把幻想变为现实……《创世记》让我们看到，在生命最核心的领域里没有进步可言，只有不断和我们的本性争战。[13]

现在你明白了吗？如果耶稣第一次来到世上就手持刀枪，用他的能力摧毁一切苦难与邪恶之源，那么无人能存活于世。如果你觉得不是这样，那我必须对你说，你对自己的能力不了解，你对自己的内心不了解。

耶稣第一次来到世上，不是要伸张正义，而是要承担公义的审判。他没有手持刀枪，而是让铁钉刺穿双手。基督教的教导历来如此：耶稣代替我们死在十字架上，担当我们的罪债，为我们受罚，这样当他再来的时候，他可以除掉邪恶，却不用毁灭我们。

耶稣第一次来到世上，没有政治目的，不是为了让犹太人摆脱罗马人的压迫——那看上去相当不错。他不是来做人类能做（而且必须做）的事——反抗当下的邪恶、防止邪恶再次发生。他的计划更激动人心。他在这个世上降生，死在十字架上，死后复活，从而展开那个计划。因为他的死和复活，世上从此有了这样一批人，他们心中有一股独特又强大的能力，可以压制邪恶的意念，同时，他们又领受使命，反抗周遭和社会的邪恶，忍受却不至于疲乏。这都是因为神的儿子经历了人类之苦，在十字架上把邪恶彻底击败，最终结束罪恶、苦难乃至死亡，成就美好。

圣经中说，只有耶稣才是世界的光。如果你确信你在他的爱中，没有什么能把你从他手中夺走，他要带你进入神的国度和神的永恒——那么当你生命中其他的光亮都熄灭时，他就能成为黑暗中的一线光明。他此时对你的爱——还有这份永不更改的希望——的确是黑暗中的光，借着它，我们能够找到出路。

生命故事：宽恕

乔治亚娜

我和女儿们都喜欢读小说，尤其是大团圆结局的那种。泰德是我的丈夫、孩子们的父亲，我们一直无比幸福快乐。就算神对我说，"我会让你的家庭遭遇痛苦的危机，你们**全家都要受苦**"，我也会冷静地回答："好的，天父，愿你的旨意成就。"只要我们在一起，任何事情都不怕。

2011 年 5 月 13 日那天，我们最小的女儿简出了意外。她靠在椅背上向后仰，结果摔在地上，头碰到硬木地板。身为注册儿科护士的我，立刻给她做了检查，没有发现受伤迹象。我的姐姐也是注册护士，她也觉得看上去没事。

2011 年 5 月 16 日，我们带简去儿科医生那里做例行检查。我把这件事告诉了医生，他认为保险起见，还是给颅骨拍个 X 光片比较好。于是，我们带简去了儿童医院，X 光片显示，她颅骨骨折。我们又带她做了 CT 扫描，确定没有其他并发症。我当时很害怕，满脑子疑问，不过医护人员安慰我们说没有危险，让我们放心。我们在回家的路上不住地赞美神，感谢他保护简免受更严重的伤害。

一个星期之后，有一天只有我、安妮、佩奇和简在家。突然来了警察，还有儿童保护服务处的职员。他们来是因为有人举报了一起"严重虐童事件"。他们问的问题让我吃惊，都是在指控我，我感到一头雾水。更可怕的是，我的女儿们从头到尾都在场。

所谓"严重虐童事件"是由那家儿童医院里一位新来的医生举报的。他只看了 X 光片，就去儿童保护服务处报案了。因为简还不满十二个月，这个案子自动被归档为刑事案件。

我们失去了对三个女儿的监护权。

无论过去还是现在，没有任何证据显示我们虐待过孩子。我们家也不存在这种风险。没有一个孩子之前受过伤。专业医生来给简做了彻底的检查，也和我们聊过，一致认为没有虐童的可能。

即便真相如此，我们一家人还是被拆散了，九个月之后才得以重聚。按照规定，我们夫妇不能和女儿们住在一起，于是我们被迫搬出来，而且每次探望女儿都必须受到监控。

我永远忘不了女儿不在身边的第一个晚上。我**怒不可遏**，向神哭喊，痛苦地尖叫。但是神奇的事情发生了。一股平安和温暖在我身上涌流。我突然意识到神就在这里，抱着我，因我遭受的不公和我一起愤怒，和我一起哭泣，因为我们是他的孩子。在那一刻，我有一种前所未有的安全感。

当然，接下来的九个月，我并非时时这样内心平静信靠神。每一秒都像是有迫害带着恶意袭来。孩子们在受苦。我被指控"严重虐待"简，可这根本不是事实。我的个人生活和职业操守也都受到不同程度的攻击。我做护士已经十年了，一直照顾高危家庭。我所接受的职业训练就是防止儿童被虐待，或因疏忽而受伤害。

除了精神创伤，我们也承受了巨大的财务负担，包括辩护费用、相关咨询费用、医疗费用和心理辅导费用。按照规定，我不能回去上班，因为我的工作和儿童有关。

在这种情况下，我是否依然清楚知道天父的同在与保守，在内心深处有平安呢？是的，我心里仍有平安，它托住我，给我力量让我撑过每一天。虽然每一天都有失望、沮丧和悲伤，我晚上却睡得很香甜。每天早上我都感谢神为我"充电"。

白天，我经常和神角力。我总是愤愤不平地抱怨，他没有"让一切好起来"。我盼望真相大白，可是等得精疲力竭。我们无数次出庭、递交诉状、参加听证会、去儿童服务保护处、办理警局手续、走法律程序。此外还要面对各种谣言、专家意见、匿名人士出谋划策，以及大量文书。大多数时候，我能够用神给我的勇气应对每天的挑战。有时候，我也在压力下崩溃。我逐渐发觉，神并不在乎某一天我是否有力量，因为他每一天都一样。这才是真正的奇迹——神没有把我们从熊熊烈火中救出来，而是让我们靠着他的供应挺过去。

我们发觉，自己和别人讲话时总是带着希望和鼓励。

但是对于这件事以及我的挣扎，我真的从来没有隐藏自己的真实感受。神创造我是个脆弱的人，能够触到别人的心，但神也创造我是个坚韧的人，好让我为他的供应作见证。许多人说："如果这件事发生在我身上，我会崩溃；我会撑不住；我会怒气冲天，做出让自己后悔的事。但你却这样坚强，信靠神，有耐心！"每当听到有人这么说，我就在心里窃喜，因为我喜欢为神所用。我确实有那些绝望的坏情绪，但是神让我坚强。我崩溃过，而且时常如此，但是神总会让我恢复原状。我有时候真的想报复，但是神用怜悯替换我的苦毒。有耐心的那位不是我，而是神！

终于到了少年法庭这个环节。尽管在技术上这个案子属于刑事案件，而且警察也多方调查取证，但他们没有找到任何证据来起诉我们，所以我们一直没有受到刑事指控。处理这个案件的法官口碑很好，为人客观公正。但是儿童保护服务处的律师却截然相反。法庭上，我常常觉得受伤、恼怒、厌烦、挫败、遭到戏弄、被出卖、无助。但是整个过程我都能感受到神与我同在，为我争战。第三天出庭，中间有一段时间只有我和泰德两个人，我大声哭喊："谢谢你，神，恩待我，让我承受这个苦难，谢谢你与我们同在，一路做我们的灯……"

第四天，法官宣判的结果让所有人都大吃一惊。他认定整个案件子虚乌有——甚至不需要听我们辩护。我不住地低声呢喃："谢谢。"辩护律师对我们说："不是我赢了官司，也不是你赢了官司，是神赢了这场官司。感谢神，不要感谢我。"

战争结束了，疗伤却需要时间。最初我们被重获自由的喜悦冲昏了头，完全没有料到，情感的医治，任重道远。虽然全家得以团聚，但是女儿们仍然被这场危机深深地影响。

泰德和我也表现出创伤后焦虑的症状，可是即便如此，家里还是弥漫着轻松的氛围。我们感到一股全新的、强烈的平安与喜乐。孩子们是神赐给我的礼物，我对此的感恩和敬畏不同以往。伤痛犹在，却和喜乐并存，我们伤心的同时得到医治，真是奇妙无比。

一年后，2013年2月，我们经历了复原路上最大的飞跃——宽恕。我一直认为，承受不白之冤，这很难去宽恕。从我个人来讲，若不是神的介入，我不可能宽恕。

法庭宣判我们无罪之后，我们不断尝试联系那家儿童医院的相关人员，整件事都是因他们而起。人事部主管最终同意让我们和报案的那位医生见面。大家都是医生，我们想从专业角度讨论一下这件事，防止类似事件再次发生。

我们和人事部主管还有举报我们的虐童科主管见了面，回顾了整个事件，不放过任何可怕的细节。我说话的时候，感到自己冷静自信，没有一点恼怒和怨恨。

我说完后，人事部主管向我们道歉："错误已然发生，对于你们一家遭遇的一切，我深表歉意。"那位举报我们的虐童科主管也说了同样的话。

离开的时候，我**拥抱了那位举报我们的医生**。相信我，我不是作秀以示关爱，是神在显明他的爱。那真是我经历过的最彻底的治愈、最真心的和解。那一刻，神改变了我，这改变甚至大过那段煎熬岁月带给我的改变。如此奇妙，神为我开启完全不同的视角——我忽然间在这个犯错的女人身上看到我自己。我这一生犯过多少错误？我伤害过多少人，无论有意还是无意？我有多少次因骄傲而拒绝做正确的事？毕竟，我和控告我的人有什么分别？

我相信我们的故事有个大团圆结局，但实际上，我们的故事仍在继续。我赞美神，因为他仍在书写我的人生。天父和我们共同经历苦难，我们全家怀着谦卑的心感恩。若没有这场苦难，我们会依然安稳地窝在"旧有模式"中，而不是勇敢地迈进"全新模式"。

第6章
神的主权

每个困境都表明，我们对人生的理解尚不完全。

——乔治·麦克唐纳[1]

我们在前面的章节已经从文化、历史和哲学的角度考察了苦难与邪恶。一路上，我们把基督教和其他不同观点拿来比较，为接下来探讨圣经中的苦难神学打基础。现在，让我们运用前面所学，勾勒一个轮廓，看看整本圣经关于苦难都说了些什么。

我认为，圣经对苦难的描述比之前提过的任何一种世界观都要细致入微、角度多元。反复研读圣经会发现两组平衡，是圣经中的苦难观的基本原则。

苦难既公义又不公义。

神既掌权又受苦。

两组真理，相辅相成。它们是不可分割的整体，构成极其丰富又多元的观念，让我们明白苦难的原因和形式。对受苦的人来说，这套观念并非包治百病的灵丹妙药，而是包含了各种各样的资源和应对措施。

我们在接下来的两章里会探讨这两组互补的真理揭示的苦难观，然后再回头看看十字架和新天新地，那里有神给苦难的最终答案。

看苦难为公义和审判

圣经《创世记》1—3 章记载，苦难是罪的结果，特别是指人类背离神所犯下的原罪。亚当和夏娃违背了他们的创造者后，神描述了堕落世界的光景。在那里，各种苦难一应俱全——包括精神异化、心理创伤、社会及个人的冲突、残忍暴行、自然灾害、疾病和死亡（创 3：14 及其后）。这一切自然之恶和道德之恶之所以发生，是因为我们和神的关系破裂，而那是所有关系的根基。自从亚当和夏娃被赶出伊甸园（创 3：23—24），苦难就来临了。他们被放逐，这是人类第一次因审判而遭受苦难。

保罗回忆起这些，写了如下一段：

我看现在的苦难，与将要向我们显出的荣耀，是无法相比的……因为被造的万物服在虚空之下，不是自己愿意这样，而是由于使它屈服的那一位；被造的万物盼望自己得着释放，脱离败坏的奴役，得着神儿女荣耀的自由。（罗8：18，20—21）

"虚空"一词也可译作"徒劳"。所谓徒劳，就是达不到目的，奋力争取却一无所获。如今的世界受到咒诅，远不如它最初的样式。人类被造，不是要经历死亡、痛苦、哀伤、失望、关系决裂、疾病和自然灾害。[2] 我们本来要居住的世界根本不是现在这样。一个虚空的世界是破碎的世界，万物偏离创造的本意，由此产生了邪恶和苦难。

但是保罗又说，神审判我们，这并不代表他放弃了我们。正相反，他借着审判实现他的意图。虽然他用苦难审判世界，可他却有一个救赎世界的计划。神审判世界，其实是"盼望"彻底救赎世界，让人类脱离邪恶得到荣耀。短短的经文背后却有极深刻的含义。它暗示人类背离神之后，只有两条路可以选，或者即刻灭亡，或者走上救赎之路，沿途有巨大的悲伤、痛苦和损失，这条路不仅人类要走，神自己也要走。保罗还暗示，将来的荣耀必大过世上所有的苦难。尽管如此，我们当下仍不得不生活在阴影中。

由此可见，圣经提醒我们，世上有苦难，这的确是彰显公义的一种方式。但是苦难作为审判并非止于原罪和逐出伊甸园。历史上，神常常按照民族或个人的行为施行赏罚，或者干脆让人自食其果。《箴言》里有许多例子，都是透过报应彰显公义。[3] "有人吝啬过度，反招致贫穷"（箴11：24—26）；"闲懒的人必受饥饿"（箴19：15）；"与愚昧人为友的，必受亏损"（箴13：20）。智慧文学中有许多例子讲得很明确，某些行为违反了宇宙的原则，于是引致苦难。试图临崖飞起，结果却因违反地心引力而丧命，违反神的道德原则和这种行为类似。

看苦难为不公义和神秘

虽然圣经告诉我们，苦难总的来说因原罪而起，但它也强调，某人受苦并不一定是因为他的某次罪行。正如一位学者所总结的："没错，苦难是罪的结果，尤其是原罪，但这不能说明某次苦难和某次罪行之间有因果关系，是从神而来的惩罚。"[4]

最著名的例子莫过于约伯。约伯比他的朋友们受了更多的苦。这让他的朋友们沾沾自喜，觉得自己在道德上强过约伯。但是《约伯记》生动地展现了这种观念不过是骄傲残忍的误解，神最后谴责他们，大发烈怒。那关键的双重原则，约伯的朋友们只记住了一半。虽然整个人类都要承受这破碎世界当中的苦难，邪恶却不是按照比例公平分配的。坏人不比好人过得差。好人也经常遭遇不幸。约伯就是一个例子，而耶稣——比约伯还要"约伯"，一个真正完全无辜却受苦的人——是另一个例子。

　　《传道书》也指出，很多时候苦难都是不公平、不值得的，而且看上去令人费解。作者写道："智慧人的眼目明亮，愚昧人却走在黑暗中。我也知道同一的命运要临到这两种人身上。"（传 2：14）勤奋的和智慧的总是失去一切，那作恶的却兴旺发达。作者又说："审判的地方有奸恶，维护公义的地方也有奸恶。"（传 3：16）作者在 4 章开篇就说："我又看见日光之下所发生一切欺压的事"：

> 受欺压的流泪，
> 却无人安慰他们；
> 欺压他们的，手里握着权柄，
> 因此无人安慰受欺压的。
> 我赞叹那已死的人，
> 胜过那还活着的人。
> 那还没生下来的，
> 就是还没看过日光之下所行的恶事的，
> 比这两种人更有福。
>
> （传 4：1—3）

　　所以作者说："因此我恨恶生命，因为在日光之下所发生的事，都使我厌烦。一切都是虚空，都是捕风。"（传 2：17）这里希伯来文的"虚空"和人类犯罪后临到世间的"徒劳"类似。

在圣经中，《箴言》《传道书》《约伯记》同属"智慧文学"。它们从不同角度理解苦难，互相补充，值得我们仔细思考。《箴言》强调苦难的正当性，以及苦难在多大程度上和人的恶行有关；《约伯记》和《传道书》却生动地展示了事情**并非**总是如此。

在有关世界起源的众多说法中，圣经的记载十分独特。很多人认为，起初，众神或其他超自然力量彼此争战，一番斗法之后，世界成形。在这样的观念里，各种力量不停争斗，充满张力。这意味着世界本来就是一团混乱，什么事情都可能发生，关键在于哪一股力量占上风。这种看法近来在科学唯物主义者的作品中又出现了，他们把宇宙看作各种残暴且不可控的力量争战的结果。在这样一个世界里，最重要的莫过于拥有力量和权势。

但是旧约学者格哈德·冯·拉德（Gerhard von Rad）却指出希伯来圣经的独到之处。[5] 我们从经文中得知，世界由一位全知全能的神创造，他没有对手。对他来说，创造不是勇士赢得战役，而是艺术家精雕细琢，呈现奇迹与美。作为艺术家，他只为喜悦而创造（箴 8∶27—31）。所以世界遵循一种模式，一套**结构**。所谓结构，是经过复杂设计的基本秩序或构造。

冯·拉德认为，人们从圣经中得到智慧，从而"有能力承担生活的真相"。[6] 既然世界是由一位良善公义的神所创造，其结构必然包含道德秩序。这个道德秩序不是基于权势，而是基于公义。人若唯利是图倚靠权势，或许会得到短暂好处，但是他的利益终究不会长久，因为世界毕竟是由一位良善公义的神所创造的。所以暴力和自私不仅是罪，更是愚蠢，因为孤独、空虚和毁灭随之而来。信实、正直、无私服务和关爱不仅理所应当，更是明智之举，因为那样做符合世界被造时的结构。

但是也有例外。《箴言》讲得没错，一般来说，勤劳带来兴旺，懒惰招致饥饿——但事实并非总是如此。《约伯记》和《传道书》补充了《箴言》的世界观。我们的世界由神创造，有道德秩序作为根基。但是那个秩序现在出了问题。它虽然没有完全损坏，却也部分残缺。圣经学者格雷姆·戈兹沃西（Graeme Goldsworthy）告诉我们，《箴言》展示了神的秩序在现实生活中如何体现，《约伯记》揭示了其"隐蔽性"，而《传道书》则揭示了它带来的"困惑"。[7] 神在《约伯记》的结尾处斩钉截铁地宣称，宇宙的道德秩序依然完好，人类能看到的只是冰山一角。所以尽管很多时候，恶人掉进自设的陷阱，"理想的公义"得到彰显，但还有很多苦难，其分配不公正也不平均。善良的人英年早逝，这样的例子很多。

新约也表达了同样的观点。《约翰福音》9 章记载了耶稣治愈一个瞎眼的人，他竭力要让门徒明白，这个人眼瞎不是因为他的罪或者他父母的罪，而是要成就神无法测度的旨意。所以，不要看到有人受苦就立刻去谴责他们。

圣经的这个教导不仅和因果报应截然不同，而且有悖常理。心理学家梅尔·勒纳（Mel Lerner）论证过，大多数人在内心深处宁愿相信，"人们得到应得的，遭受应受的"。他们倾向于责备受害人，若不能将犯罪的人绳之以法就更是如此。[8] 这种倾向源于人们想要理解事物的本能，但也很可能源于人类想要掌控自我命运的深层需要。人们更愿意相信，"那样的事不会发生在我身上，因为我比他聪明、善良，我知道自己在做什么"。于是，圣经对苦难的看法，没有受苦的人不爱听，伤害人的听了又感觉不错。很多时候，苦难无关公义，神秘莫测。

苦难是神的敌人

邪恶扰乱了神原本美好的创造。邪恶和苦难往往和个人的道德素养及行为好坏无关。尽管如此，我们接下来会看到，圣经始终强调苦难受神的掌控，我们必须明白，苦难其实是神的敌人。2004 年印度洋海啸发生后，学者大卫·本特利·哈特（David Bentley Hart）在一篇文章中写道：

……患了白喉的孩子在痛苦中死去，年轻的妈妈被癌症摧残，成千上万的亚洲人在海啸中瞬间丧命，上百万人死于集中营或者人为造成的饥荒……我们的信仰在神的身上，他来了，拯救自己的创造脱离罪性的荒谬和死亡的空虚，我们因此可以理直气壮地痛恨这一切……说到寻求安慰，每当我看到一个死去的孩子，我看到的不是神的面庞，而是神的敌人的嘴脸，我因意识到这一点而无比快乐。这样的信仰……把我们从盲目乐观中解脱出来，教导我们要心怀盼望。[9]

　　《约翰福音》11 章也体现了这个真理。那段经文记载了耶稣的朋友拉撒路刚刚死去，耶稣去探望他悲痛的家人。耶稣来到坟墓前，大部分的翻译都是"心里激动"或"心里悲叹"（约 11：38）。但是这些表达都不够强烈。作者约翰使用的希腊文原文意思是"怒吼"，这是一个极不寻常的词。神学家 B. B. 沃菲尔德（B. B. Warfield）写道："约翰实际上描写的是，耶稣来到拉撒路的坟墓前，他的情感不是难以掩饰的悲伤，而是难以遏制的愤怒。"[10] 为什么拉撒路的坟墓和他悲伤的家人会激怒耶稣？从某种角度来说，他的愤怒和眼泪有些不恰当。他十分清楚，自己很快就要变悲痛为欢呼，奇迹要发生，他要让拉撒路从死里复活（约 11：40—44）。那他为什么反应如此激烈？是什么让他怒不可遏？沃菲尔德根据加尔文对这段经文的解释，给出了如下精彩的答案：

看到马利亚和众人如此痛苦，耶稣怒不可遏（加尔文的用词，见 38 节），因为这个场景将死亡之邪恶、悖逆和"专横残暴"逼到他眼前，深深刺痛他的心。他看到马利亚的哀伤，从而"沉思"（仍然是加尔文的用词，见 33 节）"整个人类普遍的不幸"，对人类的压迫者燃起怒火。无法浇灭的愤怒攫住了他；他整个人因而不安、焦躁……

他是对死亡发怒，以及死亡背后掌握死亡权势的那个，就是他来到世上要摧毁的那个。他也心生怜悯，也流泪，但那不是重点。他的灵魂被愤怒牵引着：他来到坟墓前，用加尔文的话说，"如同战士准备争战……"约翰用这句宣告，向我们表明了耶稣的心，他不止为我们赢得了救赎。耶稣在敌人面前，并非冷漠，毫不在乎，而是满腔怒火，为我们重拳出击。他不仅拯救我们脱离邪恶的逼迫，他在我们受逼迫时与我们同在，与我们同感，他在这些情感的冲击下为我们成就了救赎。[11]

所以耶稣是因为邪恶、死亡和苦难而愤怒。他是神，他不是对自己恼火。这说明邪恶是神的美好创造的敌人，也是神自己的敌人。耶稣的最终使命就是战胜邪恶、铲除邪恶。但是正如之前提到的，邪恶深深扎根于人心，如果基督来到世上，用他的能力摧毁一切邪恶，那他将不得不毁灭我们所有人。所以他不是以将军领兵打仗的姿态来到世上，而是在软弱中走向十字架，为我们偿还了罪债，这样到他再来并且铲除邪恶的那日，他不用审判我们。因为他在骷髅地已经担当了我们的罪，他可以接纳我们每一个人。

耶稣在《约翰福音》9 章和 11 章中教导我们，尽管作为公义的审判，神让我们遭受苦难和邪恶，并且会在审判日让一切回到正轨，但苦难总是不公义的，为神所憎恶。历史学家罗纳德·里特格斯总结道："基督维护了……公义的原则［苦难因罪而生］。当他斥责那些人猜测为什么那十八个人会被倒塌的西罗亚楼压死时（路 13：4—5），当他批评那些门徒说瞎眼的人一定是犯了什么罪时（约 9：1—12），他没有推翻公义的原则……他其实是告诫我们在应用时不可过分简单、自我膨胀。"[12]

苦难、公义和智慧

圣经教导中的第一组平衡——苦难既公义又不公义——能够引领我们走向智慧，帮助我们面对苦难。按照冯·拉德的观察，所谓智慧，就是明白现实的复杂性。神出于公义，让苦难临到世间，这是现实的一部分。我们应该为一切事而感谢神，因为他创造了我们，又时刻供养我们。我们理应爱他超过一切，服侍他胜过追求自己的利益和欲望。但我们没有这样做——而是为自己而活，并且犯罪。所以我们不配拥有一个美好的世界，一个为我们的益处而创造的世界。

但还有一个至关重要的事实，就是创造的秩序——世界的结构——遭到损毁。苦难和痛苦不是平均分配的，我们经常看到无辜的人受苦多过作恶的人。这提醒我们决不能草率地给苦难归因，认为自己或别人一定是犯了错才会受苦。当我们看到一对父母，他们的孩子精神失常，看到某个族群非常贫困、罪案频频，看到某个同性恋患了艾滋病即将死去，我们决不能因为自己没有遭受那样的苦难，就生出道德优越感，认定自己在神眼中蒙恩惠。有时苦难莫名其妙地发生，好像约伯的遭遇，我们的确可以把心底的困惑大声喊出来。当我们感到所受的是不义之苦时，我们有权利深深哀痛，我们感到自己遭遇不公，这份感觉中不乏真理。

所以，忽略任何一部分事实，都会让我们与宇宙的真相脱节。如果忘记第一个真相——苦难在总体上是公义的——我们会陷入自怜，骄傲又愤懑，怀着苦毒拒绝神的美善，甚至不相信神的存在。如果忘记第二个真相——苦难具体到每个人身上总是不公义的——我们又恐怕会过度自责，满脑子想的都是神必定抛弃了我们。圣经中的相关教导就是要除去这两种回应，即"我恨你"和"我恨自己"。第一种反应让我们对神发怒，失去力量；第二种反应让我们自责，觉得自己失败甚至无用。心理咨询师知道，太多人陷入这两个深渊之一，有些甚至承受双重折磨。神是公义的，最终会有末日审判，但生活有时又非常不公平，把握这个平衡，我们就会少犯很多致命错误。如果我们发现自己掉进某个深渊，那是因为不明智，"没有能力承担生活的真相"。

神的主权

现在我们有必要转向另一组平衡真理——神是掌权的神，也是受苦的神。这里所说的圣经的教导和哲学家所描绘的"全能"和"至善"的神相吻合。但是这样的描绘有些抽象。圣经中描绘的神不仅是全能的，而且掌管着每一个历史事件；不仅是"良善和慈爱的"，而且亲自来到世上，承受着远超过我们任何人所能承受的邪恶、苦难和痛苦。里特格斯写道，除非我们同时掌握这两个真理，否则苦难不可能有任何意义，也不可能有任何终极的解决方案。

> 圣经中的神……和人类一同受苦——至终死在十字架上——但他也在某种意义上对苦难拥有主权。古往今来，这两个信念都为传统基督教信仰所持守，宣称苦难终有意义，三位一体的神终将施行拯救。[13]

我们说神掌管历史，所以神也掌管苦难，这是什么意思呢？圣经当中有关神之主权的教义曾被称作"兼容主义"（compatibilism）。[14] 圣经教导我们，神绝对掌管历史进程，但在他施行主权的同时，人类也要为自己的选择和选择的结果负责。所以，人类的自由和神对历史的引领，二者没有任何冲突。举个实际的例子会更容易明白——如果有人去抢银行，他要为自己的道德之恶负全责，但整个事件也在神的计划之内。

我们可以用百分比来思考，虽然简略，却有助于理解。在我们看来，一件事或是神的计划，或是人自己的选择，但二者不会同时发生。我们可以把某件事的百分之五十归因于神，把百分之五十归因于人，当然也可能是八十比二十，或二十比八十。但是根据圣经，历史百分之百按照神的旨意前进，人类百分之百为自己的行为负责，二者并行不悖。

圣经的观念在古代和现代都违反常理。希腊哲学的"命运"（fate）、伊斯兰教的"天命"（kismet），与基督教所讲的"神的主权"十分不同。按照希腊神话，俄狄浦斯会弑父娶母，早有预言，命运使然。尽管俄狄浦斯和身边的人用尽方法避免这种事发生，但他们的谋划无非让预言更快实现。结局已定，必然发生，无论人作何选择。基督教所讲的神的主权却与此不同。神**借着**我们的选择来实现他的计划，而不是绕过我们的选择或不顾我们的选择。我们的选择带来相应的后果，神也从来没有强迫我们做任何事——我们总是做最想做的事。神通过我们自愿的行动，完美地实现他的计划。

圣经处处以神的计划和人的行动相容不悖为前提，在很多地方还明确地如此教导。[15]

在《以赛亚书》10：5 神称亚述是他"怒气的棍子"。神说他用亚述惩罚犯罪的以色列，但他同时也让亚述为其行为负责。神说："我要差派他去攻击一个不敬虔的国……但亚述并没有这样想过，他心里也没有这样打算；他心里倒想毁灭、剪除多国。"（赛 10：6—7）虽然神按照他智慧公义的计划使用亚述，作自己怒气的棍子，但亚述的动机并非为了公义，而是要统治多国，满足自己残酷骄傲的欲望。所以，神会审判自己用来审判的工具。亚述的行动在神的计划当中，但是亚述也必须为自己的选择付上代价。如此平衡，让人惊叹不已。一方面，邪恶并非儿戏，而是残酷的现实；另一方面，结局已定，邪恶最终不会得胜。

神是那位"凭着自己旨意所计划而行万事的"（弗 1：11）。**万事**发生，必然符合神的计划，与神的计划一致。这就意味着神的计划中包含"小事"。《箴言》16：33 说："签抛在人的怀中，一切决断却在于耶和华。"即便是抛掷硬币这样的事，也属于神的计划。归根结底，任何事情的发生，都不是偶然。神的计划中也有坏事。《诗篇》60：3 写道："你使你的子民遇见艰苦；你使我们喝那令人东倒西歪的酒。"

所以苦难不是神计划外的事，而是神计划内的事。基督的门徒们在《使徒行传》4：27—28 中向神祷告："希律和本丢·彼拉多，外族人和以色列民，真的在这城里聚集，反对你所膏立的圣仆耶稣，行了你手和你旨意所预定要成就的一切。"耶稣受难而死，这是极大的不公义，但也是神定下的计划之一。

神的计划和我们的计划

圣经告诉我们，神计划我们的每一个计划。《箴言》16：9 说："人心计划自己的道路，他的脚步却由耶和华指引。"写这话的人假定，尽管我们自己作计划，但这计划一定符合神更大的计划。

圣经中多处提到，自由意志和神的主权以不可思议的方式编织在一起。约瑟在《创世记》50：20 中解释了他的兄弟作恶，卖他为奴，这怎样为神所用，成就神美好的旨意。"从前你们有意要害我，但神有美好的意思在其中，为要成就今日的光景，使许多人的性命得以保全。"值得留意的是，约瑟假定，他们所做的，的确是恶事——他们处心积虑，"有意"害人。但他说神的计划高于一切，神用约瑟的苦难和悲伤成就自己美好的旨意。新约《罗马书》8：28 说的也是这个道理："为了爱神的人，就是按他旨意蒙召的人的益处，万事都一同效力。"

彼得在《使徒行传》2：23再次强调，耶稣被钉十字架，是"照着神的定旨和预知"，但那钉死他的是"不法之徒"，违背了公义。换句话说，按照神的旨意，耶稣注定要死——这是必定要发生的事。但是那背叛耶稣和钉死耶稣的人都是自己作的决定。他们自主选择，当然也要承担全部责任。耶稣用一句话讲明了这个真理："人子固然要照所预定的离世，但出卖人子的那人有祸了。"（路22：22）

圣经当中诠释这个观点最精彩的案例，莫过于《出埃及记》7—14章中摩西和法老的抗争。摩西屡次向法老宣称神的旨意，要他释放以色列人。文中多次提到法老心里"刚硬"，不肯放他们走。正是因为他顽固，拒绝听从，埃及人承受了无尽的痛苦，死伤无数。但是经文又说，是神让法老的心刚硬（出7：3，9：12，10：1，11：10，14：4、8），这和法老让自己的心刚硬的次数差不多（出8：15、32，9：34，13：15）。很奇妙，这究竟是怎么回事？原因在神还是在法老？圣经的答案是，既是神又是法老。

我们再来看看先祖雅各一生的罪过，他的故事也记载在《创世记》中。雅各欺骗父亲，夺走哥哥的祝福，结果他不得不背井离乡，在异族之地历尽艰辛，遭受不公。但他却在那里遇到真爱，生儿育女，后来耶稣也从他的家族而出。很明显，他的罪没有把他带进人生的"备选方案"。一切都是神给他的完美计划，当中甚至包括拯救世界。那么他不用为自己的罪负责吗？不，他付了代价。他没有承担自己愚蠢行为的后果吗？不，他承担了。但是神在掌权，不差分毫，而雅各也要百分之百负责。

最后，"神的主权"这个基督教概念是个既奇妙又实用的原则。没有人能说清楚，这两个真理是**如何**形成一个整体的。[16] 按照平时的经验，我们大概知道怎样引导别人又不侵犯他们的自由。好的领袖都做得不错——难道全知全能的神做不到吗？他能做到，且无可挑剔。神的主权神秘却不矛盾。它意味着我们有动力用才智和意志做到最好，同时也知道神在掌权，若我们愚蠢作恶，就要承担后果。另一方面，我们也得到切实的保证，我们的人生终究不会一团糟。即便是失败和困难，神也会用它们让自己得荣耀，让我们得益处。除了这一点，我真想不出还有什么保证更能安慰人。诗人呼喊："为我成就他旨意的神！"（诗 57：2）

这个教导不仅高深莫测，更有实践意义，能够帮助我们度过苦难。用 D. A. 卡森（D. A. Carson）的话说，这在某种程度上意味着"神以某种不同的方式同时站在善与恶的背后；换句话说，他所站的位置**并不对称**"。[17] 虽然道德之恶不可能脱离神的旨意，"道德之恶却不能让神来承担"，因为那是作恶者要负的责任。[18] 但人心里一切美好的感动却都是从神而来（雅 1：17）[19]——美好的事情发生，必然归因于他。

在最实际的层面，我们拥有那至关重要的确据，就是邪恶和悲伤并非神的本意，但它们都在神的手里，是他智慧的计划的一部分。所以《罗马书》8 章说"万事都一同效力"，这真是给了信神的人无比的安慰。

生命故事：倚靠神

鲁斯和苏

鲁斯：结婚头十年，我经历高山低谷，反反复复。事业一路跌跌撞撞，终于起飞却又突然失业，不得不重新开始，这样的状况很难让人有安全感。但事实上，这不过是为后面无休止的磨难做准备。

2000 年，苏患上癌症，我们措手不及，生活发生剧变。

苏：在切片检查结果出来的前一天晚上，我感到极度痛苦和绝望。突然间，屋子里似乎进来了什么，我无法阻挡，一股平安的力量充满了我，我听见有声音说："不会有事，我与你同在。"这颤栗的瞬间赐我当晚安然入睡，又赐我力量面对第二天的结果——我被确诊患上霍奇金淋巴癌（Hodgkin's lymphoma）。而这声音也一路支撑着我走过磨难。

后来，我们还来不及庆祝化疗结束，癌症就展开报复，再次袭来。我必须接受干细胞移植和大剂量化疗，存活率只有五成，然后再进行放疗。很明显，我们对病情的控制微乎其微。

鲁斯：苏在干细胞移植期间完全丧失了免疫力。那段日子我们每天都在一起，谈到死亡，讲了很多心里话，也会安静默想。我仿佛身处一个平行的宁静时空，在那里我和神还有我的妻子是如此亲密。最困难的话题莫过于，如果神让她死去，我该怎么办？我必须真心实意地说："愿你的旨意成就，而不是照我的意思。"苏后来开始康复，神免去了我的折磨。

苏：我的癌症治好了，可是一年后，我又得了肺纤维化，这种病一点一点侵蚀肺部，无法治愈。一段时间之后，我别无选择，要想活下去就必须进行双肺移植。

我切切祷告，求神免去这个手术，然而病情发展得太快。那段日子，教会、朋友、邻居和家人都支持我们，见证了神的信实。前三次移植都失败了，第四次终于配对成功。医生做手术的时候，我看见天使进入他们体内。两天后我醒来，满心欢喜，第一个念头是，"主啊！你做到了！"你祝福我，我还有时间。我又想到了我的器官捐赠者，他已死去，可他救了我一命。

鲁斯：回到家的第一个晚上，我们两人都感到无限喜乐，对神充满敬畏。就在那一晚，我们与神的爱和亲密达到前所未有的深度，那一刻我们瞥见了天堂的荣美。我们沉浸在解脱和满足当中，享受天赐之福，这段经历如此难忘，我们真希望永远这样生活下去。这绝对是巅峰体验，我们直到今天还从中汲取力量。

接下来的日子，本来极其欢乐，但是到了第四个月，苏出现了排斥反应和慢性肺病的症状，说不定要再做一次移植手术。

这些反反复复、悬而未决的医疗难题让我们十分沮丧和悲伤，给我们的家庭带来了沉重负担。但是神总有办法，在我们精疲力竭时减轻痛苦，让我们在承受不住时遏制怒气，鼓励我们走下去。他人的慷慨相助让我们看到神，哀伤总有感恩相伴。我们知道是神托住了我们，为我们行事。他可感、可见，他的手把我们高高举起。

我们开始接受现实，曾经期待的安逸生活已经不可能出现。我们终于明白，不应该谋求安稳和舒适，而应该**完全**倚靠神，从他那里获取力量。这需要操练每天都将一切交给他。真正的盼望在于他的应许，"我们越是不幸，在天堂尝到的喜乐就越大"。我们受伤跌倒，却会因信仰更新而重新得力。神帮助我们坚持下去，那是未来的希望和力量。

第 **7** 章
神的苦难

居然有人认为基督教是一种绝尘脱俗、虚幻不实、理想主义的宗教，似乎只要行善就能幸福。这种想法令我极其痛苦……恰恰相反，基督教十分真实，近乎严苛地真实，并且坚持宣称……有某些永恒的东西值得追求，一旦得到，连幸福都不值一提。

——多萝西·L. 塞耶斯，《信经还是混沌?》

的确，神掌管苦难，但他也让自己处于弱势，承受苦难的折磨，这让基督教在世界主流宗教中独树一帜。神掌权的另一面正是神自己也受苦。罗纳德·里特格斯说过，只有同时把握住这两点——虽然看上去相互矛盾——才能够领会基督教独特的苦难观。我们从前面几章知道，"基督徒之所以坚信在苦难中可以信靠神……**最主要的原因在**

于，神自己亲身经历了苦难"。[1]

这一点再怎么强调也不过分。里特格斯和彼得·贝格尔都认为，这条真理对于圣经的教导——神掌管一切并经常用苦难成就他神秘的旨意——是一种平衡与补充。的确，神是历史的主，但他同时参与历史，甘愿受伤害，受制于最黑暗的势力。的确，神似乎经常缺席，耶稣在十字架上大喊"我的神，我的神，你为什么离弃我?"时，神的缺席让他痛彻心扉。的确，神是王，但这位王来到世上，没有走向宝座，而是走向十字架。的确，神充满荣耀，但这才是至高的荣耀——他放下自己的荣耀和权柄成为软弱的人，亲历死亡。

> 他本来有神的形象，却不坚持自己与神平等的地位，反而倒空自己，取了奴仆的形象，成为人的样式；既然有人的样子，就自甘卑微，顺服至死，而且死在十字架上。（腓2：6—8）

掌权的神怎么变成了受苦的神? 其实早在耶稣降世为人之前，旧约已经预表了神会受苦。

旧约让我们看到，神对我们心心念念，他对我们的遭遇感同身受。神在《耶利米书》中称以色列为"以法莲"，并说："以法莲是我亲爱的儿子吗? 是我喜悦的孩子吗? 每逢我说话攻击他，我必再次记念他。因此，我的心恋慕他；我必定怜悯他。"（耶31：20）《何西阿书》11章有一段话感人肺腑，神呼唤："以法莲啊，我怎能舍弃你！以色列啊，我怎能把你交出来！……我的心肠翻转，我的怜悯发动。我必不让我的烈怒发作，必不再毁灭以法莲。"（何11：8—9）《创世记》6：5—6也是一个震撼人心的例证："耶和华看见人在地上的罪恶很大，终日心里思念的，尽都是邪恶的。于是，耶和华后悔造人在地上，心中忧伤。"旧约学者德里克·基德纳（Derek Kidner）说，这些"表述足够激烈，圣经中在必要时对其有所平衡，但没有削弱其激烈程度"。[2]

基德纳的意思是，必须把这些经文和探讨神的全能、主权、圣洁、无限、永恒以及自有永有的经文放在一起。正如圣经学者亚历克·默蒂耶（Alec Motyer）所说："永活的神［是］自我维持、自我满足的，不需要从外界获取生命力。"[3]换句话说，神不需要倚赖任何人或事物，相反，一切都要倚赖他。神不需要我们的爱和敬拜。他和我们不同，不需要任何东西让自己完整。我们不能只读这些表达神的悲伤之情的经文而忘记了其他，否则我们会认为神"犹豫……善变，处于成长阶段"或者神需要我们的爱。[4]

但也不能走向另一个极端。神学家们有时会提到"神的麻木"，就是神不能动情，不会欢喜快乐，也不会忧伤难过。[5]这和圣经的教导以及语言风格不符。我们绝不能淡化《何西阿书》11 章和《创世记》6 章那些强烈的字眼。基德纳谈到《创世记》6：6 时说："**忧伤**（grieved）一词和《创世记》3：16、17 的痛苦（sorrow）和劳苦（pain）[人类因犯罪而要承受的]类似：**神已经为人类承受了痛苦。**"[6]

我们都知道，真心相待，痛苦难免。越爱某人，就越能体会甚至分担对方的悲痛。从《创世记》前几章就可以看到，神受苦是因为我们受苦，因为世界不幸。这里没有抽象的神祇，没有"天赐的规条"，没有"宇宙背后合理的结构"。这不仅是"神圣的火光闪现在每个活物身上"；这是一位超验的神，又是和每个人都有关的神，他爱我们，为了我们内心满是忧伤。这已经足够震撼了。但这不是全部，还有耶稣。

神子的苦难

从福音书可以看到，耶稣的生活和平常人没有两样，他经历了我们所经历的压力、困难和痛苦。他会疲倦口渴（约 4：6），悲痛哀伤，"心里烦乱"（可 3：5；约 11：35，12：27）。他一生受苦极深，"曾经流泪大声祷告恳求"（来 5：7；参路 22：44）。他十分清楚被好朋友误解、被家人和故乡拒绝是什么滋味（约 7：3—5；太 13：57；可 3：21）。他也被魔鬼试探攻击（太 4：1）。最让人惊叹不已的是，经文告诉我们，耶稣因着所受的苦难"学会"了顺从（来5：8）。D. A. 卡森总结道："我们倚靠的神知道苦难是怎么一回事，不仅因为他洞悉一切，还因为他经历过一切。"[7]

在他人生的终点，我们看到了**受难**（the Passion）的耶稣。他倾心相待的人全都抛弃了他，否定了他，背叛了他。在十字架上，就连他的父亲也离弃了他（太 27：46）。我们无论如何都无法理解这一幕，如此痛苦，浩若寰宇，地上无人能明了。最深的痛苦莫过于失去爱，而耶稣失去的是永恒又完美的爱。最难过的莫过于家庭破裂失去亲情，但看得出，"神知道受苦的光景，不仅因为他看得更透彻，更因为他亲历了可能发生的最悲惨的苦难……丧亲之痛，与所爱分离之痛……他恨恶罪，愤怒至极，甚至三位一体家人的关系都因此遭到破坏。"[8] 也就是说，为了成全公义，惩罚罪恶，在爱中原谅并接纳我们，神在三位一体的关系之内承担了罪的代价。神子担当了我们应受的惩罚，包括与天父分离。神将无尽的痛苦放进自己里面，担在自己身上，因为他爱我们。

十九世纪初苏格兰传教士罗伯特·慕烈·麦克谦（Robert Murray M'Cheyne）称基督在十字架上"受无穷无尽之苦"，为了让人对此有些体会，他在思想耶稣呼喊神的离弃时写道：

他没有任何从神而来的安慰——感觉不到神的爱——感觉不到神的怜悯——感觉不到神的支撑。神曾是他的太阳——现在阳光普照变成漆黑一片……他的生命里没有神——就好像从来就没有过一样。他和神之前的一切都被夺走了。他处于无神的状态——他的神被夺去。他仿佛站在被告席上，法官宣判："离开我，你这受诅咒的……你要受罚，灭亡，永远不得见神的面和他大能的荣耀。"他仿佛听见神对他说这番话。我感觉自己像个孩子，朝山边的深谷扔石头，本想听它落地的声音——却是徒劳，什么也没听见……

啊！这才是让基督受苦的地狱。基督苦难的汪洋无法测度……他为了罪人而被离弃。如果你让他作你的中保，你就永远不会被离弃……"我的神，我的神，为什么离弃我？"[答案？] 为了**我**——为了**我**。基督苦难的汪洋无法测度。[9]

但是神的苦难不止这些。《使徒行传》9 章记载了保罗信主的经历。扫罗（后改名保罗）是个对信仰大有热心的法利赛人，一直迫害基督徒。耶稣在他去大马士革的路上向他显现，问他："扫罗，扫罗！你为什么迫害**我**？"（徒 9：4）由此可见，耶稣与他的子民认同，分担他们的苦难。基督徒受伤难过，耶稣感同身受。

新约也提到了另一方面，就是基督徒分担基督的苦难。彼得鼓励读他书信的人，每当经历烈火的试炼——苦难的火炉——耶稣不仅在灵里与他们同在，"你们也在基督的受苦上有分"（参彼前4：13；西1：24）。彼得的意思是我们和基督一同受苦。圣经说得明白，因为耶稣受苦，我们彻底得救，我们在他救赎的工作上没有功劳。这就是为什么耶稣死时说"成了！"（约19：30）——他做到了要做的事，罪债已还清。路德竭力强调，我们受苦不会为我们赢得救赎，也不会让我们配得救赎。尽管如此，我们仍然可以得到巨大的安慰，因为知道我们通过圣灵和基督联结，与他成为一体，是他的肢体，所以能在他所受的苦难中与他"契合"（腓3：10）。

用下面这段话表达可能更容易理解。丹·麦卡特尼（Dan McCartney）写道："耶稣受苦而成为完全的人，因此，我们也应通过受苦而学像基督。"[10] 耶稣受苦，从而更像我们，我们如果以信心和耐心面对苦难，也会更像基督。"所以，我们并不沮丧，我们外面的人虽然渐渐朽坏，但里面的人却日日更新，因为我们短暂轻微的患难，是要为我们成就极大无比、永远的荣耀。"（林后4：16—17）

每当信靠耶稣的人受苦，耶稣自己也身处我们苦难的火炉，以某种方式，同样忍受着熊熊烈焰。

受苦的至高君王

圣经中这两条真理同时成立，彼此补足，绝非互相矛盾，所以一定要放在一起思考。D. A. 卡森和丹·麦卡特尼指出，认为神没有情感或者不可能受苦，这是个错误的观念，把神变成了不切实际的理想的神而非圣经中的神；另外也弱化了传统的基督教信仰，即耶稣是完全的神，但他却放下荣耀降世为人。神亲身尝过苦难的滋味。可是另一方面，越来越多神学家宁愿强调神是受苦的神，如此一来，反而把握不住神的权柄，神似乎不再全知全能，无法消除世上的苦难。[11] 罗纳德·里特格斯写道："许多当代神学家都反对把苦难和不幸归咎于神。神和人一同受苦，这观点可以接受，但我们不应说神促成了苦难。"[12]

但是，里特格斯接着说："和苦难没有因果关系的神根本不是神，起码不是圣经中的神……他既受苦又掌权。无论以前还是现在，这两个信念对于传统基督教信仰所宣称的——苦难终有意义——都至关重要。"[13] 绝对正确。如果神不掌控历史，苦难只能是漫无目的的，不属于任何计划，这是理查德·史威德总结的世俗世界观。另一方面，如果神不曾受苦，我们又怎能信靠他呢？

换句话说，正是因为神全知全能、掌管一切，他遭受苦难才令人惊异。如果神能力有限，或者他失去控制，那他受苦就并非彻底**自愿**——不是完全出于爱的行为。正是这个缘故，我们看到神在十字架上的痛苦，深受触动，满有安慰。阿尔贝·加缪写道："既然基督受苦，并且出于自愿，那么苦难也就不再是不公义的了……如果天上地下，毫无例外注定都要承受苦难，可以想见，或许有一种独特的幸福。"[14] 加缪在另一处写道："［基督］本来是神，他降世为人用耐心承受苦难，于是邪恶和死亡也就不能完全归咎于他了，因为他也受苦，他也死去……表面上看，神放弃了固有的特权，也陷入绝望，从始至终经历死亡之痛。"[15]

彼得·贝格尔说加缪批判基督教"富有洞见"，他虽是批判，却理解了"宗教无穷大的能力"，即对苦难的回应。[16] 如果神也不例外——如果他也遭受苦难——那就不能说他不明白，不能说他用残忍麻木的方式彰显对苦难的主权，也不能说他是冷酷的君王，任凭惨剧发生，对我们不管不顾。正如加缪所讲，十字架让人说不出这些肤浅的话。既然神没有为自己免除苦难，那我们完全可以信靠他。

这当中有丰富的内涵，且具有实际意义。因为苦难既公义又不公义，我们可以大声呼喊，尽诉哀伤，却不必耽溺于苦毒的心境。因为神既拥有主权又承受苦难，我们确信苦难终有目的，即便眼下无法理解。我们可以信靠他却不必明白一切。我记得儿子八岁时，他开始有自己的主意，抗拒父母的命令。有一天我让他做一件事，他说："爸爸，我会听从你去做——但你要先向我解释为什么要去做。"我是这样回答他的："如果你听从我只是因为你觉得合理，那这不是听从，仅是意见一致。问题是，你还太小，即便我告诉你原因，其中大部分你也不明白。你今年八岁，而我三十八岁，你要听从我，因为你是孩子，我是成年人，是你的父亲。"

很明显，我们都明白，孩子要信靠父母，虽然他们不能理解个中原因。同样，我们虽然不明白神的意图，难道不是更应该信靠他吗？我们信靠神，不仅因为我们的智慧和他的智慧相去甚远，远远超过孩子和父母在认知上的差距；也不仅因为他掌管一切，全知全能。我们信靠他是因为他在十字架上赢得了我们的信任。虽然他没有讲明原因，我们仍然可以信靠他。他值得信靠。

邪恶最终失败

《启示录》涉及众多主题，是一卷让人深感困惑的书。但是每当我默想当中有关苦难与邪恶的经文，总会有所收获。

在第6章，作者约翰看到异象，即"有为了神的道，并且为了自己所作的见证而被杀的人的灵魂"（启6：9）。这些人为信仰而死，遭受不公。他们呼求公义，向神发问："圣洁真实的主啊！你不审判住在地上的人，给我们伸流血的冤，要到几时呢？"（启6：10）回溯历史，这痛苦的呼喊回荡于整本圣经。"主啊！你还要看多久？求你救我的性命脱离他们的残害。"（诗35：17）"公义的神在

哪里呢？"（玛2：17）"为什么见行诡诈的人而不理？恶人吞灭比自己公义的人，你为什么缄默呢？"（哈1：13）

神学家路易斯·伯克富（Louis Berkhof）写道："圣经教导我们要盼望那最后的审判，因为神用它来回应一切困惑，解决一切难题，抹除一切此时此刻明显的谬误。"伯克富列举了《马太福音》25：31—46、《约翰福音》5：27—29、《罗马书》2：5—11和《启示录》20：11—15等经文，当中提到"白色的大宝座"以及死了的人"无论大小"都站在宝座前，"案卷展开了"，每个人都要接受公义的审判。伯克富说："这些章节指的不是一个过程，而是末世一个确切的事件。"[17]

惩罚邪恶固然重要，但圣经告诉我们的并不止这些。看看周围，很多时候作恶的都会被绳之以法，但我们能够**惩罚**邪恶，却不能**消除**邪恶。举个例子，我们可以让杀人犯坐牢或把他处决，但失去的生命无法挽回，破碎的生活不能复原。《启示录》应许的远远不止末日审判。伯克富说末日审判"伴随着……耶稣基督的再来，死人复活，天地更新"。[18]

《启示录》5章记载，约翰看到神坐在宝座上，手上拿着书卷。很多学者都同意书卷上记载的正是"历史的意义和目的，神为一切世代制定的伟大计划"。它用七个印封着，约翰看到后大哭，因为他觉得没有人能够展开那书卷，"解释并执行神的计划"。[19] 但他接着就听到有人对他说，不要哭，因为"有羊羔站着，像是被杀过的"（启5：6)，他起身揭开一个又一个封印，展开书卷。为什么他能够同享宝座，展开书卷呢？因为他经受苦难，救赎人类。歌是这样唱的：

> 你配取书卷，
>
> 配拆开封印，
>
> 因为你曾被杀，
>
> 曾用你的血，
>
> 从各支派、各方言、各民族、各邦国，把人买了来归给神，
>
> 使他们成为我们神的国度和祭司，
>
> 他们要在地上执掌王权。
>
> （启5：9—10)

在接下来几章里，封印被一一揭开，大能彰显，审判开始。末日审判必然来到，新天新地不可阻挡。现在我们看到的，起初像是一种讽刺。新约告诉我们，耶稣死前遭遇了每一种可能经历到的邪恶。他被朋友抛弃、背叛、否认。他被一帮善变的暴徒交在官兵手里。对他的审判不过是形式，他被折磨至死，承受极大的不公。我们眼前是一连串邪恶和歹毒——怯懦、谎言、既得利益、民族主义、种族主义、败坏的宗教机构和政治体制，以及背后操控这

一切的魔鬼撒但的权势（约 13：27）。克里斯多夫·赖特（Christopher Wright）如此总结："人类［和非人类］作恶背叛神，不可能比十字架更甚。"[20]

但是看啊，结果出乎意料。是谁揭开书卷的封印审判黑暗势力？是受伤的羔羊！在他身上几乎看不到力量和权势，那才是重点。圣经说耶稣死在十字架上的那一刻，"靠着十字架胜过了一切执政掌权的，废除了他们的权势"（西 2：15）。他在十字架上承担了人类因悖逆而受的诅咒（加 3：10—14），击败了罪恶、死亡和背后的邪恶势力。所以"那些在耶稣基督里的人就不被定罪了"（罗 8：1）——死亡不再追索我们的罪债。正是这受伤的羔羊，他不仅审判罪行，更彻底消除了邪恶对一切受造物的破坏。

这不是讽刺那么简单——这是战胜邪恶的终极战略。耶稣若不受苦，邪恶就会取胜，毁灭全人类。只有耶稣受苦，苦难才可能结束——审判世界、更新天地——我们则不用被毁灭。神学家亨利·布罗切（Henri Blocher）说，这让我们得以站在"隐秘智慧的门口"，深切地望去，耶稣在十字架上对恶之难题的回答如此神秘。[21]

布罗切在他的《邪恶与十字架》（*Evil and the Cross*）一书中写道，如果邪恶纯粹是"个人的"——"每个有限受造物的不完美之处"——那基督来纠正错误、另授新法就好了。换个角度，如果邪恶只是某种存在——宇宙间独立的一股力量——那派遣一股更强大的力量铲除它就足够了。[22] 但邪恶既不完全是由个人缺陷造成的，也不完全是由某个强大如魔鬼一般的存在所为。它同时源于二者，又是创造秩序被破坏的结果。无论如何，我们终究无法认清引发邪恶的所有根源——那是个谜。

不过可以看到——邪恶因为十字架而"自己对付自己"。或者用约翰·加尔文的话说，在十字架上，毁灭被毁灭了，"折磨被折磨了，诅咒被诅咒了……死亡死了，有限的生命得到永恒"。[23] 布罗切写道：

邪恶在十字架上被打败了……它之所以失败，是因为神让它自己对付自己。它犯下弥天大罪，杀害了世上唯一公义的人，正是这个行动将罪恶彻底铲除。如此妙计，前所未有。想不出更彻底的胜利……神让那欺骗人的陷入自己的网罗。邪恶仿佛柔道选手，本想利用因它而败坏的美善之力；但是主耶稣像一位谋略高超的战士，借对手的力予以还击。[24]

毫无疑问，这让邪恶一蹶不振，因为正如布罗切所说，这个策略与柔道类似，是用邪恶自己的力量对付自己。他接着说："这是……罪中之罪，谋杀神子……提供了一个机会让爱的彰显达到顶峰，因为'人为朋友舍命，人间的爱没有比这个更大的了'。"（约 15：13）邪恶惨败，因为神用它彰显了它的反面——勇气、信实、无私牺牲和宽恕。但十字架不仅是鼓舞人的爱的榜样。"［公义的］要求……邪恶要受死亡的惩罚……允许我们的弟兄和首领用爱去干预，为罪人担当罪债……邪恶在十字架上被最高层次的爱征服，公义的要求得到满足。"[25] 布罗切总结得对，他说相比其他宗教，基督教对恶之难题的回答更乐观**也**更悲观：

> 我们只能站在十字架脚下，在那里得到从神的智慧而来的答案，这答案让乐观的神义论和悲观的哲学的拥护者们都发怒了。神的答案是让邪恶自己对付自己，用最高层次的爱将它征服，同时满足公义的要求。这个答案安慰我们，也鼓舞我们，让我们等待那被钉十字架的胜利者再来。他很快就会抹去每个人脸上的泪水。[26]

所以，虽然基督教从未声称可以给出一个全盘的**解释**，让人明白神每次允许邪恶和苦难发生的所有原因——但它却有一个最终**答案**。神会在历史的终点给出这个答案，所有听见的人，看见它成就的人，都会感到万分满足、完全信服。陀思妥耶夫斯基下面这段话道出了很多人的心声：

> 我像个孩子一样相信，苦难的伤痕会愈合，受苦的会

得到补偿；人类种种矛盾不过是自取其辱的荒唐，如同可怜的幻想终将消失；人类的理性极其渺小无能，只能编造出卑鄙的言谈，也必然消失。等到末世来临那一刻，和谐永驻天地，某样非常珍贵的东西会出现，满足所有心灵的需求，安慰一切愤恨，弥补人类一切过犯和杀戮中的每一滴血；那一刻不仅让我们能够宽恕，并且会证明我们经历的每件事都有意义。[27]

不再流泪

亨利·布罗切既回顾又展望，他做得对。骷髅地的十字架击败邪恶，既留在过去，同时也确保我们将来一定会经验到这场胜利，万事万物更新，每一滴眼泪都被抹去。圣约翰在封印还没打开的时候就听到有声音说：

他们必不再饿，

也不再渴；

太阳和一切炎热

必不伤害他们。

因为在宝座中间的羊羔

必牧养他们，

领他们到生命水的泉源那里。

神也必抹去他们的一切眼泪。

（启 7：16—17）

　　《启示录》的高潮是描绘"新天新地"（启 21：1）。那里"所有咒诅都不再有了"（启 22：3）——人类堕落后遭受的咒诅全部被拿走了。最终，"他要抹去他们的一切眼泪，不再有死亡，也不再有悲哀、哭号、痛苦，因为先前的事都过去了"（启 21：4）。这虽然是诗化的语言，但传递的信息清晰明了。邪恶、苦难、罪恶和痛苦都将不再。耶稣的苦难结束了一切苦难。

　　我们之前讲过，圣经描绘的未来并非虚无的"天堂"，而是一片崭新的天地。《马太福音》19：28 和《使徒行传》3：21 提到"万物更新"和"万物复兴"。彼得说我们盼望有一天住在新天新地里（彼后 3：13）。保罗教导我们，万物得着荣耀，脱离败坏和死亡（罗 8：19—22）。

　　约翰在《启示录》21 章和 22 章看到的正是这新天新地。基督教在这里终于展示了截然不同的盼望。世俗观点只看当下，其他宗教相信有永恒或者天堂，可以安慰此世的损失、痛苦以及得不到的幸福。但是正如我们所讲，基督教带来的不仅是安慰，还有更新——不仅是曾经的生命，还有渴望却不曾得到的生命。种种邪恶势力意图毁掉神创造的美意，就是与人永享荣耀和欢乐，然而那些势力终将失败，因为最终的喜乐大过一切邪恶。

生命故事：戒指

安　迪

　　我走到床边的时候，忍不住跪下了。虽然夜已经深了，但我无法入睡。我必须把戒指摘下来，就是现在。

　　那天下午，法官宣判，离婚已成定局。虽然婚姻触礁已有一段时间，但我一直戴着结婚戒指，它对我有象征意义，提醒我无论多么绝望都要相信神可以瞬间翻转一切。但是三十年过去了，这就是我的境况，我跪在床边，哭泣却不是因为伤心。一幕幕往事黯淡，我消融其中，十分清楚地意识到神一直在彰显他的信实。我从未觉得被他抛弃。长久以来，他任凭我的生活如此艰难，我知道他可以修复改变，但他没有，我困惑吗？是的，我很困惑。我时时濒临身心崩溃的边缘吗？是的，我崩溃。我遭遇灵性的迷失吗？是的，我迷失。

　　有一晚我真的走投无路，真切经历了属灵危机。我一直信靠的神在哪里？他是真实的吗？如果是，他在乎我吗？我慌乱不已，祷告也不过是胡言乱语，我不住地啜泣呻吟。好不容易能说出一句话了，我大声呼喊："我不可能眼看着深爱的人受苦到这个地步而不出手制止！你说你爱我，但是看看眼前这一切，根本不像你所说的。你对我很残忍。我撑不住了，求你让我知道你是你所说的那一位。"我不需要知道他的原因……我只需要他。

第二天早上，有个好朋友对我说："安迪，你必须强迫自己读经。圣灵会借着经文触动你的心，人的话语无法达到那样的深度。"他的话切中要害。

我的心要被深深触动才行。第二天早上，我打开了圣经，目光落在《诗篇》62篇："……能力都属于神。主啊！慈爱也属于你。"（诗62：11—12）我仿佛闻到馨香的气息，虚弱的心灵得到安慰，折磨我的恐惧和怀疑也都沉寂。我十分确定，神爱我并且与我同在，没有丝毫怀疑。我马上恢复了平静。我依然弄不明白这和我遭遇的一切有什么关系，但是否明白已不重要。

那天晚上我跪在床边，心碎却忍不住地感谢神，他本可以离弃我这混乱的生命，可他却一直爱我……那一刻，我们比任何时候都更亲密。

摘下戒指时，一个祷告涌入我的心。"我现在要把自己奉献给你，我一直以为这样的奉献只可能给我在地上的丈夫。但是只有你才配得我全心信靠，从此以后，我的心只属于你。"

我这样一颗失丧的心，怎能涌流出如此充满爱意的誓言……且是献给那位一直是我唯一盼望的神？只有一个解释，有些虽已消逝，还有些却进入我生命之中。

这股源源不断的爱一直朝我走来，我经历它，生命得到改变，而我来到他面前，能给他的只有软弱、困惑和需要。我解释不清究竟发生了什么事。我只是知道，最终，我只能用这个祷告来回应。

我起身爬上床，心想，**我应该有个新的戒指，提醒自己今晚对主的承诺。**

第二天早上，我照例和一群姐妹祷告，我们每周都有祷告会。我们从来不会事先确定祷告事项，只是聚在一起祷告。

我们总是先有一段安静的时间，我发现一位姐妹朝我走来，跪在我的椅子前。她摘下戒指递给我，对我说："我感到主要我给你这枚戒指。他想让你知道，你是他珍爱的，从今以后，他是你的丈夫。他会保护你，供养你。他永远不会离弃你。他永远与你同在。"

她给我的那枚戒指又美丽又贵重，我自己不可能找到能与之相比的。而我从没和任何人提过想要一枚新戒指。

在接下来的日子里，有太多次，数也数不清，我只要看一眼这枚戒指，恐惧就被平息、孤寂就被填满、哀伤就被安慰。

我本来想要一枚戒指提醒自己对主的承诺，可是最终，我得到的这枚戒指永远提醒我另一件事——主对我的承诺。

第 8 章
苦难的原因

> 主啊，你围护我们，如此小心翼翼！
> ……讲坛和圣日，悲伤紧随罪恶，
> 苦难各从其类，苦楚大小不一，
> 密网和计谋把我们俘获。
>
> ——乔治·赫伯特，《罪》

彼得·贝格尔说一切民族和文化都渴望"为苦难和邪恶赋予意义"。我一直在论证，除了基督教，再没有任何文化或世界观如此彻底地解决了这个问题。根据基督教神学观念，无论笼统地讲还是具体到个人，苦难并非毫无意义。因为神在十字架上付出了极其沉重的代价，决意击败邪恶，为的是有一天消除邪恶造成的所有破坏，而我们尽管深陷其中，却终将得到拯救。不是因为有苦难、挣扎和损失，神才成就了这件事，相反，神**借着**它们成就了自己的旨意——借着神的苦难，人的苦难最终被征服、被消除。我们不可避免会有疑惑，神难道不能用其他方法吗？——不用经过那些痛苦和悲伤——但是十字架让我们确信，虽然历史背后的目的和智慧无法测透，神让这一切发生都是因为他爱我们，定意要给我们喜乐和荣耀。

苦难是基督教信仰的核心。基督借着苦难成为像我们一样的人，从而拯救我们，同时，我们也借着苦难更像基督，经历他的救赎。这意味着苦难虽苦，却富有意义，大有益处。

不要浪费苦难

我们身处的时代对苦难有"益处"这个古老观念持抗拒态度。心理学家乔纳森·海德特（Jonathan Haidt）解释说，那些死里逃生的人往往患上创伤后应激障碍，严重的甚至终生一蹶不振。他们表现得"焦虑和反应过度"，容易"陷入恐慌，或者再次受挫时轻易就会崩溃"。研究表明，这对健康十分有害。丧偶（对未成年人来说可能是丧亲）、分居或离婚、身体受伤或生病、失业、经济困难，这些状况都是压力源。调查显示这可能导致精神抑郁、焦虑，身体患病，尤其是心脏病。[1]

尽管如此，海德特坚持认为古老观念——"人们需要逆境、挫折，甚至是创伤，以获取最高程度的力量、满足感和个人成长"[2]——有实证支持。他讲述了朋友"格雷格"（化名）的故事。年轻的格雷格在大学做助理教授，后来他的妻子和别的男人走了，还带走了两个孩子。格雷格为了夺回孩子的监护权，数年来诉讼不断，付出高昂代价。最终，他赢得了监护权，但是发现自己处境不堪——独自一人照顾两个孩子；虽有全职工作却薪水低微。他当时在写一本书，对他的学术生涯至关重要，可他觉得自己根本完不成，他还很担心两个孩子的心理健康。[3]

然而几个月后，海德特去探望格雷格，发现他身边有很多人，原来是教会的人给他送饭，帮他照顾孩子，在情感和精神上坚定地支持他。格雷格的父母卖掉了西部的房子，搬来住在他附近，以便照顾孩子。海德特描述了这一切后写道，格雷格"说了一些很震撼的话，让我情绪激动得说不出话"。按照海德特的观察，一场歌剧，当中总会出现一段极其动人的咏叹调，主角"悲伤而动人的独唱"化哀怨为美丽。格雷格说：

此时此刻我要开口唱我的咏叹调。我并不想唱，我不想有这个机会，但是机会临到，就是现在，我要怎样做呢？就这样起身开口？[4]

听到朋友这么说，这位心理学家明白了，"［格雷格］

能说出这样一番话，说明他走出来了"。接下来，海德特详细记述了格雷格经历的"创伤后成长"。"凭借家人和朋友的帮助、深厚的信仰根基……［他］重塑生命，完成了那本书，两年后找到了更好的工作……比起从前，他现在每天和孩子们一起享受更丰盛的喜乐。"格雷格说这段经历"彻底改变了他对生命意义的看法"。事业对他来说不再那么重要了，这释放了他，让他成为一个更好的父亲。他发现自己变了，"更愿意同情别人，关爱别人，原谅别人。根本不可能再为小事发脾气"。[5]

海德特指出苦难有三个益处，在格雷格和其他人的经历中都看得到。第一，忍受苦难并走出苦难的人往往更坚韧。一旦有了对付苦难的经验，他们知道自己今后也能应对，内心便不再焦虑。《罗马书》5：3—4 是这样总结的："患难产生忍耐，忍耐产生毅力，毅力产生盼望……"第二，透过苦难，受苦的人和家人朋友联系得更紧密，关系更深入，当中的鼓舞和力量会持续数年。

最重要的恐怕是第三个益处——苦难"改变生活的优先次序和人生观"。[6] 心理学家罗伯特·艾曼斯（Robert Emmons）把人生目标归入四个基本范畴——个人成就与幸福、人际关系和亲密关系、宗教与灵性，以及"繁衍"（为社会做出持久的贡献）。专注个人成就与幸福的人对挫折的抵抗力最弱。[7] 若是努力寻求神、建立深刻关系和贡献社会，苦难有时会带来直接的帮助，但却绝不会提升我们的自由和舒适度。所以，患难和试炼迫使我们重新规划人生。

海德特用另一种方式来解释。每个人都会整合自己的生命事件，讲述一个"连贯生动"的生命故事。那些从来没受过苦的人，他们对人生意义的看法往往不切实际。举个例子，有一位女士自认为是出色却不得志的艺术家，受父母逼迫不得不从事平庸的职业。这样的生命故事让她对自己的能力产生不切实际的估计，总是自怨自艾，痛恨生活。她也因此无法找到符合她标准的配偶，她觉得对方必须才华横溢，否则根本配不上她。海德特最后说，只有逆境才能给她新的视角。"她的人生一团混乱，动机和事件错配，恐怕只有逆境才能彻底改变她，让她过一种连贯一致的生活。"[8] 他接着写道："创伤……动摇人们的信念体系，夺走人生意义。在这种情况下，人们不得不重整人生，而且通常是通过［转向］神或其他更高的原则来重整。"[9]

不过海德特作出如下声明，他特别强调："我没有为苦难喝彩，说它适用于所有人，也没有说不用尽力减轻苦难——那在道德上依然急迫。每次有人被确诊患了癌症，痛苦波及众人，我不可能视而不见。"[10] 他说得没错，而且我们知道圣经的观点也是如此。神因为我们悲伤而悲伤。圣经中充满哀哭和呼喊，神没有责备那些问"为什么"的人。但是神却下定决心要击败邪恶，他已准备好帮助我们，就在此时此刻，就在每个人的生命中，用邪恶成就美好。海德特、詹姆士·戴维斯还有其他心理学家都在论证，苦难让人坚忍、培养品格、产生希望，这既是常识又是经验。

圣经的教导也是如此，而且它告诉我们更多苦难的意义和益处，以及苦难要在我们生命中达成的各样目的。这些目的是什么呢？

荣耀神

人生的最终目的就是荣耀神，基督教神学流派众多，在这一点上却没有分歧。这意味着苦难最重要的目的——恐怕也是最难理解的——就是荣耀神。翻看圣经，我们会惊讶地发现，**苦难**和**荣耀**经常连在一起。

保罗不断强调我们受苦是为永恒的荣耀作准备（罗8：17—18；林后4：17）。彼得补充说，我们会在将来的荣耀中因所受的苦获得更大的喜乐（彼前4：13）。保罗在《以弗所书》3：13告诉收信人，他被囚受苦是为了**他们的荣耀**。最后，在《彼得前书》1：6—7使徒解释说："你们现今在各种试炼中或许暂时会难过，是要叫你们的信心经过试验，就比那被火炼过，仍会朽坏的金子更宝贵，可以在耶稣基督显现的时候，得着称赞、荣耀和尊贵。"苦难如果处理得当，会给主带来荣耀。

如今许多当红的教会教导说，神会让你更快乐、更健康、更丰盛，他存在是为了你的益处。如果我们缄默不语，接受这样的观点，那么每当有人说惨剧和恶事能荣耀神，我们必然会觉得被冒犯。而且的确如此，对一个眼看自己的母亲或孩子死于癌症的人说这番话，只能让他更困惑，这实在很残忍。

C. S. 路易斯在《诗篇撷思》（*Reflections of the Psalms*）一书中坦言，他在成为基督徒后的很多年里都感到困惑和尴尬，因为神要我们荣耀他，赞美他，述说他的伟大，为他的美善而欢喜。路易斯指出，若是放在人的身上，这种对赞美的渴望实在让人瞧不起。"我们都十分厌恶那种不断要人来肯定自己的品德、智慧和个性的人。"[11]

但是，路易斯后来从另一个角度思考赞美和荣耀。他留意到，每当我们说某件艺术品美妙绝伦，我们的意思不是说它"值得"赞赏，好像学生表现好所以得高分。其实，我们是在说，这件艺术品应该被赞赏，因为那是唯一"合适或恰当的回应"，如果我们不给予它这样的赞美，"我们会显得愚蠢、麻木，我们就是很大的**失败者**，并且会错失一些东西"。他由此得出一个很自然的结论，"按照神的本性，他是一个'无比美善、最令人满意'的赞美对象"。[12]

顺着这个思路，路易斯茅塞顿开，神命令我们荣耀他，因为那是唯一实现我们受造目的的方法，就是在他里面找到安息、满足和喜乐。他引领我们荣耀他，不仅因为我们应该如此，更因为我们需要如此。《诗篇》告诉我们，"赞美主是合宜的"（诗 33：1，147：1）。荣耀神，**合情合理**——至高无上的神配得赞美，荣耀他符合实情，更是唯一与**我们**相称的事。我们在艺术、人物和风景当中寻求美——我们在别人的怀抱中寻求爱——但最完整的美与爱只能在神之内。所以，每当我们按他应得的荣耀采取行动，用祷告、诗歌、信靠、顺服和盼望回应他，就是给神应得的，并达成我们受造的目的。

荣耀的神

说到基督教信仰和实践，神的荣耀是个关键概念。究竟什么是神的荣耀呢？

翻看各类神学书籍，实在很难找到统一的定义。我相信原因在于神的荣耀极其广大，是他一切属性和特质的汇总。所谓神的荣耀，可以称为神的**无限广阔**。他不是"温顺"的神，随时听候调遣。他常常令你费解，甚至尝试去理解都很难。这位神超越我们所能理解的，正是这个原因让现代人对圣经中的神十分厌恶。我们总是说，"我不能相信一位做这种事的神"或者"我不能相信一位审判人的神"。这些话的意思是，我们不想要一位荣耀的神，一位超越我们理解能力的神。

神的荣耀还意味着神**绝对重要**。希伯来语中"荣耀"

（*kabod*）一词，意思是"重量"——字面意思就是神的重要性。英语中刚好有一个词能够表达同样的含义，达到同样的效果——这个词就是"matter"。这个词意味着"和虚无相对，是有内涵的实体"，它另一个意思是"重要"。所以，每当圣经说神是荣耀的，也就是说神应该被当作是重要的，他也的确重要，比任何人或事物都重要。如果对你来说有些东西比神重要，那你就没有承认神是荣耀的，而是把荣耀给了其他。

J. R. R. 托尔金在上世纪五十年代出版了《指环王》后，有位名叫罗娜·比尔的女士写信给他，问他至尊魔戒毁于末日山之火的情节。魔戒熔化后，黑暗领主的势力随之彻底瓦解。这位女士想不明白，黑暗领主的势力无懈可击、无可抵挡，怎么会因一枚小小的戒指被熔化就消失殆尽了呢？托尔金回信告诉她，这个情节的核心在于，黑暗领主费尽心机，把自己的势力置于戒指当中，希望借此增强势力达到顶峰。他写道："很多神话故事都和索伦的戒指类似，讲的都是人将自己整个生命或全部能力置于外物，结果反而被俘获，给自己带来灭顶之灾。"[13]

托尔金的意思是：爱某个人并享受这段关系，这无可非议。但是如果那人离开了你，你就要自杀，这说明你把太多荣耀给了他，他在你的生命中过于重要。你可能在心里说："只有那人爱我，我才确定自己有价值。"但假如那人结束了这段关系，你就崩溃，一蹶不振，这说明你把太多荣耀给了他/她而不是神。如果对你来说有什么比神更重要，那你就是把自己和自己的心交给了外物。只有把神当作最重要的——你只荣耀神，只给神荣耀——你才能一生平安。

关于神的荣耀，还有一点必须提及，就是他**至高的光辉与壮美**。旧约里"荣耀"一词的意思是"重要"，新约里"荣耀"（希腊文 *doxa*）一词的意思是"赞美和惊奇；光辉；灿烂或美丽"。爱德华兹说过："神得荣耀，不仅因为他的荣耀可见，还因为他的荣耀可喜。"[14] 说"我猜他是神，我只能顺服"是不够的。你必须见到他的美。荣耀神的意思不是说你别无选择只能服从他，而是你**想要**服从他——因为你被他吸引，以他为乐。C. S. 路易斯正是因为理解了这一点，所以在书中把赞美解释得十分到位。我们需要美。我们竭尽全力寻求美景，让美妙的音乐环绕，和美好的人共处。可是我们若不明白，神是源头，这一切不过是支流，我们终将陷入空虚。

所以，神是荣耀的神，你不仅要承认他无法测透，超越一切，远比一切重要，他还会在你心里动工，使你认定只有他让你最快乐，只有他才是最美。

撤除偶像

那么，我们怎样才能用苦难荣耀神呢——苦难如何帮助我们荣耀神呢？

　　传教士伊丽莎白・艾略特（Elisabeth Elliot）曾在南美亚马逊丛林向奥卡人（Aucas，瓦欧达尼族［Waorani］）宣教。1966 年，她出版了小说《撤除偶像》（*No Graven Image*）。[15] 小说的女主角玛格丽特・斯巴霍克（Margaret Sparhawk）很年轻，没有结婚，将自己奉献给了圣经翻译事工。她服侍的部落地处偏远，而且部落语言没有文字。有一段时间，她在厄瓜多尔山区为盖丘亚族（Quechua）翻译圣经。当地没有文字，只有方言。她找到了一个能教她这种方言的人，名叫佩德罗（Pedro），这人对她至关重要。玛格丽特跟他学习，以便将圣经翻译成当地语言。她按部就班，先录音，再记录，学得很辛苦。

　　有一天，玛格丽特去找佩德罗，她心怀感激，想起一句经文："你要等候耶和华，要刚强，要坚定你的心。"（诗 27：14）她向神祷告说："主啊，我一直在等候，不断地等候……你知道我等了很久，才成为宣教士，向山区的印第安部落宣教……我似乎听到你呼召我去翻译圣经，去做医疗工作。所以你让我找到佩德罗……此时此刻我在这里，这足以说明你回应了我的祷告。"[16] 她回顾自己怎样一路走到今天——朋友支持她、很多身在美国的人资助她、她接受多年的培训、建立关系，还有神赐给她的佩德罗，这个人既懂西班牙语，又懂当地方言。似乎在神的安排下，万事俱备。玛格丽特仿佛看到一幅图画，有一百万住在偏远地区的人读到了圣经。

她到达佩德罗的家之后，发现他腿部伤口感染，疼痛难忍。由于玛格丽特平时也参与为当地提供基本的医疗服务，她总是随身带着注射器和少量青霉素。佩德罗请她帮忙打一针止痛，她答应了。但是几秒钟后，佩德罗身上出现过敏症状，非常严重，他对青霉素出现全身性过敏反应。他躺在地上抽搐，全家人哭着围住他。

佩德罗的妻子罗莎对着玛格丽特大叫："他快死了，你没看见吗？你害死了他！"

眼前的一切让玛格丽特惊慌失措，她祷告说："我主我神，我们在天上的父，就算你从未听过我的祷告，现在请你一定要听……救他，主啊，救他。"[17] 但是佩德罗的情况越来越差，他开始呕吐，一阵阵痉挛让他痛不欲生，直不起腰。罗莎把双手放在头顶，在当地，遇到这种情况，妇女们只能哀嚎，听凭死亡降临。但是玛格丽特仍然在心中祷告："主啊，罗莎怎么办？……**你的工作**怎么办？主啊，这一切都因你而起，不是我。你引领我来到这里。你回应了我的祷告，赐给我佩德罗——他不可替代……主啊，请你顾念他。除了他，再没有别人了。"[18]

但是佩德罗最终还是死了，玛格丽特的工作到此为止。多年的努力付诸东流。"要想继续翻译圣经，如果没有懂当地方言的人和我一起，那根本不可能。佩德罗死的时候，神肯定知道后果。我不用再［给我的资助人］写代祷信了，因为没有任何进展可以汇报。佩德罗死去那晚，我仿佛看到在一切努力之后写着**剧终**二字。"[19]

直到小说的结尾，年轻的玛格丽特都十分困惑。最后一分钟，没有逆转，也没有"曙光乍现"。她站在佩德罗的墓地旁，心想："神呢？在神看来这有什么意义？他说'我与你同在'。**发生这种事**，他真的与我同在？他让佩德罗死，还是假我之手——无论那天还是现在，我都不能否认这个可能。我站在墓地旁问自己，神此刻还让我敬拜他吗？"[20]

答案是"要敬拜他"。我和我的妻子凯西读神学院时，有一次伊丽莎白·艾略特来作讲座，把这个答案告诉了我们。她把书翻到最后一页，指出最关键的一句：

> 若神仅仅是我的同伙，那他就背叛了我。但若不然，如果他真是神，他就释放了我。[21]

她继续解释道，所谓偶像，实际上是一位总是按照我们意愿行事的神。说得更准确些，这位神帮助**我们**完成计划，根据**我们**的设想来运转世界、安排历史。他是被创造出来的神，是一位假神，我们不过是把自己的想法和形象投射在他身上。如此一来，神的确是我们的"同伙"，只要他满足我们的愿望，我们就与他保持联络。他要是没有满足我们，我们就"开除"他，"不再和他作朋友"，他仿

佛我们的助理或者某个熟人，如果不称职不听话，只配遭
此待遇。

但是玛格丽特最终意识到，虽然译经计划毁于一旦，
她一直供奉的假神却被破除了，她第一次可以敬拜那位独
一的真神。当她服侍那位"为我服务的神"时，她感到极
其焦虑，从来都不确信神会帮助她，"让一切顺利"。她总
是面临如何让神帮她实现计划这个难题。她从未真心把神
当作神——全知、全能、全善的神。可是现在她自由了，
她不再寄希望于达成自己的目的，而是全然仰望神。如此
一来，她便拥有了从未得享的安息和保障。简而言之，苦
难将她引向一位荣耀的神，让她学会了把神当作荣耀的神
来对待。她一旦**这样**做了，便从绝望、挫败和心力交瘁中
解脱出来，不再设法掌控自己和所爱的人。

艾略特这本小说非常大胆，既冒犯了传统宗教情感，
也让世俗世界无法接受。虽然我们希望孩子听大人的话，
尽管他们不理解，但如果让现代人信靠一位自己无法理解
的神，他们大多数都会感到恐惧。许多福音派信徒觉得这
本小说太离谱。有不少读者写信向艾略特提出抗议，说神
永远不会让这种事发生在一位如此敬虔、把自己全然奉献
给神的女宣教士身上。一位知名福音派牧师洋洋得意地告
诉艾略特，他亲自把这本书从基督教"年度图书"榜单中
撤了下来。

但是伊丽莎白告诉我们，小说情节几乎就是她的亲身

经历——她的遭遇其实更悲惨。她在《这些陌生灰烬》（These Strange Ashes）一书中回顾了自己在南美洲译经宣教初期的经历，有个人名叫马卡里奥（Macario），那人出现，是"神回应了祷告……是整个翻译计划的关键；他（神知道）是世上唯——个同时精通西班牙语和科罗拉多语（Colorado）的人"。但他却无缘无故被枪杀，译经计划因此"戛然而止"。[22]

后来，翻译团队又遭遇洪水和抢劫，许多档案文件都不见了，那是大家多年的心血。[23] 这还不是全部。伊丽莎白的丈夫吉姆·艾略特（Jim Elliot）是一个五人宣教团队的成员，他们一直尝试接触生活在亚马逊雨林深处的瓦欧达尼族人，那是个很凶悍的民族。有一天晚上，他们唱起赞美诗，"我们倚靠你，我们的盾牌和守护者"，第二天，他们又走进雨林，遇到一群瓦欧达尼族人，结果他们全部被瓦欧达尼族人用长矛刺死，身后留下许多孤儿寡妇。[24] 坦白讲，那些义愤填膺的基督徒，他们在向作者抗议说神不可能让这些事发生在敬虔的信徒身上时，根本不知道自己在说什么。

她在 1996 年增补的《穿过荣耀之门》（Through Gates of Splendor）尾声中，记载了宣教士的死。她同时挑战了世俗的和宗教的上帝观和苦难观，认为它们都过于简单和天真。她警告读者，不要强求"曙光乍现"以期解释一切。她写道：

我们了解教会历史，知道在那个年代殉道者的血是宣教的种子。我们总是宁愿相信，这样的等式一定成立。五个人死了，于是会有多少多少瓦欧达尼族人成为基督徒。这可能发生，也可能永远不会发生……神是神。我如果在心里要求他采取行动，满足我对公义的要求，那便是把他拉下了宝座。这种心态和当年嘲笑耶稣的人没有两样，他们说"你若真是神的儿子，就从十字架上下来吧"。"除非……神无权让那五个人有此遭遇"，说这话的人，他不信神，他甚至叛逆神。[25]

　　贯穿艾略特所有作品的主题只有一个——虽然无法理解，但仍然信靠神，这才是把神当作神而不是当作人。我们信靠的是一位荣耀的神——他比任何人都更美善、智慧无穷。但是正如耶稣所说，神在十字架上得了最大的荣耀（约 12：23，32）。十字架让我们看到，神完全公义，毫不妥协，因为耶稣为罪而死；但我们同时也看到，神无比慈爱，因为耶稣心甘情愿面对死亡。神的慈爱和公义看上去互不相容，实际上可以同时成就，这是至高的智慧。所以，我们虽然不明白为什么要受苦，却仍然信靠神的智慧，这就是把十字架的荣耀和意义铭记于心。艾略特劝导人们信靠耶稣："为了不让人类世世代代陷入毁灭，那双手被钉在十字架上，一动不动——为了我们的缘故……

请你信靠他，好吗？"[26]

由此可见，苦难的意义之一就是荣耀神，把他当作无限的、掌权的、全知全能的，同时又道成肉身甘愿受苦的神，单单荣耀他。把神当作神来荣耀他——这是再恰当不过的事了。如果我们所做的事与神的荣耀相符、与我们的灵魂相称，那么正如伊丽莎白·艾略特所说，我们内心的平安不会随环境而改变。

向他人荣耀神

在苦难中信靠神也会让他人看到神的荣耀。信徒若在苦难中站立得稳，不仅是将荣耀归给神，更是向世人展示神的伟大之处——在这方面，恐怕没有其他方法能与之相比。彼得写道："因为人若在神面前为良心的缘故，忍受冤屈的苦楚，是有福的。"（彼前2：19）基督徒耐心忍受苦难，这正是彰显神的能力。保罗说得更生动："我们身上常常带着耶稣的死，好让耶稣的生也在我们的身上显明出来。"（林后4：10）

司提反是初代教会第一位殉道者。他因为当众宣讲福音而被人用石头打死，这件事记载在《使徒行传》6：8—8：3中。经文告诉我们，他受审的时候，非但不畏惧，反而容光焕发，"面貌像天使一样"（徒6：15）。他被石头打死的时候仍然大声祷告："主啊，不要把这罪归给他

们！"（徒 7：60）年轻的大数人扫罗亲眼见证了这一幕
（徒 7：58，8：1）。后来，他启程去迫害大马士革的教
会，囚禁基督徒，却在路上遇见了复活的基督。耶稣说：
"扫罗！扫罗！你为什么迫害我？你要踢刺是难的。"（徒
26：14）这里的刺指的是一种尖头的棍棒，用来驱使动物
往正路上走。耶稣的意思是尽管扫罗满腔愤怒迫害基督
徒，他内心深处却有些东西催促他承认基督教是真理，即
便他并不情愿。很多人相信，其中一根"刺"，正是司提
反临死前所表现出的莫名的喜乐、平安和宽恕。司提反怎
么能如此镇定？他怎么能如此确信自己与神同在？他怎么
能原谅那些要他性命的人？这根本不现实。司提反在苦难
中的表现不仅让他"有福"，更刺中了扫罗的灵魂。

后来的基督教作家，比如西普里安、安波罗修、伊格
纳修和波利卡普，他们每次提到殉道，总是先引用司提反
的例子。基督徒从容赴死，这让旁人惊讶他们的力量从何
而来。"基督徒用苦难论证，自己所信的至高无上……
［因为］他们在苦难中表现得比异教徒更好。"[27] 保罗信主
后，这个原则他一刻也没有忘记，所以他后来写信鼓励弟
兄姐妹不要看他被囚就沮丧（弗 3：13）。他对腓立比的
信徒说："弟兄们，我愿意你们知道，我所遭遇的反而使
福音更加兴旺了，以致整个宫里的卫队和其余一切的人，
都知道我是为了基督才受捆锁的。"（腓 1：12—13）

2006 年 10 月，一名持枪歹徒在宾夕法尼亚州兰卡斯

特郡（Lancaster）的阿米什社区劫持了当地仅有一间教室的乡村学校。他向十个孩子开枪，五个孩子死亡，最小的七岁，最大的十三岁。歹徒随后自杀。事件发生几个小时后，阿米什社区的人去探望凶手的父母，对他们失去孩子表示同情，愿意支持他们度过前面艰难的日子。几天后，凶手下葬，他的遗孀和三个孩子惊讶地发现，来参加葬礼的有一半是阿米什人，他们没有提出任何要求，诚心诚意来关心和支持凶手的家人。阿米什人在苦难中的表现和《使徒行传》7 章中的司提反一样。他们对凶手及其家人表达的宽恕与关爱成为全国性话题。用这种方式应对苦难，正是为所信的真理、为神的恩典和荣耀作了有力的见证。

值得一提的是，有些人觉得阿米什人为基督所作的见证影响力过大，有必要压一压他们的风头。这个事件后来被改编成电视剧，当中有个虚构的角色，名叫艾达·格雷伯（Ida Graber），影片中，她的孩子是遇难者之一。她因此对神充满疑惑和愤怒，完全不能原谅凶手，几乎放弃了信仰。但是那些亲身和阿米什人一同走过苦难的人反驳说，大家虽然伤心难过，但整个社区没有一个人的信仰动摇过，没有一个人不愿意原谅凶手。[28] 这部剧无意中透露出，生活在"内在框架"、持世俗观点的制片人无法理解阿米什人对神的态度——接受神秘的天命、甘心给予宽恕、心中对神或对凶手都没有丝毫苦毒。

四年后，几位社会学家写了一本书探讨这件事。[29] 他们得出的主要结论包括，在世俗文化中长大的人不可能像阿米什人那样回应苦难。各地的权威人士和评论员声称，阿米什人表现出的不可思议的爱是"'我们人性'中的光辉"。这些人完全忽略了当中基督教的根基，而那正是阿米什人的独特和深刻之处。《阿米什的恩典》（*Amish Grace*）的作者们说，这种世俗看法十分幼稚，阿米什人之所以能宽恕凶手，有两个根本原因。第一个是深深反省与默想基督是怎样宽恕那些折磨他和杀害他的人。[30] 阿米什人信仰的核心是一个为敌人而死的人，如果你身处的社区不断讲述并歌颂这个故事——表演颂赞这个故事——久而久之到一个地步，原谅杀害孩子的凶手并非不可能。

但是第二个原因更值得思索，学者们指出，原谅的核心在于"放弃自我"——放弃报复的权利。这些社会学家清楚，基督教认为人生的意义在于为神为他人放弃个人利益，按照神的旨意，为邻舍的好处，放弃个人自由。这和美国人从小接受的观念恰恰相反。

我们生活在倡导个人主义的消费社会里，这样的社会教导我们不能放弃自我，要肯定自我——把你的自由、利益和需要摆在第一位。[31] 生活在崇尚肯定自我的文化中，人们通常用报复回应苦难。相反，阿米什人的文化崇尚放弃自我，这让他们在面对苦难时更容易去原谅。《阿米什的恩典》的作者说："〔所以〕我们大多数人都被一种鼓励报复、嘲笑恩典的文化深深影响。"这个结论十分正确。[32]

这就是为什么，用和平与爱回应邪恶和苦难——正如兰卡斯特的阿米什人、耶路撒冷的司提反和十字架上的耶稣——是最有影响力的见证，世界因此看到神的真实、荣耀和恩典。

默默无闻荣耀神

吉姆·艾略特殉道的故事激励了一代年轻基督徒领袖，其影响有目共睹。但是还有许多人，他们受苦却无人知晓，那也算是荣耀神吗？当然！

有一位女士名叫琼尼·厄尔克森·塔达（Joni Eareckson Tada），她在轮椅上度过了大半生。她十七岁那年潜水时发生意外，造成肩膀以下全部瘫痪。最初两年，她精神抑郁、心中充满怨恨、想过自杀、怀疑基督教信仰。她住在巴尔的摩的一间康复中心，同病房的还有三四个女病友，情况和她差不多。其中一个名叫丹尼斯·沃尔特斯（Denise Walters）。[33]

丹尼斯之前在马里兰的巴尔的摩读高中，性格开朗，人缘很好。十七岁那年，有一天她蹦楼梯，膝盖一软摔在地上。到了傍晚，她几乎寸步难行。回到家，她先睡了一会儿，醒来后去吃饭，结果发现自己腰部以下根本不能活动。过不多久，瘫痪蔓延到颈部。不仅如此，她还失明了。

这是一种罕见的多发性硬化症（multiple sclerosis），扩散得很快。

丹尼斯躺在绿橡康复医院（Greenoaks Rehabilitation Hospital）的病床上，一动不动。她什么也看不见，几乎一句话也说不出。和她交谈十分困难。同病房的人偶尔和她简单聊几句，仅此而已。没过多久，除了她的妈妈，再没有人来探望她了。她们母女俩都是基督徒，她妈妈每天晚上来为她读圣经和祷告，眼看着她的生命一点一点消逝。丹尼斯知道她是垂死之人，但死亡没有很快降临，而是慢慢折磨她，不带一丝怜悯。她在病床上孤独地躺了八年。

八年后，她终于离世了。

琼尼分享说，丹尼斯的故事让她忧愁苦恼。她在书中写道，眼前的苦难已经让她焦头烂额。每天都有许多问题压得她喘不过气来。"为什么这件事发生在我身上？我是基督徒，委身于耶稣：为什么我要在轮椅上度过余生？神如何把坏事变好事？我为什么要相信这位神？他让我遭遇这种事！"尽管如此，她还是切实地慢慢改变了。她开始明白为什么苦难是有意义的。很大程度上是因为，她对神的荣耀有了更深刻的领悟。她终于看到苦难是向别人见证神的荣耀的方式。如果别人看见你耐心承受苦难，他们会在你身上看到神的信实。

可是丹尼斯死的时候，琼尼内心十分挣扎，因为丹尼斯爱基督，从不抱怨，可是她受的苦似乎毫无价值。没有人看见。"从来没有人和她说过，'我想拥有你那样的生命。我该怎么做?'她受了很多苦，却好像毫无意义。"[34]

琼尼在得知丹尼斯离开人世后，她和一些朋友分享了心中的挣扎。有一位朋友打开圣经，翻到《路加福音》15：10，那里提到因为一个人悔改，天使也要欢乐。她又翻到《以弗所书》3：10，那里说天使正在观看教会里发生的事。其实还可以再看看《约伯记》。约伯受苦，不仅众天使在看，就连魔鬼也在看。这令琼尼茅塞顿开。

按照世俗的世界观，只有**当下**这一个世界。此时此刻的物质世界才是唯一真实的。没有超自然，只有自然。没有超越经验的，只有本身固有的——没有天使和魔鬼，没有圣灵和灵魂，没有神，没有撒但。如果你生活在世俗的"内在框架"中，正如查尔斯·泰勒所说，你永远不可能体会到琼尼所领受的希望。"'我懂了!'真是灵光一现……她的生命没有被浪费，我想明白了……**那时候**，在那孤独的病房里，有观众正看着她——并且是许多观众。"[35]

试着这样想想，你就能明白琼尼是怎样顿悟的了。如果我告诉你，明天一整天，会有一部特殊的录像机把你所说、所做和所**想**的一切播放在电视上，传遍全世界，可能有十亿人会看到，你明天会不会因此过得不一样? 我想会的。即便转瞬即逝的想法和最微不足道的动作都会变得意义重大。当然，这有点吓人，因为你不得不展现最好的一面。但同时也让人心情激动。你可能会说:"有些事我一直想向全世界宣布。现在终于有机会了。"明天一切都将不同，意义非凡。

但如果基督教所言不假——这就不是想象，而是当下发生的事。你看不到吗？你已经在镜头前了。有一个无法想象却真实存在的属灵世界，那里正在播放关于你的一切。你的一举一动被呈现在数十亿的灵体面前。当然，神也在看。琼尼这样评价她的朋友丹尼斯："天使和魔鬼都惊叹不已，看着她顺服隐忍的灵魂升天，如一股馨香之气到达神的面前。"[36]

没有一桩苦难是没有意义的。

苦难和荣耀

以弗所的信徒因保罗被囚而沮丧，保罗写信告诉他们，"我的苦难是你们的光荣"。为什么？因为这是法则。苦难和荣耀紧紧相连。苦难将神的荣耀彰显给世界，最终也会为我们带来荣耀。你知道为什么苦难和荣耀的关系如此紧密吗？因为耶稣的缘故。《腓立比书》2章告诉我们，耶稣放下他自己的荣耀。为什么？查尔斯·卫斯理在圣诗《天使报信》(Hark! The Herald Angels Sing) 中道出原因。

舍弃荣华离天上，降生救人出死亡，

降生使人得高升，降生使人得重生。

（《生命圣诗》第 98 首）

耶稣舍弃他一切荣耀，于是我们得以穿戴荣耀。他被拒绝，于是我们被接纳。他被捆绑、被钉十字架，于是我们有了自由。他被驱逐，于是我们能靠近神。

耶稣拿走了那唯一致命的苦难：与神隔绝。正因为他这么做了，所以，无论我们遭遇什么苦难，我们都必然成长，会变得更好。煤块在压力下会变成钻石。在基督里受苦的人，他的生命必然转化，大放异彩。

耶稣基督受苦不是让我们不再受苦，而是让我们在受苦时能够像他一样。他受苦，却彰显了荣耀。这在保罗身上也看得到。保罗在监狱里仍然喜乐，因为他说："我的苦难是你们的光荣。"（参弗 3：13）他因此有了耶稣的样式。因为耶稣正是如此。如果你确信那荣耀正朝你走来，你也可以像他们一样面对苦难。

生命故事：苦难织就的画布

琪　琪

　　我成长于加利福尼亚州奥克兰市的内城区，那里住的大多是黑人，虽然我有巴西和阿米什两种血统，我却把自己看作棕色人种。随着年龄的增长，我对福音如何影响社会这个话题越来越有热情，比如贫穷、种族，以及其他社会经济议题。我也因此投身于服侍低收入群体的工作。一直以来，我都是从有色人种的角度看待这些议题。

　　2009 年我搬到南非。一夜之间，我成了白人。

　　我在去南非之前心里就很清楚，那里仍然是世界上种族分化最严重的国家之一。2010 年我结婚了，我的丈夫是一位当地黑人，他非常优秀。婚后我们成了当地极少数的跨种族夫妻。虽然种族隔离制度已经废除，但是按种族划分等级并实施分离依然是整个社会的根基，我们因此很快就成了旁人的眼中钉。无论走到哪里，众人都向我们投来严厉的目光。

　　我们相遇之前，我的丈夫在南非最大的乡镇索韦托（Soweto）建立了一间教会。在这些所谓的乡镇里只有黑人，他们因旧时种族隔离制度的压迫而聚居于此。时至今日，这里有生气、有文化、有美丽的人，但也有贫穷、犯罪和各种苦难。

简而言之，一夜之间，在这个全国最大的黑人聚居区出现了一个"白人"妇女，就是我。时隔多年，这里依然背负着种族间怀疑、仇恨和愤怒的包袱，伤口仍然在流血。我从来没有想过等待我的是什么，这是一片美丽的土地，有着美丽却深受伤害的人。我渴望他们借着我得到治愈，我不断向神祷告，让我像耶稣一样服侍当地社区。他会怎样回应祷告？我一无所知。回想起来，只有受苦才能结出果实。

我们结婚前的一个月，我丈夫最好的朋友，也是教会里最受信赖的领袖，被揭发和教会里一些柔弱的年轻女性有不正当关系。事情逐渐浮出水面，原来他一直瞒着我们，人前人后截然不同。他一直担任长老，事发后，他被免除教会领袖的职务，接受复原医治。虽然他口头承诺自己已经悔改，可是没过多久，他就明目张胆地展开报复。

结婚当晚，我们还在睡梦中，屋子里突然起火，一时间浓烟滚滚。我醒过来，几乎喘不过气。我们被送去医院，医生说我们能活下来简直是个奇迹。那天晚上我们本该丧命。

由于吸入浓烟，我去做了胸腔 X 光片检查，结果发现我患有严重肺炎。那两个星期我们在度蜜月，所以这段时间教会发生的事情我丝毫没有察觉，甚至都不记得了。两个星期后我们回到教会，发现教会里纷争不断，谣言四起。那个被揭发的长老约谈了教会每一位领袖，声称我们

在他罪行曝光后恶待他。他对我们信任的多位教会领袖和
会众说，我尤其不肯原谅他，甚至拒绝和他说话。因为当
地人对白人十分戒备——而我现在被看作是白人——人们
对他的话不假思索，信以为真。不到六个月，教会四分之
三的会众因为这些谎言而离开了。在这欺诈的网罗里，我
们最亲密的朋友几乎都走了。他们走的时候，毫不掩饰对
我们的怨恨。

我的身体越来越差。我发现自己感染了一种无法治愈
的热带病，经常感到精疲力竭，虚弱乏力。

到了2011年，本来兴旺增长的教会只剩下三十个人
了，即便在留下的人中，也有很多人怀疑我们。因为那些
传言，有些人对我们失去了信心，我们的收入几乎减半。
我们要付房租、买食物和汽油，每天省吃俭用，生活
艰难。

我感到失魂落魄，孤独至极。我放弃一切来爱这些
人、服侍这些人，结果却被他们憎恨排斥。我觉得神也离
弃了我。

到了2011年10月，我病得很重，每天都挣扎着度
日。我们住的地方在南非算是贫穷落后的地区，污染十分
严重。医生告诉我们，如果我留在索韦托，可能活不过
两年。

这个消息令我们大为震惊。我们不住地祷告，但是主
却说，要留下，我会恢复的。

2011 年底，教会终于又迎来一波复兴。我们历经磨难，伤痕累累，仍在复原之中，但是重建已经开始。我们以为度过了最艰难的时刻……却不知前方仍有磨难。

两年来，我的生活充满拒绝、仇恨和粗暴的毁谤，唯有一个人一直陪伴我。她拒绝听信谣言，勇敢说出真相，不怕揭穿谎言。那段时间，几乎没有人愿意和我扯上关系，她是唯一一个为我挺身而出的朋友，我把她看作亲姐妹一般。

2011 年 12 月 30 日是我三十五岁生日。这位姐妹，我在南非最亲密的朋友，在那天溺水身亡。还有一位好朋友，奋不顾身去救她却同样遇难。我痛失好友，言语根本无法表达我心中的哀伤。失去她一个，仿佛十个人离开了我。在那些日子里，她对我而言就是整个社区。我们用了整整三天时间开着车在市里兜转，把噩耗告诉她的每一位家人和朋友。

一个星期之后，我和我丈夫被七个警察围住，他们不说原因，只是用枪指着我们。这一局面僵持了二十分钟，真是惊心动魄。他们走后我很困惑。我怎么会来到如此荒蛮的地方？那些威胁我生命的人，不是我本来要服侍的人吗？

前面提到的不过是我们遭遇的"几件"事，心里的挣扎和痛苦数不胜数、无法衡量、难以名状。在一个最黑暗的时刻，主用他的方式来到我身边。几个月来，我向他呼求，问他为什么在艰难时刻远离我，但他还是来了，我知道，也感觉得到。有一天我读《以赛亚书》53章，那里写道："他被藐视，被人拒绝，是个多受痛苦，熟悉病患的人。他像个被人掩面不看的人一样；他被藐视……他把自己的性命倾倒，以致于死。他被列在罪犯之中。"（赛53：3，12）

在某种意义上，我的神"离开"了天上的安逸和荣耀，以软弱的肉身来到世上。这件事本身就不可思议。但那还不是全部。他降世为人，为了拯救堕落的人类，放下神的特权和荣耀（腓2章），这是人类历史上唯一真正无私的举动。他来到我们中间，"被藐视，被人拒绝"；成为"多受痛苦，熟悉病患的人"；被列在罪犯之中。我那圣洁、公义、无所不在、无所不能的神，他用话语创造天地万物，却被当成罪犯。他虽然清白无辜，却仍被当成罪犯。三年来，我第一次深深感受到他的同在。我也是如此，一个棕色皮肤的女孩，抛下一切来到南非，渴望爱人和服侍他人。我也是无辜的，我被当成一个前来压迫黑人的白人，仇视、不公义的恶待给我留下伤痕。当然，我是个人，会犯错，远不能和荣耀的救赎主相提并论，但我在自己身上看到了他的遭遇。长久以来，我仿佛第一次感到在不可言说的苦难中有救赎的意味。

我把这信息看作福音。尽管主用各种方式训练门徒，但我认为，是苦难织就了福音这块画布，为它提供不可或缺的底色，救恩呈现其上。如今的教会不知不觉有这种倾向——神的信实在于他救我们脱离苦难。的确，他在很多时候出于怜悯救我们脱离苦难。但他的信实不在于此。从经文中可以看到，许多他所深爱的人，受苦也最深。

经历了如此宝贵的和天父同在的时刻，虽然我的痛苦和无法言说的悲伤仍在，但它们却有了目的，带来了救赎。2012 年底，我的健康逐渐恢复，我和主的关系也逐渐修复，我终于回到主的身边。医治尚未结束，但我可以稳稳地站立。我看到苦难结出的果子。我在自己身上看到他的经历。

第9章
学会行走

> 智慧不会自己来，我们要穿越荒野，主动去找；这场
> 旅途只能自己走，而且必须走。

——马塞尔·普鲁斯特[1]

我们的荣耀呢?

绝不要浪费悲伤。根据圣经，苦难的目的和效用，一部分和神的荣耀有关。没有什么比苦难更能彰显神的荣耀、传扬神的荣耀以及分享神的荣耀了。当然，神的荣耀完美无缺，不能增添分毫。但正如《诗篇》作者所说，神的荣耀可以被"放大"。如果我们在苦难中真的把神当作神，那么神的伟大就会被彰显出来，展现给世人。

但是保罗说过，苦难也为我们预备了荣耀。"因为我们短暂轻微的患难，是要为我们成就极大无比、永远的荣耀。"（林后 4：17）于是我们会问，苦难怎样带来益处呢？回答这个问题之前，有必要先看看圣经对今天所谓"自我提升"这个议题有何教导。耶稣基督有两句名言，表明了基督徒生活中一个核心原则：

爱慕公义如饥如渴的人有福了，因为他们必得饱足。（太 5：6）

顾惜自己生命的，必要丧掉生命；但为我牺牲生命的，必要得着生命。（太 10：39）

耶稣第一句话的意思是，"追求公义而不追求幸福的人才真的幸福"。幸福是个副产品，当我们追求的不只是幸福，而是与神和邻舍建立良好的关系时，我们反倒会获得幸福。如果你寻求神，把他当作生命中唯一值得追求的美善，那么神会将幸福赐给你。但如果你仅仅盯着个人的幸福，那你什么也得不到。耶稣第二句话讲的正是这个原则。如果你愿意为他丧掉生命——为了顺服耶稣并且跟从他，你愿意把自己的安稳、舒适和满足置于一边——那么你最终必要得着自己的生命。你会在基督里发现真实的自我，最终得享平安。但如果你尽力追求的不过是个人的舒适享乐，没有把生命的重心放在神，也就是基督身上，那你终将发现，你会内心空虚，并且对自己一无所知。

这个看法和西方文化所倡导的尽力表现自我，简直是两个极端。它也直接影响了基督徒如何面对苦难。我们知道应该信靠神，因为他是神，不是我们的私人助理或人生教练。我们应该信靠他，因为他配得，他值得我们信靠，而不是因为我们能从中得到什么好处。如果只为神的缘故而爱神、顺服神，不掺杂自己的意图，我们将变得更坚强、更有智慧。如果不寻求自己，单单寻求神，我们终将既寻到神，又寻到自己。"望着天，地上的也会'赐给你'——[单单]望着地，什么也得不到。"[2]

耶稣所教导的原则，是怎样产生果效的呢？按上帝的本相认识他和信靠他，会使我们得着智慧，因为这会使我们看清现实。好比你在黑屋子里走动，若是灯亮了，你就不会东碰西撞；同样道理，你看到神的公义、伟大、权柄、智慧和爱，就不会在苦毒、骄傲、忧虑和沮丧中磕磕绊绊地过日子。如果我们不寻求自己的益处，而是寻求神的荣耀，那反倒会在自己身上渐渐培养出荣耀的品格，谦卑、盼望、仁爱、喜乐和平安。

我们看到，苦难可以让人成长，得到训练，生命被转化。但我们绝不能把苦难单单看作自我提升的途径，这种观点会让我们变成某种形式的受虐狂而享受痛苦，认为只有在痛苦中我们才更有道德。即便不从这个角度看，苦难也容易使人沉迷自我。如果苦难只关乎你和你个人的成长，那你一定会感到窒息。相反，我们必须把苦难——无论其直接原因可能是什么——当作一种更好地认识神的途径，一个前所未有的服侍神、效法神、亲近神的契机。

只有在苦难中把神的荣耀摆在首位，我们才能拥有自己的荣耀，这正是悲伤和困境所能成就的。我们要记住，不要浪费悲伤，却要借着悲伤进入恩典和荣耀。

苦难有成效

按照西方世俗观点，一旦苦难发生，你就再也不能随心所欲尽情享乐了。我们要不遗余力地移除、减少或控制任何能引发苦难的情况和随苦难而来的负面情绪。心理学家詹姆士·戴维斯知道，如果他说"苦难有成效"，必定会招致反对。他和理查德·史威德一样，引述众多人类学的研究，表明为什么非西方文化能有这样的信念——"苦难帮助我们理解现实中未知的部分"。[3]他在《苦难的重要性》一书中批判了西方治疗师的主流观点。在他看来，西方治疗师认为苦难是可以医治的，治疗方法是帮助病人移除或者管理逆境带来的负面情绪。他写道："把陷入'低自尊心''无能感''无价值感'这类情绪的人看作不过是……患有'思维方式扭曲'或'思维偏差'，这种做法在临床上是错误的。"[4]

那么究竟应该怎样处理苦难呢？戴维斯提出一个大胆的建议。有没有可能，你那些关于自己的负面想法其实是正确的？他写道：“我们感到‘怯懦’，可能不是‘错误的想法’引发的症状，而是对自身**怯懦**部分的一个准确的评估。由此，这个自我评估带来的苦恼不仅是面对自身怯懦的自然反应，也是促成改变的必要前提。”[5] 我们通过苦难看到自己十分缺乏勇气。

苦难也可能让我们看到自己自私的一面。戴维斯指出，有研究表明，“低自尊心”远非普遍问题。他说，心理学研究告诉我们，许多人并非受困于低自尊心，而是“过度自恋，根本无法关爱他人……［并且］只看到自己的需要，只关心自己的事。他们无法放下自我，无法对他人的需要和痛苦产生同理心——他们的现状是最好的，所以别人都应该适应它”。[6]

戴维斯甚至提出了更有悖于主流文化的观点，他称有过抑郁经历的人比其他人更有智慧，对人生的看法更现实。他列举了不少研究，这些研究全都表明没有抑郁经验的人容易高估自己掌控人生的能力。当然，严重的抑郁有损健康，可是总的来说，抑郁的经验能让人更准确地了解自身的限度和自己对环境的掌控能力。戴维斯在书中引用了其中一位学者——心理学家保罗·基德威尔博士（Dr. Paul Keedwell）的话：

主流观点认为……抑郁的人容易用消极方式扭曲现实……［但是近来的研究］翻转了这种成见，证明了扭曲现实的不是抑郁者，而是所谓的健康人士……虽然抑郁的确让人用消极的方式扭曲现实……但事实上，**它除去了那些自我感觉良好的偏见，没有抑郁经验的人总是带有这类偏见**……一旦［从抑郁中］恢复，摆脱那种情绪，全新的真相随即呈现。[7]

戴维斯、乔纳森·海德特和其他学者都强调逆境的种种益处，但他们也直截了当地指出，生活不会随着苦难而自动改善。海德特提到两种应对苦难的基本方法——分别是"主动应对、重新评估"和"回避应对、拒绝接受"。[8]后者会导致灾难，因为它的意谓是"用拒绝或回避事实，或通过饮酒、吸毒和其他干扰方式，使情感反应钝化"。相反，前者则会让人真正受益，因为它既包含了艰难的内心操练，又包含了尝试改变外部困境的成长过程。换句话说，海德特和戴维斯区分了面对苦难的不同反应，你可以稳步前行，也可以站在原地；可以躺在地上，或者迅速逃离。

选择带来的后果非同小可。苦难过后，你可能变得更好，也可能变得更糟。海德特解释说，相比直面苦难并从中学习，竭力减少痛苦反倒让人愁苦绝望。既然已有定论，世界本无公平可言，人生完全无法掌控，任何事都要做最坏打算，"他们就把这教训融入人生，结果整个故事便走了样"。[9]所以，采取错误策略应对苦难，会让我们的个性变得软弱、分裂，而采取正确策略则会经历不寻常的成长。人生中的试炼和困难不可避免，经历它们，你或被塑造，或被击垮。无论走哪条路，你都不再一样。

神如何运用苦难

圣经解释并印证了海德特和戴维斯这些心理学家的发现。新约中许多经文都提到神用苦难除去我们的软弱，让我们坚强，比如《希伯来书》12：1—17；《罗马书》8：18—30;《哥林多后书》1：3—12，4：7—5：5，11：23—12：10，还有几乎整卷《彼得前书》。

首先，苦难转变我们对自己的态度。我们因苦难而谦卑，放下不切实际的自我形象和骄傲，看到自己是如此脆弱。正如戴维斯所讲，西方社会大部分人都非常不现实，认为自己有能力掌控人生。苦难让人不再盲目。它的目的不是让我们绝望、失控，而是要让我们看到，原来自己一向软弱，需要倚靠神。苦难的作用不过是敲响警钟，让我们看清现实，调校人生。

苦难也让我们重新审视自己，发现自身的软弱，因为苦难会暴露我们最丑恶的一面。我们的信仰不堪一击、言语尖酸刻薄、懒惰、对人冷漠、内心愁苦，一旦陷入困境，这些个性中的软弱就显明了，无论自己还是旁人都看得清清楚楚。有些人太尖刻，四处批判，毫不宽容。有些人冲动急躁。还有些人争论不休，固执己见，听不进别人的话。有很多人控制欲太强且不分场合。也有人太脆弱，稍遇挫折就自怨自艾。这些内在的缺陷在艰难时刻被凸显出来。苦难让我们不再否认，而是着手解决问题。

第二，我们和生命中各样美好事物的关系会因苦难而发生深刻的改变。我们会发现，自己把某些东西看得太重了。事业急转直下，我们因此大受打击、伤心不已。但我们也会看到，自己之所以痛苦到这个地步，正是因为太看重工作或其他成就，期望以此实现自我价值。这样的打击恰恰提供了一个机会，让我们调整期望，重新思考人生意义，更看重神、家庭和他人。透过此番经历，我们会更坚强，即便再次遭遇打击也不至于垂头丧气。苦难也会带来未曾开启的快乐之源。

第三，也是最重要的一点，除了苦难，没有什么能让我们与神的关系更紧密。C. S. 路易斯那句名言说得对，神透过欢愉对我们低语，但是透过苦难向我们呼喊。苦难的确考验我们与神的关系。我们必然会受苦难引诱，对神发怒，对生活发怒，根本不想祷告。但它也提供了资源，让我们与神成为更知心的朋友。试着分析一下：如果你一帆风顺，你怎么会知道自己爱的是神自己，还是神赐给你的一切或是神为你所做的一切？你根本弄不清楚。你身体健康、幸福美满，你当然觉得自己和神关系亲密。你祷告，去教会聚会，这都让你心情愉快，看上去也有回报。

但只有遭遇困境，我们才会听到神"大声呼喊"，向我们连声发问："我全心全意等候你，但我们之间究竟是怎样的关系？你做这些是为了让我服侍你，还是你在服侍我？你一直爱的是我，还是我赐给你的一切？"苦难揭示了我们信仰上的不纯正，甚至是虚伪。在某种意义上，只有经历苦难，我们才知道我们真正信靠的，是**神自己**，只有在苦难中，我们对神的爱才会越来越真实。

苦难迫使我们向神祷告，这种经验前所未有。最初，我们祷告，却觉得干枯、痛苦。但如果我们不放弃，紧紧抓住神，我们将会更深地体会从神而来的爱和喜乐，这简直不可思议。约翰·牛顿（John Newton）牧师曾经写信给一位哀伤的女士："最重要的只有一样，〔用祷告〕紧贴恩典的宝座。如果尝试靠近他似乎没什么好处，那么可以确定，远离他更是毫无益处。"[10]

最后，只有经历苦难才能帮助别人，尤其是那些正在苦难中挣扎的人。我们走出困境后会更富有同情心。以前看到别人悲伤，我们可能暗自疑惑，他们为什么总是哭哭啼啼，难道不能振作起来继续生活吗？直到自己经历过——从此便明白了一切。我们身处苦难，心就变得柔软，更能帮助其他受苦的人。如果一个人走过苦难却没有变得强硬冷酷，那他必将更有智慧。苦难所赋予我们的许多深刻洞见，将来可为他人所用。保罗在《哥林多后书》中写道：

我们主耶稣基督的父神是应当称颂的。他是满有怜悯的父，赐各样安慰的神。我们在一切患难中，神都安慰我们，使我们能用他所赐的安慰，去安慰那些在各样患难中的人。我们既然多受基督所受的痛苦，就靠着基督多得安慰。如果我们遭遇患难，那是要使你们得着安慰，得着拯救；如果我们得到安慰，也是要使你们得到安慰。这安慰使你们能够忍受我们所受那样的痛苦。我们对你们的盼望是坚定的，因为知道你们既然一同受痛苦，也必照样同得安慰。（林后1：3—7）

由此可见个中巧妙。保罗的苦难把他引向神和神无法测度的安慰。读这卷书不难发现，保罗对神的荣耀认识得更深。他感谢受难的基督从而内心回转，他对神的爱和喜乐有了全新的体会，他更了解自己，他的生命有了长进，他对人生和人性看得更透彻。保罗如何运用这些深刻的洞见呢？他和陷入苦难的人分享，那些人像他一样也在苦难中寻到深深的安慰。而他们也会去安慰别人，如此不断地进行下去。于是，人们在教会聚集，彼此以心灵互相安慰，不遗余力地支持正在受苦的人。每个人都因着困境而成长，成为神要他们成为的那个人。

基督徒作家乔治·麦克唐纳这样说：

神子在世间受苦至死，不是叫人不再受苦，而是叫人
能够承受他所受的苦难。[11]

神的健身房

前面提过圣经把苦难比作炼金的火炉，不过我们先把
这个比喻放一放。圣经中还有一个较少被提及的比喻，就
是苦难是个"健身房"。[12]《希伯来书》和《彼得前书》有
相似的内容，也是写给一群正在受苦的基督徒。《希伯来
书》作者在 12 章中写道，这种经历让人"痛苦"，但是
"后来却为那些经过这种操练的人，结出平安的果子来，
就是义"（来 12：11）。"操练"一词的希腊文是
gymnazdo，由此派生出来健身房（gymnasium）一词。它
的字面意思是"脱光衣服"——"练习和操练时不穿衣
服"。它指的是刻意做强化体能的训练，使软弱的变强壮，
强壮的再提升。

想想去健身房锻炼的情景。首先，你要脱掉平常穿的
衣服。为什么？因为穿着日常服装就无法做剧烈的动作。
还有一个原因。我们在体能、耐力甚至外形上的不足在健
身房里无处可藏。平时你可以随意穿着，遮掩不愿意让人
看到的部位，尽可能让缺陷不明显。但是在健身房里，你
无法隐藏。什么部位臃肿、什么部位单薄，教练（很不

幸，还有你周围所有的人）看得一清二楚。你因此有动力去锻炼。

这个比喻告诉我们，生活一帆风顺时，个性缺陷隐藏在面具之下，别人看不见，自己也不知道。可是一旦困境来临，一瞬间，我们走进"神的健身房"——缺点便一览无余。我们焦虑、脾气暴躁、自以为是、总想说谎或遮掩真相、不受约束——这些全都表现出来了。问题可能正是因这些负面特质而起。另一种可能是，新环境需要新的应对方法，而我们恰恰缺乏当中所需的正面特质。无论哪种状况，我们都无法回避在这个健身房里看到的真实的自己。

那要怎么做呢？好教练带你接受训练，训练的内容是什么？在训练过程中，你身体的某些部位感到紧张或压力难当。负重屈臂训练把压力加在你的肱二头肌上。前臂训练也是如此。跑步有很多作用，比如会增强呼吸系统和循环系统的机能。好教练不会让你承受不住。无论负重训练还是跑步，如果过度，你的身体一定会垮掉。但是另一方面，如果你训练得太少——不背负任何重物，每天只做轻松的事——你的身体同样会垮掉，而且会加速老化。你需要的是不多不少的压力，恰到好处的苦恼和疼痛。

圣经的作者说得对，苦难"当时"很难熬，过后却结出果子来。锻炼身体也是如此。当你做屈臂练习时，你感觉手臂的力量越来越弱。但是一段时间之后，你的臂力反而更强。你在健身房里锻炼，**感到**力量渐渐耗尽，离开的时候连楼梯都爬不动。但如果你的教练足够有经验，你精疲力竭之后一定比从前更有力。

很明显，教练若没有经验，我们就会吃许多苦头——但我们有最好的教练，就是那**最伟大的教练**。"你们所受的试探，无非是人受得起的；神是信实的，他必不容许你们受试探过于你们承受得起的。"（林前 10：13）这句话告诉我们，生命中发生的任何事都有限度、有目的。我们总能承受得起。糟糕的事发生了，我们绝不能说："它会压垮我！"记住，你在健身房里，注定会感到虚弱、乏力、精疲力竭。但这一切都有意义。"为了爱神的人，就是按他旨意蒙召的人的益处，万事都一同效力。"（罗 8：28）我们绝不能说："没有这些事，我会活得更好。"

即便如此，也绝不能把苦难看作一场游戏，仿佛高高在上的神是在愚弄我们。前面提到邪恶阻碍神的计划，是神的敌人。这一点和苦难息息相关。神是和我们一同哀伤的神。

他不再是敌对者，
并且他面前的使者拯救了他们。
他以自己的爱和怜悯救赎了他们；
在古时的一切日子，他背负他们，怀抱他们。

（赛 63：9）

我们在天上的教练带领我们，以平衡之姿度过人生。而我们也要用心回应，节制有度。《希伯来书》作者说，既不可"轻看"主的管教，也不可"灰心"（来 12：5）。这句话的意思是我们不能像禁欲主义者那样，只知道咬紧牙关，看不到苦难其实是神的训练；也不能"灰心"，轻易放弃，陷入绝望，甚至离开神。我们既不能躺倒在地，也不能转身逃跑，而是要一步一步完成训练。我们也要牢记神自己经受的苦难。《希伯来书》12 章开篇即要我们"专一注视耶稣……他忍受了十字架，轻看了羞辱……这位忍受罪人那样顶撞的耶稣，你们要仔细思想，免得疲倦灰心"（来 12：2—3）。

只有注视耶稣才能在神的健身房里锻炼身体。每当想到他毫无怨言为我们忍受的一切，我们就不再自怜。如果耶稣为我们忍受了无尽的苦难，丧失了一切，那我们也应该可以忍受一些苦难，一些损失，因为知道神为了我们能活出美善，在背后与邪恶不停地争战。我们若"定睛"在耶稣身上，必会在苦难过后体会到深深的平安。

火炉和健身房这两个比喻的共通之处很明显。它们都是危险的地方。应对出错，后果就不堪设想。应对得当，生命就会拥有美善和力量。没有人能回避它们，事实上也不应回避。我们身陷其中时不必慌张，而是要注视那一位，他在十字架的道路上穿过了最炙热的火炉，经受了最严苛的训练，此时此刻，他站在我们身边，与我们在苦难中同行。

装备头脑应对苦难

生命不会因苦难而自动自觉地成长，结出果实。我们必须应对得当，有耐心、有信心。但这是什么意思呢？现在是时候详细解释一番，究竟要**怎样**走过苦难。苦难袭来之前，我们必须先装备头脑和心灵，这样才不致措手不及。当苦难真的降临时，我们要保持敏锐，因为苦难形式各异，不能在任何情境下都僵硬地套用同一种策略。

那要如何准备呢？

要想使苦难结出果子，必须未雨绸缪。前面提过，圣经中大部分基本真理和主题都能有效地安慰受苦者，成为可取用的资源。若是灾祸尚未发生时，你就已经牢牢掌握了这些教导，你在患难中得到的安慰必然更大。一旦陷入危机，我们根本没有时间坐下来认真研读圣经中相关的经文。我做牧师快四十年了，每次陪在那些遭遇不幸的人身边时我都暗暗地想，若他们肯花时间了解信仰，就不至于被排山倒海的困难所吞没。前面说过，帮助我们承受苦难的"心灵的理由"关乎信仰的基石——创造和堕落、救赎和复活。这些深刻的真理内涵丰富，要在受苦之前就牢牢掌握，否则就会临阵手忙脚乱。真的陷入困境时，这些功课反而很难学。

为苦难做准备其实不难，但很重要。我们要对圣经了解得十分透彻，要有强而有力的祷告生活，这样在苦难面前才不会措手不及或被击倒在地。神学家迈克尔·霍顿（Michael Horton）写道：

我们至少要掌握圣经所启示的——了解神，了解自己，了解神创造、供应和救赎的方式，这才是为人生磨难做准备，如同学习法律的人备战 LSAT（法学院入学考试）。神学是最严肃的学问。准备这门考试可不是智力游戏……而是关乎生死……活着当如何，死后会怎样。[13]

霍顿所说的**神学**不只是文献资料。圣经说，神的话语是活泼的，有大能的（罗 1：16；来 4：12），好像永不朽坏的种子（彼前 1：23），会带来缓慢、切实的内在转变。我们相信它，消化它，实践它，又把它存在心里，它就显现并且启发我们（诗 119：11，130），它要带来丰盛，住在我们里面（林前 3：16）。

有一条神学真理，非常简单却经常被忽略。圣彼得写道："亲爱的，有火炼的试验临到你们，不要以为奇怪，好像是遭遇非常的事，倒要欢喜，因为你们既然在基督的受苦上有分，就在他荣耀显现的时候，可以欢喜快乐。"（彼前 4：12—13）有些人想得很天真，觉得自己悟性高、自律、道德高尚，是个好基督徒，所以一定不会遇上极端**糟糕**的事。毫无疑问，这肯定是糟糕的神学。许多人在痛苦中备感凄惨、忧虑重重，不是因为那困难本身，而是惊讶于自己**居然**会受苦。

如果从神学角度反思一下就不至于惊讶了。我们觉得神肯定不会让坏事临到好人，这是天经地义的。但耶稣基督亲自证明：这是错的。如果神让一个毫无瑕疵的人受尽折磨（为一个无比美好的目的），为什么类似的事情不会发生在我们身上呢？我们所受的苦注定无法与耶稣相比，因为我们不可能被用来完成救赎的使命。但我们一定会受苦，尽管不会严重到那样的地步。正如《罗马书》8：19—23 和《创世记》3：16—19 所揭示的，世界充满疾病、死亡和自然灾害，这要归咎于人的罪性。所有人都受到诅咒，我们都受制于它——因为我们是人。

其他神学观点也有助于我们理解。由于神无限的尊荣和智慧，我们**本来就**无法完全了解他的作为。如果神做的任何事在我们看来都合情合理，这才真的不合情合理。无限的、创造天地的神，他掌管我们的命运，我们怎么可能明白他做事的方式？我们连身边的人都不能完全了解，何况神的作为？我们犯罪得罪了圣洁的神，所受的苦是应得的，而且本应承受更多。如果我们让神按照他绝对的公平公义惩罚我们，那所有人都将立时灭亡。

在各种处境中，要应对黑暗和艰困的挑战，提高对圣经的理解、加深神学上的反思都是不可替代的装备。

装备心灵应对苦难

但我们也看到，苦难不只是理性探讨——"为什么人生充满邪恶和苦难？"——它更关乎每个人——"我要怎样度过苦难？"第二个问题和第一个问题属于完全不同的范畴。所以我们既要装备头脑，又要装备心灵，也就是坚持祷告，热切祷告，在祷告中既扎根神学又有丰富的个人感悟。

哲学家西蒙娜·薇依写道，受折磨的灵魂很难去爱。这样的人必须强迫自己爱神、爱他人，或"至少想要去爱，尽管这种想法在他心里少得可怜"。一个处于磨难中的人，如果"他的灵魂不再去爱，那他只能沉沦，即便他还活着，也如同活在地狱里一般"。[14] 所以，苦难让神、爱和盼望都变得虚幻。如果你一开始就觉得这些不过是抽象概念，虚无缥缈，那薇依所呼吁的，你一定做不到。苦难仿佛一条绝望的河，把我们卷入当中。但如果你一开始就明白神的爱，经历过神的爱，那你就有所倚靠，不至于被漩涡吞没。

当困境袭来，若是头脑准备充分，我们便不会彻底慌乱。但你会在苦难刚刚临到时惊讶地发现，我们在理性上知道的，和心中可供取用的资源，二者之间存在很大差距。困难来临，你需要神的帮助才能渡过难关，他赐你独特的洞见、安慰心灵的意念和智慧。有些你可能在理性上早就知道，但神要用另一种方式让它们更真切。还有一些你并不知道，必须从头学起。只有这样你才能熬过去。要想渡过难关，就必须寻求神的帮助，让他为你开路。你要学习并掌握许多观念和真理，把它们珍藏于心，能够从中支取力量和安慰。

阿尔文·普兰丁格写过这么一段话，提到信徒愕然发现，自己理性和心灵间的差距原来如此之大：

> 当［信徒］受苦时，或者他身边的人在受苦时，他会发现自己很难维持对神的正确态度。他遭遇如此沉痛的不幸，实在很想反抗神，对神挥舞拳头，甚至干脆放弃信仰。他的问题属于另一个范畴。他不需要哲理的启发，他需要牧者的关怀。[15]

约翰·S. 费恩伯格（John S. Feinberg）第一次读到普兰丁格这段话的时候还在读神学，他似懂非懂，"我觉得只要在理性上解释了为什么神允许世上有邪恶……受苦的人就应该知足了"。[16] 他承认，有时看到基督徒在苦难中和神的关系紧张，自己会不耐烦。后来，他在研究院教神学期间得知妻子患有亨廷顿舞蹈症（Huntington's chorea），那是一种神经退化疾病，患者不仅四肢逐渐丧失活动能力，还有失忆、抑郁以及精神错乱等症状，包括产生幻觉和极端偏执。医生告诉他，由于这是遗传病，他的每个孩子都有百分之五十的患病几率，不过那些症状要到三十岁才会出现。[17]

他最初不肯接受这个现实，后来才慢慢去面对。"这一打击让我们全家都明白了，阴影笼罩在每个人的头上。"[18] 凭着理性，他知道什么才是正确的神学回应：

不管怎样，我只是受造物，怎能和创造者争辩？正如保罗所说（罗 9：19—21），受造物无权把创造者拉进法庭，好像他做了什么错事一般，用人类的道德标准审判他。神拥有主权，掌管我的一切。我感觉神好像误导了我，甚至是愚弄我。[19]

没有**然而**，没有**但是**，最后一句紧跟前面几句，显得十分突兀。费恩伯格知道按照圣经和神学应该怎样回应——神有权做他想做的任何事。他背得出答案，但他也承认，尽管理性告诉他神不可能做错事，他心里却觉得神很残忍，神亏待了他。讽刺的是，他的硕士论文写的正是《约伯记》，他在芝加哥大学攻读博士时研究的正是恶之难题。"道理我都明白，但那对我的感受没有任何帮助。"[20]

很明显，费恩伯格作为知识分子，他能够根据圣经在理性上解释苦难，在学术层面给出深刻的答案。但当他真的经历苦难时，他却如此绝望，只能坐以待毙。他知道圣经中所有关于邪恶和苦难的真理，但当他真的身处火炉中时，这些知识都帮不了他。他没有经历过，不知如何取用这些资源。他满腔怒火，感觉神抛弃了他，神根本不在他身边。

但这是否意味着圣经中的道理是错的，或者根本没用？绝对不是。费恩伯格回忆说，以前，那些真理不过是抽象概念，他从没经历过，也不曾用心灵去感受和体会，现在他重新考察那些真理，内心终于重获平安。换句话说，他发现圣经和神学理论对受苦者来说是有帮助的，而且十分重要，但受苦者必须先在内心下一番工夫。不过他也得出这样的结论："遇到具体问题时，［圣经中］许多答案都帮不上忙……而其他答案也无法从头到尾解答受苦者所有的问题。"[21] 这个观察很重要，神学家 D. A. 卡森解释得很好：

有无数基督徒……他们觉得根本没有［苦难］这个问题。神学已经解释得足够清楚：苦难是罪的结果；由于人有自由意志，神不得不让人自己去犯错；最终，天堂和地狱让一切真相大白……然后有些事情发生了，动摇了他们生命的根基……但这不是说信仰与人生无关。实际上……基督徒要想在信仰中寻到安慰，必须先学会如何应用。[22]

圣经中对苦难的叙述十分详尽，把这些道理"存在脑中"[23] 是一回事；知道如何在心灵、人生和经验中运用它们，从而生出智慧、忍耐、喜乐、自知、勇气和谦卑，则是另一回事。相信有神是一回事，信靠神是另一回事。在理性上明白神为什么允许苦难是一回事，在苦难中寻到一条路，走过之后，你没有变得苦毒、愤世、沮丧、绝望，而是变得智慧、踏实、谦卑、坚强甚至满足，这又是另一回事。

所以，头脑和心灵，我们都不能忽略。纯粹的理性分析无法满足此时此刻的需要，而且，和一个正在受苦的人辩论，告诉他神不用对邪恶负责任，神的智慧无法测度，把这些神学论证塞给他，这样做也很残忍。正如《箴言》所说："对着悲伤的心灵唱歌，就像冷天脱衣服，又像碱上倒酸。"（箴25：20）

事实上，神学理论和实际应用相辅相成。一个人经历苦难，必然产生哲学疑问。"为什么会这样？神允许这样的事发生，他是一位怎样的神？"所以，有必要试着用理性理解苦难，但是不能止于知道有神，而是要真正认识**神是一位怎样的神**。

生命故事：有了神，生命甘甜

马克和玛莎

玛莎：我的丈夫马克此时坐在轮椅上，除了双眼，身体各部位都动弹不得，而且眼动也越来越困难了。我们就这样一路走了近十年。

那一年马克四十八岁，有一天他开始有轻微的肌肉抽搐，一个月后，医生诊断他患上了绝症——肌萎缩侧索硬化症（ALS），又叫卢格里格氏症（Lou Gehrig's disease，俗称"渐冻人症"）。我们结婚二十五年了，有四个孩子，我们全家都喜欢运动，马克的身体瞬间垮掉，这对我们全家打击极大。

马克生病后，我陷入绝望的黑洞。如何度过未来痛苦的日子？我没有头绪。我请所有的朋友为我祷告，祈求明天的恐惧不要夺去我今日的喜乐，我苦苦地挣扎。我在想："如果我不是马克的妻子，那我什么也不是。"

今天，我终于明白，这句话显明了我心中的偶像，我也明白了为什么当时我会如此绝望。那个时候，马克不仅是我的丈夫，他也是供应我一切需要的人。在我眼中，他比神更重要。我能走出绝望，那真是不可思议。我没有意识到自己"振作起来"了，但我经历了一种重生的感觉。在最初的日子里，马克和我引用了我们能想到的有关上帝眷顾的每一节经文。我们尝试各种方法，让神的爱和信实浇灌我们的心灵。尽管生活不如意，我们仍努力在所认识的真理上扎根。

马克（他借助能够识别眼球运动的电脑说这段话）：我年轻时喜欢运动，讨厌坐板凳。确诊之后，有一天我向神呼喊，我觉得自己被强行拽下场，可事实上我还能再贡献几分。神这样回答我："你在场边坐了这么久，现在应该上场了。"神所做的我不明白，我只能紧紧抓住真理。按照他的安排，苦难必有意义，但每一天都是信心的操练。

"基督的身体"以很真切的方式来到我们的生活中。朋友们来帮忙做饭、送礼物卡、整理花园、为孩子们准备生日聚会，或者只是陪在我们身边。十年来，总有许多人支持我们，给我们力量和关爱。

玛莎：刚开始，我觉得有太多东西在情感上无法承受。其中一件事就是为马克寻找墓地。有一天，女儿们和我一起去看墓地。那是一段美好的时光，我们甚至有说有笑。我感到神对我说："我在这里。即使是在你自认无法面对的处境中，我也会在你身旁。"那一天至关重要，我感受到他的同在，而且从那以后，无论发生什么，他都与我同在。

马克：八年来，我不能说话，于是就在心里唱赞美诗和黑人灵歌，这对我帮助很大。许多赞美诗的主题都是苦难，这些诗歌深触我心，我虽然痛苦，却能感受到他的同在。现代基督教音乐真的无法和古典圣诗相比，它们是最好的提醒，让我们记得这个世界和世上的困难不是我们真正的家园。最近我又被确诊患上了肝病，而且是末期。有时候我会说，自己所受的苦真是不公平，但是那本不该受苦却饱受折磨的只有一位，就是耶稣。他在十字架上与天父隔绝，这种苦超过我所承受的一切。他为了我，承受与天父分离之苦，我又怎能抱怨呢？我记得提姆·凯勒讲过一个故事，有个身患绝症的人对他说，因着病痛，他感受到了与神同在的甘甜，这比多活几年要好得多。我发现，这是真的。

玛莎：我们失去了很多，但同时也找到了意义和目的，活出了喜乐，生命成长得以整全。如果中途退场，我会错过多少！神在这个过程中给了我太多太多。我体会到悲伤和甘甜紧密相随。苦难让生命更深刻，更丰富。如今，我学会了许多功课，耶稣于我心也更加甘甜。

第10章
苦难各异

陛下，人生即痛苦。若有人不同意，那他肯定是想卖东西给你。

——威廉·戈德曼，《公主新娘》

苦难是成长的重要途径。没受过什么苦的人往往浅薄，不了解自己的弱点和长处，对人性和人生的看法很天真，经常表现得脆弱，不堪一击。但我们也知道，生命不会因苦难而自动变得深刻和丰盛，这从火炉和健身房这两个比喻都看得出。烈火可能把我们烧死，我们也可能在健身房里受重伤。有句谚语说："太阳既能把蜡融化，也能把泥土晒干。"同样的受伤经历可以毁掉一个人，也可以让一个人更坚强、更快乐。我们怎样应对苦难才能借着它成长呢？

苦难的多样性

我们必须留意，除了前面讨论过的对策，圣经中关于苦难的教导多种多样，而且差异很大。有人暴怒中伤人致残，结果进了监狱，又在里面饱受毒瘾之苦。有人开车意外撞死一个七岁男孩，他的人生从此彻底改变。有一位年轻的妈妈被确诊患上脑癌，她家里有三个孩子需要照顾。有一位父亲自杀，孩子们尚未成人，整个家庭崩溃。还有一对年轻父母，他们刚出世的孩子严重智障。这些人都在受苦，但是原因各异，处境不同。

有鉴于此，圣经展示了不同种类的苦难，而对策也多种多样，不尽相同。用一刀切的方法对付苦难注定失败，因为苦难形式各异，受苦的人也各有各的性情和灵性状况。圣经不准我们在处理痛苦和悲伤时套用同一块模板，但现代人却偏偏奉行简约主义。我们生活在科技时代，只想要简单的公式来告诉我们"如何"去做。但受苦的人若认为，只有遵行一套实用的法则才能"解决"问题，这才真是最不实际的想法。

我刚刚做牧师的时候，有一次去探访一位正在闹离婚的女士。我借给她一本某牧师的讲道集，结果她深受鼓舞，对我说："那本书救了我的命！"这话让我很自信，以为手上拥有了万能的牧养工具。一年后，另一位女士遭遇

离婚风波，在我看来情况相似，我就把同一本书借给了
她。她的反应却截然不同——她说有些章节让她困惑，有
些甚至让她难受。这件事让我明白了，不能假设每个受苦
的人需要的都是同一副药。

我接受甲状腺癌的手术治疗后没多久，遇到了一位患
乳癌的女士。她对我说："我也是幸存者。"说完她便开始
向我讲述她的抗癌经历。整个对话让我觉得不舒服。她认
为我也是受苦的人。的确，当听到医生说"你体内有恶性
肿瘤"时，我们都遭受极大打击。但我没有采用根治术治
疗法，也没有像她那样外形改变，无法恢复，而且两种癌
症复发的几率也不一样。听她的经历，我很惊讶，我们不
仅所受的苦不同，那些带给我们安慰和力量的想法也十分
不同。我发现经历癌症时支撑我的东西对她并不起作用，
让她坚强的观念对我也是无效。

所以只有承认苦难多种多样，才能安然度过苦难或者
帮助他人面对苦难。下面我们看看圣经中提到的四种苦
难，每一种都有各自的原因，并且伴随一系列独特的
挑战。

约拿、大卫和自寻之苦

有一种苦难源于我们自身的失败。一位女士为了追求
事业成功，对人冷酷无情。日子久了她发现，自己没什么

朋友和盟友。有一次她的决定导致公司业务受损，她的团队里没有人支持她。结果她立刻被解雇，对手幸灾乐祸，私底下讲她坏话，夸大她的过失，令她声誉扫地。她渐渐明白，是自己严苛的态度和愚蠢的行为毁掉了自己的职业生涯。再举一个例子。有个男人出差时有了一夜情，后来被发现。他的妻子很快就和他离婚了，孩子们再也不肯亲近他。苦难伴随着羞辱和自责，让人内心受折磨，苦不堪言。

在约拿和大卫这两个圣经人物的身上，可以看到这第一种苦难。虽然《约拿书》只有短短4章，约拿却有两次十分不同的创伤经历。第一次，神在海上掀起风浪，全船的人几乎丧命。第二次他在一棵高大的蓖麻树下觉得欢畅，因为有树荫遮住头顶，但是神安排一只虫摧毁了这棵蓖麻，然后又安排了炎热的东风，约拿就为自己求死。为什么会这样？约拿最初拒绝了神的命令，没有去警告大城尼尼微的人。后来他又因为神没有灭掉他们而发怒。约拿心里充满种族仇恨，神就用逆境显出约拿内心的丑恶。这就是他诸事不顺的原因。他在海上遭遇风暴，几乎被淹死，他的死敌却死里逃生。炎热的东风甚至毁掉了他舒服阴凉的栖居之处。但是神要让约拿看清一些事——神要唤醒他。

同样，大卫王人生的失败也是因为具体的罪所导致的。神借着苦难向他传递了一个很明确的信息。大卫没有遵从神的诫命，他和拔示巴通奸，并且谋杀了她的丈夫。大卫和拔示巴的儿子出生后也夭折了。他终于意识到神在对他说话。他要做个决定，或是改变行为，或是失去王位和性命。

神是否因为大卫和约拿犯罪才"惩罚"他们呢？并非这么简单。《罗马书》8：1说，在耶稣基督里的人就"不被定罪"了。简单地说，既然耶稣基督已经承担了我们的罪，为我们的罪付上了代价，神就不会让我们再付第二次代价。因为耶稣基督的缘故，神不会"报应"信徒，如果神真的惩罚我们的罪，我们早就死了。[1] 但是神经常把这个世界的破碎之处（整体上是罪带来的后果：创3章；罗8：18及其后的经文）摆在我们生命中，为了唤醒我们回转归向他。神根据我们心灵所需作出安排。

有一点很重要，就是区分"大卫"式的苦难和"约伯"式的苦难——受苦不是行为的直接后果。如果一个基督徒患了淋巴癌，他不应该断定自己是因罪受罚；当然另一方面，他也不应该错过这机会，就是在信仰里扎根，寻求一个新的维度，让灵命成长、智慧加增。

想象这样一个情景。假设一个男人前后五次订婚，每次都以分手收场。因为他发现每个未婚妻身上都有缺点，他认为每次分手都是对方的错。但实际上，他屡屡感情失败，主要原因在于自己的完美主义和道德优越感。这是他的一大盲点。可能某次决裂让他如梦初醒，终于看清一切痛苦都源于自己。苦难和不幸为他敲响警钟，提醒他作出具体的改变。要让一个人谦卑下来，恐怕只有受苦，否则他不会醒悟回转，不会看到自己的缺点。诗人写道："求你赦免我隐而未现的过失。"（诗 19：12）总而言之，只有困境才能显明这一切。

保罗、耶利米和遭受背叛之苦

前面提到的是由于行为败坏而受苦。但行事善良勇敢也会招致苦难。这样的行为会引发他人的背叛或攻击。圣经记载，使徒保罗和先知耶利米受苦，基本都是这个原因。保罗总是被本族或外邦人殴打、关押和攻击。他在一封信中提到，自己为了传讲神的福音，遭受各样的困苦，不能尽述：

他们是基督的仆人吗？说句狂话，我更是。我受更多的劳苦，更多的坐监，受了过量的鞭打，常常有生命的危险。我被犹太人打过五次，每次四十下减去一下，被棍打过三次，被石头打过一次，三次遇着船坏，在深海里漂了一昼一夜；多次行远路，遇着江河的危险、强盗的危险、同族的危险、外族的危险、城中的危险、旷野的危险、海上的危险、假弟兄的危险；劳碌辛苦，多次不得睡觉，又饥又渴，多次缺粮，赤身挨冷。除了这些外面的事，还有

为各教会挂心的事，天天压在我的身上。有谁软弱，我不软弱呢？有谁陷在罪里，我不焦急呢？（林后 11：23—29）

耶利米也仅仅因为"说预言"而被套上枷锁，关进监牢（耶 20：1—2）。今天在世界许多地方，如果你公开批评政府或者主流的文化、宗教机构，你就可能被打、被抓甚至被杀。在我们的文化里，如果你公开支持某项不受欢迎的社会运动，你就可能在公司或社区里成为政治攻击的对象。但你之所以遭背叛，更可能仅仅是因为私人关系出了问题。有人发觉你让他吃亏了，于是展开报复，伤害你或破坏你的声誉。有时你以为很了解某人，可他却为了事业或私利反咬你一口。个人恩怨导致的背叛尤其可怕，这样的磨难很容易诱使你陷入愤怒和苦毒，从此一蹶不振。

第一种苦难要求你悔改，第二种苦难则要求你作出原谅与否的决定。诱惑在于，你为了维持一个高尚的形象，一面受苦，一面隐藏心中的强硬和冷酷，愁苦越积越多。我们的确有必要反抗不公、争取公义，但是一定不能怀有报复之心，否则这番经历不会让你更美善，只会让你更糟糕。

马利亚、马大和丧亲之痛

有些苦难让你满腔怒火、愤愤不平，有些苦难却带给你无法承受的哀伤。有人说这种苦难是"普世的"，因为你行善也好，作恶也罢，终有一日你必须面对。命运无法逃脱、肉身日渐朽坏、死亡终将到来，我们一定会经历丧亲之痛。圣经也有这方面的记载，马利亚和马大的兄弟拉撒路病死了，耶稣在她们哀伤痛哭时来安慰她们。

每个人都了解这种苦难，即便如此，每个人的遭遇却不尽相同。结婚五十年丧偶和子女年幼时丧偶是两回事。八十岁病危和三十岁病危，二者很难比较。说到丧亲之痛，若你和那人关系好，心情必然哀伤，但你们若仍有未解的纠纷，你恐怕会感到内疚或是怨恨。衰老和死亡也有各种情况。随着年龄增长，我们的身体必然朽坏，但我们也可能瞬间消亡，比如遭遇车祸、洪水或泥石流。

衰老和死亡——失去家园和亲人——人人都要经历，称得上普世的苦难。这些事情发生时，我们可能要自我检讨，要悔改，也可能要直接面对，要宽恕。但无论如何，基督徒遭遇苦难时，一定要学着把所思所感转向从信仰而来的安慰和盼望。保罗鼓励一班经历丧亲之痛的信徒："免得你们忧伤，像那些没有盼望的人一样。"（帖前 4：13）"我们并不沮丧……因为我们短暂轻微的患难，是要为我们成就极大无比、永远的荣耀。我们所顾念的，不是看得见的，而是看不见的。"（林后 4：16—18）

约伯和测不透的苦难

最后还有一种苦难，"不属于前面任何一类"，却也有重叠之处。人们称这种苦难"毫无道理"，因为它神秘莫测、无法预料，而且骇人听闻。可以说，圣经对这种苦难着墨甚多。《诗篇》44 篇中"可拉的子孙"看到眼前一片废墟，不禁问神：

这一切临到我们身上，我们却没有忘记你，也没有违背你的约。我们的心没有退后，我们的脚步也没有偏离你的路。但你竟在野狗之地把我们压伤了，又以死亡的阴影笼罩我们。……你为什么掩面，忘记了我们的苦难和压迫呢？（诗 44：17—19，24）

《诗篇》中尽是这样的呼求，《哈巴谷书》和《耶利米书》这些先知书也是一样。当然还有《约伯记》。圣经记载了大卫、保罗、马利亚和马大受苦的故事，更是着力描述了约伯遭受的苦难。其他几种苦难的原因比较容易确定——道德缺失、迫害背叛，还有寿数已尽。随之而来的内疚、愤怒和悲伤之情，虽然难以承受，却相当直接。"约伯的苦难"却不尽然。他的受苦超乎想象。一瞬间，子女全部丧命，财产化为乌有。这些哀伤的经历不是寻常可见，也不是因为约伯有道德过失或是遭遇迫害和背叛。

人们遭遇这种灭顶之灾，不会只是内疚、怨恨或是悲伤那么简单，而是会对人生、对神怒不可遏。

约伯的生活坍塌了，他首先自省，看自己是否因某样具体的罪而受罚。或者说，他至少要从神那里寻得清晰的旨意，究竟神要他学什么功课。简单地说，他想在自己的身上寻找原因。约伯的朋友们也是如此，他们想找出约伯犯了什么罪，在哪些方面要改善。但他的确没有过失，神不是在追究他。事实上，这**才是**约伯受苦的真义。在苦难的引领下，他终于仅仅为神的缘故而顺服神，而不是为了得到好处或诸事亨通。

约伯受苦，不是因为他有可指摘之处，所以要受惩罚、受训诫。但是必须承认，苦难的确是有效的工具，帮助个人成长，也为神带来荣耀。约伯寻觅那一"课"，却无所得，但他的确上了一课，看清生命的真谛，明白自己必须全心全意以神为根基。从受苦到最终领悟，过程极其漫长。若这种测不透、说不清的苦难临到我们身上，我们也要走一段很长的路。这当中必然牵涉悔改、原谅和定睛于盼望。但约伯式的苦难要求我们必须恳切祷告呼求、不断操练定意信靠神，还要如圣奥古斯丁所说，重排人生的优先次序。

性情的多样性

苦难之所以多种多样，不仅受外在因素影响，也和内在因素有关，即受苦的人有不同的性情。

西蒙娜·薇依写过一篇著名的文章，叫作《神的爱与受苦》(The Love of God and Affliction)²，她在文中从不同侧面剖析了人在苦难中的经验，值得一读。这位法国哲学家和社会活动家把苦难引发的内在痛苦称作 malheur。这是个法语单词，在英语中没有确切的同义词。它包含了一种悲观绝望感。最接近的英文单词可能是 affliction（受苦）。薇依写道，受苦"是将一个人的生命连根拔起，虽不至死亡，却也相差无几……是一种灵魂被恐惧彻底淹没的经验"。³薇依把苦难和受苦区分开来，前者与外部环境有关，后者是痛苦和悲伤的内在体验。薇依试着勾勒受苦这种内心体验的不同侧面。

按照薇依的观察，受苦的一个很重要的特征是**孤立**。⁴有一道障碍立在我们和最亲密的朋友中间。造成孤立的其中一个原因是，你在受苦，忽然间发现，在你和那些没有类似经验的人之间有一道鸿沟。以前，你觉得大家处境相同，现在这感觉消失了。安德鲁·所罗门对一群自己的孩子患有耳聋、自闭、精神分裂或其他残疾的父母进行了研究，发现他们都经历了身份认同的转变。⁵几乎每个遭遇重大苦难的人都是如此。沉重的苦难把你变成另一个人，有些人曾经与你关系亲密，现在却十分陌生。但也有可能，孤立是朋友们远离你造成的。为什么我们总要躲避陷入受苦的人呢？⁶原因很简单，就是感到无能为力——我们不知道应该说些什么，应该做些什么。也可能是出于深深的恐惧，害怕陷入对方的痛苦，害怕被痛苦淹没，无法应对处理。还有人好像约伯的朋友们，他们相信人之所以受苦，多半是罪有应得或是缺乏智慧。若果真如此，那我们可以确信，这样的事永远不会临到**自己**头上。可是看到有人受苦，我们不得不承认自己很想否认的事——不论何人，不论何时，都会遇到如此严峻的困境。

受苦的第二个特征可以称为**内爆**（implosion）。* 当你身体承受剧痛时，你无可避免地会将全部注意力放在自己身上。你的头脑里所能想到的，除了疼痛和想办法消除疼痛，再没有其他任何人或任何事了。同样道理，内心的折磨让我们只关注自己，对周遭熟视无睹。《指环王》中那枚具有统御地位的戒指，它所起到的作用正是放大自我。当山姆卫斯（Samwise）戴上那枚戒指时，"周围的一切不是变得黑暗，而是变得模糊；世界一片昏蒙，他孤身一人，如同一枚小小的黑色硬石"。[7] 苦难也有同样效果；除了你和你的需要是真实具体的，其他一切考量不过是朦胧模糊、无足轻重的。这种自我关注让你无法给予爱、接受爱，或是感受到爱。你周身麻木，只在乎自己的遭遇。你无法"走出自我"，想不到别人，不会去服侍别人或关爱别人，也从不觉得任何人关爱自己。薇依说，这一切的根

---

* 内爆是指由于过度关注自我而导致内心崩溃。——编者注

源在于感受不到神。"受苦的人觉得神缺席一段时间了，犹如死人不在，犹如在暗无天日的牢房中找不到一线光明……在他缺席期间，爱就停止了。"[8] 我们可能在理性上知道有人爱我们，或相信神爱我们，但心里却怀疑。

受苦的第三个特征是觉得自己注定失败、毫无盼望以及**被定罪**。这种感觉很难定义，是一种当事人几乎没有意识到的羞耻感。"受苦使我们麻木、沮丧，因为灵魂仿佛被炽热的烙铁烙下深深的印记，轻蔑、厌恶，甚至产生自我憎恨、罪疚感和羞辱感，从逻辑上说，犯罪应该让人产生这种感觉，但实际上并没有产生。"[9] 换句话说，做错事应该感到内疚，但我们很少会因此而产生愧疚之情。直到遭遇沉重的苦难，我们才觉得自己恐怕受到惩罚了，有必要省察并且承认生命中的过失。我们身上的过失并不难找。虽然受苦和过失并非直接相关，但我们会借此机会，敏锐地察觉到自己的缺点和软弱。在西方文化里，这种被定罪的感觉尤其难以摆脱，因为这种文化致力于强调，受苦的人是受害者，不需要负任何责任。

受苦的第四个常见的特征是**愤怒**。由于原因和处境不同，愤怒的对象或多或少也有差别。我们可能对自己感到愤怒，对亏待我们或是辜负我们的人积怨甚深，或者只想对神发怒，也可能很笼统地对人生的不公平和无意义怀有怒气。

薇依提到，受苦还有一种极度的毒效，就是**诱惑**——同谋的诱惑。苦难"一点一点地向灵魂注入惰性的毒剂，诱惑灵魂成为它的同谋"。我们成为痛苦的同谋，对我们的不适感到舒适，对我们的不满感到满足。"这种同谋阻挠当事人竭力改变命运，阻止他设法寻求解脱，有时甚至扼杀他对解脱的渴望……"[10] 你身处其中，它可以使你觉得自己很高尚，自怜可以像蜜糖，让人欲罢不能。受苦也能成为借口，你会趁机去做平时不可能做的事，过一种放纵的生活。或者你在潜意识里觉得自己要为所犯的罪付上代价，而苦难正是解决之道。

作为一个牧师，同时也是一个经历过苦难的人，我认为西蒙娜·薇依的分析十分深刻。她的解释让我们看到，这种受苦处境如此复杂，如此多变。前面提到的特征——孤立、内爆、麻木、愤怒、被定罪的羞耻感、拥抱苦难的诱惑——仿佛化学反应中的不同元素。可以说，任何受苦的人都会在某种程度上表现出这些特征，既受外部环境影响，也和个人性情有关。不同个性、性别和文化背景的人，处理情感的方式截然不同。他们也秉持不同的价值观和追求。举个例子，一位父亲可能很爱他的孩子，但他其实更在意事业发展。他的妻子可能对工作很投入，但心里觉得孩子们的表现才决定她的价值。所以一旦事业受挫，那位父亲恐怕会更崩溃，更绝望；但如果孩子受了重伤，那位母亲则可能更忧心忡忡。困境相同，反应不同，因为内心各有归属。

所以，每个案例都会表现出薇依所说的这些特征。它们的比例不同，以截然不同的方式互相纠缠，极其复杂。

方式的多样性

由此可见，受苦各不相同。所以，每个人都要寻求不同的应对之策。约翰·费恩伯格在发现全家无人幸免于恶疾时，如坠深渊。那段日子总有朋友来看他，对他讲一些思想和观念，希望能帮助他渡过难关。他们讲的很多都是神学上的反思。费恩伯格回顾这段经历时列出如下两组清单。

第一组清单上的内容，他在理性上都认可——但朋友们说给他听时，他感到厌烦，很明显那些东西让他沮丧。约伯的朋友们讲论神的真理，正确却抽象。他们说："邪恶终必受惩罚"，"神喜悦义人"，"神并非不公，神并非不义"，"我们无法了解神的作为——那远远超过我们理性的范围"。他们的话没错。但约伯却称他们为"叫人愁烦的安慰者"（伯 16：2），而且在《约伯记》结尾，神也责备他们对约伯的回应。为什么？他们说的都是真理，却应用不当。圣经学者 D. A. 卡森这样评价约伯的朋友们：

有时候神学论证非但不能治愈，反而会带来伤害。这不是神学和神学论证的错；这是"叫人愁烦的安慰者"的错，他们抓住片面的真理，不顾时机，居高临下；他们在应用时不敏感，他们的神学虽然无误，却满口文化包袱，陈词滥调。他们不能带来安慰，只能让人烦躁。[11]

费恩伯格说他也遇到了"叫人愁烦的安慰者"。有人说，神让一些事发生，为的是我们能免于其他困扰，只是那些困扰我们看不清楚。费恩伯格知道，作为一个抽象理论，这种说法有道理，但他听了之后反而更消沉。还有什么事比眼看着妻子被死亡一点一点蚕食更糟糕呢？也有人说，"其实人终有一死，你只不过是提前知道妻子的结局"。费恩伯格答道，毫无疑问，这是真理，但这条真理大多数人宁可**不**知道。其他人则大谈特谈发生在自己身上的恐怖经历，为的是告诉他"我明白你的感受"。但费恩伯格对他们说："你明白我的感受，但这帮不了我，你在意我的感受才是真的帮我！"[12]

在这些所谓的帮助中，最典型也最无效的恐怕要数这种陈词滥调了："我们知道一切终有美意，我们必须信靠神。"约翰·费恩伯格是研究院里的系统神学教授，他本来相信这种看法，为此还写过长篇论文。但周围的人越是这样讲，他就越内疚。他也想如《诗篇》中的大卫，或是像约伯那样，哀嚎、悲叹、呼求，但他不能这样做。这些话都在暗示他，如果他心里没有平安，如果他不清楚神的智慧和美善，那他就是一个灵性不成熟的人。[13]

我们应当留意，在"无用之言"的清单上确实包括了真理，只是应用不当。安慰者在应用时或是没有技巧，或是时机不对，总之方法不合宜。费恩伯格后来转向"有用之言"的清单并得到医治。看得出，真理以合宜的次序、合宜的方式发挥了作用。有一天，费恩伯格的一位朋友谈到"在患难中喜乐"，这让他万分自责。这位朋友指出，他不是说费恩伯格**因为**受苦而快乐——那他就成了受虐狂。他说："你要学着与苦难共处，但你不一定要喜欢它。"重点在于，费恩伯格要学着以神为乐，享受神的爱，但邪恶终归是邪恶，一定会让人痛苦。[14] 这番话让他如梦初醒。除了这位朋友，父亲的话也帮到了他。父亲安慰他说，严峻的考验还在后头，他不应期待神的恩典和力量此时此刻就临到他。他感到恐慌，因为有一天他将不得不眼看着至亲离世，这实在令他无法承受。但他的父亲说，情况还没到那个地步，所以不应指望自己现在就足够坚强，能够面对那还没发生的事。"不要为明天忧虑，因为明天自有明天的忧虑，一天的难处一天当就够了。"（太 6：34）他又一次如梦初醒。

这几道亮光微小却至关重要，可以穿透黑暗，让费恩伯格逐渐重拾神的爱和同在，且体会更深。他回头看自己早就知道的事——苦难和邪恶的源头、神的智慧和主权、耶稣为了他甘受十架之苦。他一步一步重新考察每一条真理，用新的眼光重新审视。他再一次认识了这些真理，用心感受，并应用在生活中。渐渐地，一切又有了起色。

费恩伯格的经历对每个人都有用。但对我来说，作为牧师，我发现那两张清单尤其震撼。在"沮丧"清单上，有几条我一直认为对受苦者大有帮助，而在"振奋"清单上，有些观点在我看来会激怒受苦者。这恰恰表明苦难的多样性。

许多年来，我发现大部分写给受苦者的书虽然措辞笼统（例如，"当你受苦时，你要这样想"），实际上却是为某种特别的不幸处境或某类人而写的。有些人受苦时容易自怜或骄傲，仿佛自己是个高尚的殉道者，他们需要温柔提醒；有些人却容易感到羞耻或自我憎恨，他们需要鼓励的话。

有些讲苦难的书会直接告诉你，要"利用"哀伤经验，以便有所收获。的确，有些人只在特殊时刻才能意识到自己必须改变。举个例子，某人一向挥霍无度，当他的生意遭受重大损失时，他就必须正视自己的贪婪和自我认同的根基，他要明白人的价值并非取决于财富。另外，神的确掌管我们的生命，他会用苦难和困境转移我们的注意力，他会让坏事变成好事。但若发生如下情况又当如何呢？有一对年轻夫妇，他们五岁的女儿死于车祸。你见到他们会怎么办？难道是说"神要你们去关注他。一定要从这件事学习功课！你们准备怎样改变？"那对夫妻会说："牺牲一个无辜的小女孩来给我们上一堂'属灵功课'？这位神怎么可以这样!"[15] 他们激烈的反应合情合理。

我们必须记住，按照正确的顺序领会真理是十分重要的。因此，我们要知道，任何事都在神智慧的旨意和掌控之中，即便是最骇人听闻的事；神应许，无论情况多么不堪，他都在掌管，并会按照计划成就他的美意。如果一个人因贪婪而经商失败，那么有必要尽快用这段话教导他。然而，如果眼前是一对刚刚失去孩子的夫妇，那么这段话就不该是首先要说的，即便他们最终需要绕回来，用心体会，才能得到治愈。

我们看到，苦难有不同形式，受苦的人有不同性情，应对苦难有不同的途径。圣经中对苦难的教导甚多，我们要根据情况、阶段和当事人的性情，按照不同次序应用真理。但是表达真理的方式也多种多样。我的妻子凯西陷入低谷时，她发现除了圣经，只有约翰·牛顿的牧养书信最贴近她的心灵。约翰·牛顿是十八世纪的圣诗作者，曾经做过贩奴生意。他的文风庄严肃穆、颇有古韵。像凯西那样一面受苦、一面阅读他数百页书信并从中获得满足的人应该不多。举个例子，"神掌权"这个原则听上去冷冰冰，甚至令人觉得受到威胁，但是当凯西和我读到约翰·牛顿这句格言时，我们警醒并得到安慰。他说，"神赐下的即是我所需；神拒绝的必于我无益"。很多时候，那黑暗中的亮光可能是一首诗、一个故事、一句引语、一段经文、一首歌、一段论述或一首赞美诗。只要一两行文字就足以产生"辐射"效果，我们反复思想，从中得到启发、安慰、认信和治愈，愤怒和绝望的毒瘤也渐渐缩小。

"我虽然行过死荫的山谷，也不怕遭受伤害，因为你与我同在。"（诗 23：4）事实证明，山谷中不只有一条路。我们的主，那位最佳向导，会帮助你找到最好的那条路。

生命故事：投降却没有被打败

歌萝莉娅

一直以来，我的生活风平浪静。我成长于基督教家庭，跟着外祖母做了人生第一个祷告。因着神的恩典，我十六岁归向耶稣，同年受洗。我接受了良好的教育，有稳定的职业，有机会周游世界，并且身体健康。

2013年8月我六十七岁，我打算那时退休。由于不用再上班了，我给自己定下目标，到那时尽可能参加各种属灵活动。但是一次CT扫描检查出我患了肺癌，这可不在我的退休计划之列。进一步检查发现，我双肺都有肿瘤且转移到了脑部和淋巴。我从不吸烟，最终我被确诊患的是基因突变肺癌。虽然医生安排了化疗，可我不能指望痊愈或是肿瘤被切除。

这段黑暗时期里，神在哪里？首先，能够发现癌症，就说明他与我同在，因为我毫无症状。第二，他增强我的信心，让我有勇气信靠他的计划。肺癌来袭，无声无息，它不给任何警告便摧毁我的健康；它也可能出其不意夺走我的生命，这让人恐惧。但是耶稣，这位医治的牧人，凭借他丰盛的爱，赐给我平静安稳。

我在患病期间紧紧抓住外祖母教给我的祷告："天父，感谢你赐给我日用饮食、平安喜乐。愿你的旨意成就。"

我不需要问，"为什么是我?""为什么是现在?"我祷告祈求的不是治愈的奇迹，而是我对耶稣的信心，相信他是掌权的主。我顺服在他的权柄下，不单求他的大能让我经历康复的奇迹，更求他作为神子，赐给我生命——永恒的生命。我知道耶稣会背起我走过前面的幽谷。

化疗初期，先前脑部的肿瘤完全萎缩了，我渴望肺部肿瘤也能如此。但经过九个月的后续治疗，肺部肿瘤没有任何萎缩的迹象。治疗的目的变成了防止扩散。从那时起，我每三个月做一次 CT 扫描，然后等结果，这成了新的生活常规。

病情稳定了，我却并不兴奋，反而觉得挫败，后悔没有要求医生采取更激进的治疗方案。我很沮丧，每天灵修时也感受不到从耶稣而来的平安。我的痛苦并非来自身体，而是灵魂备受折磨，且是自我折磨。神用《箴言》向我发出邀请："你要一心仰赖耶和华，不可倚靠自己的聪明。"（箴 3：5）这份对耶稣的仰赖，要求我全然、彻底、不间断地顺服他的旨意。借着神丰厚的怜悯，我把自己的顺服看作和基督一同在十字架上受苦，和基督一同把自己完全交给那位至高者。我不断地祷告，求神用他的恩典接纳我，引领我交出自己。

现在无论日夜，我都紧紧倚靠耶稣，终于获得自由。日复一日，我不再为明天忧虑，这释放了我，也缓解了我所受的苦。我重燃对耶稣的信靠，我的信、望、爱也随之复兴。我不再关注自己的痛苦，而是转向他的爱。我发现了新的宝藏——苦难带给我的礼物正是神自己。最终，唯有神才是我的喜乐和安慰。诗人说，"我受苦是对我有益的，为要使我学习你的律例"（诗 119：71），我终于明白了。

"有一件事我求过耶和华，我还要寻求；我要一生一世住在耶和华的殿里，瞻仰他的荣美，在他的殿中求问。"（诗 27：4）这句经文会一路引领我，直到最后。

第三部分
火炉中同行

第 11 章

同行

你行在火中，忍受试炼重重，
我恩典全备，丰富足够你用；
火焰虽凶猛，你却毫发无伤，
我意本如此，去糟粕炼精金。

——约翰·吕本，《稳固根基》

我们已经讨论了如何为苦难作预备，现在是时候问一问：当苦难来临时，要怎样做才能面对和度过呢？

如今，大部分写给受苦者的书和各种资源都不谈忍耐，相反，里面用的都是商业和心理学用语，目的在于让人有能力管理、减少并且克服生活中的压力和创伤。心理治疗师告诉受苦者要避免负面情绪，建议他们休假放松、锻炼身体，或是加入互助群体，以此来解决问题，并且

"学会接受不可改变的事"。这一切只为控制你当下的情绪反应和周围的环境。但是几个世纪以来，基督教在装备信徒应对苦难方面，走得更深更远。

苦难中与神同行

有一首著名的圣诗，说的是耶稣早已"踏过"我们踏过的那片忧伤困苦之地。

天地尚未创造，神子已得冠冕，

随他脚踪同行，人子已得冠冕；

人心饱受煎熬，忧伤他都知晓，

因他背负担当，众生得享安息。[1]

我们看到，圣经中提到面对苦难，一个常见的比喻是**行走**——行走于艰难、危险，甚至会丧命的环境中，总之是在黑暗中行走。"我虽然行过死荫的山谷，也不怕遭受伤害，因为你与我同在。"（诗 23：4；参赛 50：10，59：9；哀 3：2）另一个意象是穿过水深之处，"我深陷在淤泥中，没有立足之地；我到了水深之处。"（诗 69：2；参诗 69：15，88：17，124：4；伯 22：11；出 15：19）也有其他经文，暗示山路崎岖险峻，要小心行走（诗 73：2）。这些比喻有一个共同点，就是不断提醒我们，不能逃避苦难，一定要走过去。

行走的比喻表达了进步的概念。许多古人认为，逆境算不了什么，我们只需坚持、忍耐、毫不退缩，甚至不动声色地忍耐到底。现代西方人把苦难看作坏天气，你要想方设法避免或者远离，直到风暴平息。但是基督教信仰却在行走这个比喻中——走过黑暗、漩涡和烈火——呈现出一种不寻常的平衡。我们不能失掉根基，让苦难肆意践踏生命；也不能认为自己总能够逃脱或不受任何影响。我们要面对苦难，度过苦难，不惊惶，不避讳自己的软弱哀伤，不愤恨，不让恐惧夺去力量，同时也不能沉默屈服，不能投降或绝望。

让我们仔细想想行走在火中这个比喻。毫无疑问，火可以烧毁一切，折磨我们直至死亡。在犹太、希腊和罗马文学中，火是用来形容逆境和审判的常见意象。[2] 在圣经很多章节里，苦难都被比喻成烈火（诗 66：10；箴 17：3，27：21；亚 13：9；玛 3：3）。当人陷入逆境和忧伤时，仿佛被扔进烈火，这很容易理解，无须惊讶（伯 18：14—16；诗 66：12）。圣经中运用这个象征最著名的段落当属《以赛亚书》43 章，神亲自对他的子民说：

你从水中经过的时候，我必与你同在；你渡过江河的时候，水必不淹没你；你从火中行走的时候，必不会烧伤；火焰也不会在你身上烧起来。因为我是耶和华你的

神，是以色列的圣者，你的拯救者……你不要惧怕，因为我与你同在。（赛 43：2—3、5）

洪水和火焰都是"极端艰难的处境"。[3] 我们要留意，正如大家熟知的《诗篇》23 篇所讲，圣经没有应许信徒免于苦难。神没有说"**假如**你从火（或洪水和深谷）中行走"，而是在你行走**时**。神的应许不是把苦难挪去。神应许的是他会与我们同行，走在我们旁边。这个比喻在《以赛亚书》中更进一步，经文说，虽然神的子民要忍受灼热，火却不会"在他们身上烧起来"。这似乎在说，他们虽然忍受煎熬，这煎熬却在**他们身外**，不会进来腐蚀灵魂，使他们的心刚硬，让他们陷入绝望。

《彼得前书》似乎是圣经中讲苦难最多的书卷。[4] 使徒彼得把《以赛亚书》43 章铭记于心，他写信告诉众人，苦难如同炼金的火焰，又仿佛锻造金属的火炉。他的收信人当时正在受苦。他说他们正处在"各种试炼中"（彼前 1：6）。希腊语"试炼"一词，指的是"尝试了解某样事物的本性或特征。一种考验"。[5] "他们……所信的被中伤污蔑。他们的社会地位和家庭关系受到威胁，甚至谋生都有困难。"[6] 这就是彼得所说的火焰，但是他更进一步，不只把苦难描绘成火焰，还是炼金的火炉。根据扔进火炉之物和锻造之法的不同，这火炉可以烧毁一切，也可以精炼提纯。所以彼得又说：

试炼……是要叫你们的信心经过试验，就比那被火炼过，仍会朽坏的金子更宝贵，可以在耶稣基督显现的时候，得着称赞、荣耀和尊贵。（彼前 1：6—7）

我们在前言中大致提过这个意象——逆境如同火焰，不会毁掉你，反而会造就你，让你更坚强、更美善，仿佛矿石在炉中冶炼。这如何又怎么能够发生呢？

黄金是一种贵金属，它在火中会变软熔化，却不会被烧成灰烬。[7] 但是黄金中的确含有杂质，炼金的人有办法将其除掉。杂质或被烧尽，或浮于表面而被撇去。在某种意义上，火焰"本想"毁掉放入其中的金子，结果却适得其反，金子在火中变得更纯更美。

彼得把接受了耶稣基督救恩的基督徒比作含有杂质的黄金。我们对神的信仰混杂了各种渴望——安逸、权力、骄傲、享乐和自我，这些东西彼此争竞。我们的信仰总是停留在抽象的知识层面，并非真心实意。我们可能认识到自己是罪人，因神的恩典而得救，但是固有的观念仍然左右着我们的内心——我们之所以过得好，是因为行为更体面，思想更开明，工作更努力，更有爱心，更有处世经验。但我们个性中其实有很多污点：听到批评就泄气，批评别人又很严厉；不善于聆听，对看不惯的人很挑剔；有时太冲动，有时太懦弱；有时控制欲太强，有时又十分不可靠。这些污点我们往往看不见，即便生活因此黯淡无光，又给别人带来了伤害。

这时候，苦难来临。灵魂中所有"杂质"——胆小怯懦、自私自怜、心存苦毒、意欲欺骗——都被苦难和试炼暴露出来了，如同火炉让矿石中的杂质显现。我们终于看清了自己。经历苦难如同冶炼黄金，我们身上有些东西被毁掉了，有些却更纯净、更坚定。

当然也不可一概而论。我们如何作出回应会决定最终的结果。彼得提醒他的读者，苦难来临，不要感到奇怪（彼前 4：12），不要放弃希望。受苦的人"要继续地行善，把自己的生命交托那信实的创造者"（彼前 4：19），按照应许，"满有恩典的神……在你们受了短暂的苦难之后，必定亲自成全你们，坚固你们"（彼前 5：10）。彼得的意思是，不要以为，只要进了火炉就必定变得更好。我们必须在身陷火焰中时，认定神、倚靠神、呼求神、相信神。神在《以赛亚书》43 章中亲自对我们说，他会与我们**同在**，在火中与我们同行。关键在于，我们要亲身经历神，认识他，才不会因受苦而软弱，反而会借着受苦而更坚强。

三人被扔进火炉

《以赛亚书》43：2—3 的应许在《但以理书》3 章得

到证实。那里记载了三个犹太人被掳到尼布甲尼撒王治下的巴比伦。[8] 经文中说，王造了一座巨大的金像，摆放在平原上。虽然金像的身份不确定，但王很有可能是故意为之。它或是代表王自己，或是王崇拜的某位神明，或是整个帝国，或是这三者的混合。巴比伦和近东其他地方一样，信仰是多元化的。每个城市和地区都有自己的神明，也不限制人们敬拜其他神明。但是尼布甲尼撒王下令，只要音乐声响起，人人都要向他的金像俯伏下拜，"凡不俯伏下拜的，就必立刻扔在烈火的窑中"（但 3：6）。王的意图很明显，人们可以自由选择向哪位神明下拜，或者干脆不拜，但所有人**必须**向同一样东西下拜，那就是国家权力。

经文告诉我们，大部分人都遵从了王命，除了管理巴比伦省政务的三个犹太人，他们的巴比伦名字分别是沙得拉、米煞和亚伯尼歌。他们信以色列的神，他们知道遵从王命就是违背信仰。神已显明他自己不只是**某位**神明，而是**那位**掌管天地万有的神。他们不肯按时下拜这事传到王那里。他们被带到王的面前，王威胁他们，若不遵从就立刻把他们扔进火炉。

尼布甲尼撒问他们说："沙得拉、米煞、亚伯尼歌啊！你们真的不事奉我的神，也不向我所立的金像下拜吗？……如果你们不下拜，就必立刻扔在烈火的窑中。哪

里有神能救你们脱离我的手呢?"（但 3：14—15）

古往今来，许多人拒绝向政治权威低头，不肯放弃自己的宗教信仰，因而陷入险境。这三人正是如此。他们本来行为端正，却突然无辜受苦，很多人也都有类似的遭遇。尼布甲尼撒下令之后，他得到一个斩钉截铁的拒绝。这拒绝广为传颂。那三人对王说：

这件事我们无需回答你。如果我们被扔在火窑里，我们所事奉的神必能拯救我们；王啊！他必拯救我们脱离烈火的窑和你的手。即或不然，王啊！你要知道，我们决不事奉你的神，也不向你所立的金像下拜。（但 3：16—18）

在这个回答中，信心和谦卑并存，呈现了一个看似矛盾的平衡。表面上这段话似乎前后冲突。一方面，他们信心满满，坚信神不仅能够拯救他们，而且真的**会来**拯救他们（但 3：17）。但是下一句以"即或不然"开头，让人感到困惑。如果他们对神真有信心，那为什么还要承认神也可能不来拯救呢？

答案在于他们真心信靠神，而不是倚赖自己对神的揣测，那不过是狭隘的理解。他们在心里认定神会施行拯救，但还不至于狂傲到确信自己"对神解读无误"。他们知道，神没有义务按照他们有限的智慧来行事。换句话说，他们的信心在神本身，而不是他们对神提出的要求。他们信靠神，凭着这份信靠，他们知道神的安排必定是最好的。这三人其实是在说："即便我们的神没有救我们——这本无可非议——我们仍然侍奉他，不会侍奉你。无论神是否按照我们的想法行事，我们都会侍奉他。我们违抗你的命令，不是因为我们认为自己一定获救，而是因为我们的神**是真神**。"

我经常听到有人说："如果神要祝福我们，那我们必须信心火热，毫不怀疑，相信神**一定会**祝福我们。我们求祝福的时候，必须有十足的把握，我们一定能得到。"但这里的情形并不是这样，整本圣经都看不到这种观念。想想那些伟大的神的仆人们，从亚伯拉罕到约瑟，再到大卫，然后是耶稣，他们祷告却**没有**得到回应。如果我们说，"神哪，我**知道**你会回应我的祷告，你**不可能不回应**"，那我们相信的就不是神的智慧，而是自己的智慧。身为牧师，我听过无数人这样说："我信靠神，我为了某件事恳切祷告，但他从来没有应允。他真让我失望！"但实际上，他们真心相信、恳切盼望的不过是自己设定的人生计划，神只不过是用来达成计划的工具。他们信靠的顶多是一位帮助自己达成人生计划的神。但是这三个人信靠的是神**本身**。

"我就是知道他一定会来救我们"，这样的回答表面上看信心十足，背后却潜藏了焦虑与不安。我们感到害怕，很有可能他**不会**回应祷告，**不会**前来搭救。但是沙得拉、米煞、亚伯尼歌三人相信神"就相信到底"，所以他们毫不惊慌。他们在灵性上不怕火炼。或是拯救，或是死亡，他们都能坦然面对。他们知道，无论结局是什么，神都会得到荣耀，他们都能与神同在。他们相信，神会拯救他们**脱离**死亡，或是**借着**死亡拯救他们。

他们最大的喜乐在于荣耀神，而不是利用神达成自己所愿。所以他们毫不畏惧，毫不动摇。

却有四人在火炉中

尼布甲尼撒听到三人公然抗命，大发烈怒。他吩咐把火炉烧热，比平常猛烈七倍。他让士兵把三人绑起来扔在火炉中。由于火势过猛，那些捆绑他们的士兵都被烧死了（但3：22）。但是当王看向火炉的时候，眼前的一幕让他大惊失色：

那时尼布甲尼撒王非常惊奇，急忙起来，问他的谋臣说："我们绑起来扔在火里的，不是三个人吗？"他们回答王说："王啊！是的。"王说："但我见有四个人，并没有绑着，在火中走来走去，也没有受伤，并且那第四个的样貌好像神子。"（但3：24—25）

王以为会听到痛苦的哀嚎，会看到三人在火中挣扎，但是恰恰相反，他看到**四**个人在火中泰然自若，自由行走，毫发无伤。他一眼便看到那第四个人。"第四个的样貌好像神子"。很明显，即便在浓烟和火焰中，这第四个人也显出异能。他看上去不像凡人，充满神性。不难理解，那三人之所以行走在火中却毫发无伤，完全是因为那第四个人与他们同行。而且我们注意到，那第四个人没有和他们一起从火炉中出来。

他是谁？旧约中有一个神秘人物，仅以"神的使者"之名出现——不是**某位**使者，而是**那位**使者——后来尼布甲尼撒自己也说，神"差遣使者拯救他们"（但 3：28）。他究竟是哪一位？他不同于圣经中提到的其他任何一位使者。当他在燃烧的荆棘中显现并对摩西说话时，他的话就是神的话；他说话等同于神说话（出 3：2—6）。这位使者出现，众人都要敬拜（书 5：15），其他使者却不配得（启 19：10）。见到这位使者就是见到神自己（士 13：16—22）。这位使者神秘莫测，因为神似乎借着他显现。当然，两千年来基督徒都清楚知道他是谁。旧约学者亚历克·默蒂耶（Alec Motyer）总结得很好：

这位使者显明了神有怜悯，他与我们和解，甘愿屈尊，出现在罪人面前。神若亲自来到罪人中间，无人能存活……圣洁的神以这种方式彰显神性，才能与罪人同行。

圣经中只有一位，他既等同于神，又与神有别。他没有放弃自己神性的光辉和权柄……又与罪人同吃同住……他就是耶稣基督。[9]

《但以理书》这段经文以充满震撼力的方式既展望又回顾。《以赛亚书》43 章写道："你从火中行走的时候，必不会烧伤；火焰也不会在你身上烧起来……你不要惧怕，因为我与你同在。"（赛 43：2，5）火中这位神子正是生动的印证。神说："你从火中行走，我与你**同在**。"谁会料到这句话绝不仅仅是比喻？你看到了吗？他彻彻底底与我们同行。我们只要想到耶稣本来活在无与伦比的荣耀中、享受永恒的福乐，就会联想到他来到世上，终其一生都是行走在火炉中。

耶稣基督降世，成为我们当中一个有限又软弱的人。他一直活在压力下，经常被企图杀害他的人攻击（路 4：29），不断被误解，被拒绝。但是他最崇高的时刻是最终走上十字架，真正踏入了本来为我们所预备的火炉。他和沙得拉、米煞、亚伯尼歌一样，遭受不公的审判，被处以极刑。

但是当耶稣遭受磨难进入火炉时，他身边没有人与他同行。他孤身一人。没有神一般的人物在他身边，因为他在十字架上大喊："我的神，我的神，为什么离弃我？""当神的烈怒之火将他彻底燃烧，火焰在他身上肆虐的时候，他只身一人，形单影只。"[10] 为什么？神为什么和那三个被掳的犹太人同在，却离弃他的独生子？因为耶稣在十字架上不是和我们一同受苦，而是**为**我们受苦。沙得拉、米煞、亚伯尼歌这三人是好人，但他们不是完全人。大卫说过，如果有人记录下我们用手犯的罪和在心里犯的罪，无人能在神面前站立得稳（诗 130：3）。他们三人并非因为生命毫无瑕疵才配得神的拯救。神之所以在火中与他们同行，是因为他差遣耶稣基督来到世上，为他们也为你我经受了烈火的惩罚。因此，凡是信靠他怜悯的人，他都能宽恕，都能接纳。因此，他能和我们这些不配的罪人在火中同行。

火炉中的功课

我们学到什么功课？如果你相信耶稣，在他里面有平安，那么苦难如同炼金，会塑造你的品格。想想你最在意的四件事。我是谁，我的长处和短处分别是什么？我是不是一个有同理心的人，看到别人受伤，懂得如何给予帮助？我是否完全信靠神，即便遇到人生挫折也站立得稳？我是否有智慧把握生命的方向？这些问题至关重要，但若不曾经历苦难，无一能够顺利解答。不经受考验，你就无法认识自己；不亲历苦难，你就不能对他人的苦难感同身受，体恤怜悯；不在困境中挣扎，你就学不会信靠神的功课。

这个故事也告诉我们，神在火中与我们同行。这个比喻意味着，神亲历人世间的痛苦——他了解我们的感受。我们陷入艰难困苦时，他就在身旁，让我们认识他，倚靠他。他与我们同行——但关键问题是——我们愿意与**他**同行吗？如果我们为实现自己的计划而制造一个假神，那么一旦计划落空，我们必然会感到被神抛弃，不愿寻求神。

意识到这一点很重要。众所周知，苦难可以塑造我们，也可以让心刚硬，将我们毁灭。有太多人被苦难击垮，而且是彻底垮掉。怎样才能在苦难中成长而不是被苦难毁掉呢？答案是你必须与神同行。什么是与神同行？

我们必须把神**当作**神，相信神就在**身边**。这首先意味着你要借着祷告与他对话，对他倾心吐意。你要信靠他。但更重要的是，你要打开心灵的眼睛，看耶稣如何为你走上十字架，甘愿跳进火炉。只有了解了这一点，你才能信靠他，跟随他，让自己在火炉中被提炼成纯金。如果你感恩赞叹，牢记耶稣是为了你才被扔进那最可怕的火炉，你就会感受到在你小小的苦难之炉里，他与你同在。

重点是牢记福音。耶稣忍受烈焰之火，那本是我们应当承受的。我们得救在于相信他，烈怒就不临到我们了。但如果你认为神只拯救那些品行端正的好人，又当如何？假如你真的这么认为，那么一旦苦难发生，你或是恨神，或是恨你自己。你可能这么说："我是个好人，我应该过得更好，神真是亏待我了。"你也可能这么说："哎呀，我肯定是品行有问题，我是个失败者。"两条路都会把你带向绝望。若心里已经没有了福音，人只能被愤怒和自责捆绑。

如果你走进火炉却不清楚福音，那你不可能在火炉中遇见神。你会认定神亏待了你，你已经感到孤独，而且会一直孤独下去。最危险的事莫过于走进火炉时心里却没有福音。你会对神恼怒，或者对自己恼怒，或者同时对二者恼怒。

然而如果你在火炉里，你可以对自己说："这是我的火炉。我不是因为自己的罪而受罚，因为耶稣基督已经为我承担了烈焰之火。如果他坚定地为我穿过了最猛烈的火焰，那我也可以坚定地为他穿过没有那么猛烈的火焰。而且我知道，如果我信靠他，这火炉只能让我变得更美好。"

这是圣诗作者约翰·吕本的一首经典之作：

我唤你前行，走入水深之处，
你屹立不倒，纵然巨浪滔滔；
我与你同行，化苦难成祝福，
我使你成圣，在悲痛至深处。

你行在火中，忍受试炼重重，
我恩典全备，丰富足够你用；
火焰虽凶猛，你却毫发无伤，

我意本如此，去糟粕炼精金。

若信靠耶稣，寻求灵里安息，
我必不丢弃，你必不入敌手；
魔鬼来攻击，恶者四面围困，
我必在左右，永远保守不弃。

与神同行的方式

与神同行意味着把神当作神，看神在身边，在当下。行走不是演戏，而是有节奏的——包括一系列稳定重复的动作，要长时间坚持。神在《创世记》17：1没有对亚伯兰说"给我翻个跟头"，甚至"给我快跑"，因为没有人能日复一日做这种动作。很多人把灵命成长当作高台跳水。他们说："我要为主奉献生命！我要改掉所有坏习惯，我真的要重生！再给我六个月，我将成为一个全新的人！"行走不是这样。行走是每日祷告；每日读圣经、读《诗篇》；每日顺服，和基督徒伙伴团契，参加集体敬拜，全然委身参与教会生活。行走的节奏不止息。与神同行这个比喻象征了缓慢且稳定的前进。

一般来说，在苦难中与神同行，你不会经历即时的拯救，不会立刻脱离困境、忧伤和恐惧。当然也有那样的时刻，你感到一股令你诧异、无法解释、"超越理性的平安"。有时候，你灵光一现，仿佛一束光照进暗室。行走必然会前进——这个比喻包含了这层含义——但是总的来说，只有坚持不懈每日操练，行走这个过程才会带来缓慢且稳定的进步。"义人的路径却像黎明的曙光，越来越明亮，直到日午。"（箴4：18）

恒常的每日操练包括什么？有哪些具体的办法能让我们与神交好，在困难中更坚强而不是更软弱？圣经让我们看到，受苦的人采取各种各样的行动和方式来应对苦难。神呼召我们行走其间、哀伤哭泣、信靠祷告、思考、感恩、关爱、常怀盼望。在本书余下的章节里我们会逐一探讨。

这些操练互为补充，是整全的策略，一项也不能遗漏。不过苦难各异，受苦者性情不同，再加上其他个别因素，使得某些操练或许更为重要。所以不能生搬硬套接下来讨论的各种方法和应对策略，不能假设它们对每个人都同等重要。如前所述，走过苦难的路各不相同。但也要记住，圣经要求受苦者做的事，一样也不可忽略。

生命故事：黄金

玛丽·珍

我今年六十二岁，做基督徒有四年了。

两个星期前，我在匿名戒酒协会听了一位女士的见证，她的遭遇极其可怕，简直难以形容。当时一股强烈的感情把我淹没，那一刻，往日的感受再次袭来。我十岁时被强奸。回想自己的遭遇，我感到恐惧、恶心、麻木。但那位女士接下来的话却深触我心，我急忙记下来，因为那正是我的实情，那就是答案。

她说："苦难是黄金。"我醒悟了，明白了耶稣为什么要我受苦。

我感到一股外力涌入我的全身，当我重温旧的伤痛时，他有力地、完全地支撑着我。他似乎想要我留在原地，不要跑掉。我明白了——我不是羔羊。他才是，他为了我，一直都是。虽然那见证让我难受，耶稣却守护我，使我更坚强。他的苦难和他从神而来的爱交织在一起。

我把被强奸那件事深深埋在心底。从那以后，我学会了生存法则：不去求助，没有人会帮你。保持沉默。你不配得救。保持警惕——危险无处不在。

大学时，我的男朋友虐待我。他因为我不是处女而惩罚我，他把这看作严重"背叛"，我应该感到"内疚"。最后我试图自杀。感谢神的恩典，我被及时发现，在医院住了两个星期。出院当天我被两个男人强奸——那虐待我的前男友和那家医院精神病科的实习生。

那一课重现：别指望有人会帮你。根本不会。你不配。

我人生的中年阶段——从二十五岁到五十九岁——可以概括为三个篇章："享乐"，"享乐却有麻烦"，"只有麻烦"。

"享乐"：包括结婚、在四个欧洲国家的首都生活、生了可爱的孩子、四处游历、追求事业、寻欢作乐、每到一处就学习当地语言。

"享乐却有麻烦"：没有能够证明自己价值的事业，我算什么？我需要完美的自我，完美的人生。可是我抑郁、孤独、贫穷，麻烦不断。人们总是不守规矩！朋友不够完美，公公行为不检点，婆婆总是生气，校务人员什么都不懂，非常"难对付"。

"只有麻烦"：在回到美国后的十二年间，我们的孩子成长为青少年，有的步入成年，他们遇到了各种问题——被欺负、染上毒瘾、患有进食障碍、几乎触犯法律，最严重的甚至险些丧命。我带他们尝试了各种治疗方法，包括瑜伽，坐禅，参加嗜酒者家庭互助会，但我最终不得不面对这让人崩溃的事实：我不仅没有帮他们解决问题，反而是造成严重问题的原因之一。我在嗜酒者家庭互助会上知道了这个消息："我帮不了他们；神能帮他们；我要让神来帮他们"——可我觉得丢脸。

神的确帮忙了。令人震惊的是，我那从不信神的儿子一下子成了基督徒。他是我最爱的孩子，如今判若两人；他说想为我们祷告——当时他所在的特种救援部队被派往阿富汗。可我们很痛苦。我们知道他命悬一线。我们心如刀绞，无法言说。

在这间屋子里，神的救赎使命是最伟大、最响亮的声音。他已经完全拥有我。我亲眼看到凶恶的苦难被转化为神炽烈的爱。他仿佛在说："你现在属于我。从前你深深恐惧，现在你自由了，可以深深爱我。你现在知道什么才是最重要的了——在我救赎的使命里爱我、侍奉我——用我给你的力量。"我心里确信，无论我在哪里，耶稣的能力都与我同在。我要做的就是转向他，在苦难中时刻信靠他，其余的他会处理。我们的苦难成为他的黄金。"绝对没有什么能伤害你们了"（路 10：19）。

其实他一直与我同在。

神用他的能力剥去了我的自我中心。这就是《以赛亚书》所写的炼金的火。这火猛烈。如果我能牢记每天都要转向他，把生命交托给他，他必然成就其余的一切。

第12章
哀哭

我的生命为彰显他的权能，他确曾把我的欢乐变成哭泣，但此时，他让我的哀伤变为歌唱。

——乔治·赫伯特，《约瑟的彩衣》

既然掌握了应对苦难的基本原则，现在我们就可以放心探讨圣经提出的各样具体方法和策略了。我们不能只用其中一种，也不能照本宣科，把它们看作一系列独立的"步骤"来跟随。这些方法彼此渗透，互有交集。而且，根据苦难的原因不同，受苦者性情不同，以及其他个别因素，每一次应用都不尽相同。

不许哀哭

罗纳德·里特格斯在其权威著作《苦难的革新》（*The Reformation of Suffering*）一书中，追述了路德和其他德国宗教改革者是怎样恢复基于圣经的苦难观的。他们认为，中世纪的教会假定忍受苦难才配得救赎，这实际上是一种新的、类似异教的斯多葛主义。路德宗信徒极力主张，耶稣已替我们承担了所有罪债，所以我们不需要赚取基督的帮助和关注，而是确信他爱我们，与我们共渡难关。

但是里特格斯也强调，路德宗教会似乎和中世纪教会在这一点上看法一致，就是忽略了圣经中"哀哭"的见证，否认其重大意义，不承认那是对苦难合理的回应。《诗篇》中有许多"哀哭的诗"。诗人高声呼喊，表达痛苦和忧伤，有的是抱怨他人的行为，有的甚至为自己的所思所行而苦恼不堪。但也有一些诗作表达了对神的失望。[1]《诗篇》44：23写道："主啊！求你醒来，为什么还睡着呢？"《诗篇》89：49也说："主啊！你从前指着你的信实向大卫起誓要施的慈爱，现今在哪里呢？"另外《约伯记》整卷书充满哀伤的呼喊，先知耶利米的预言有些也是如此。耶利米甚至把神比作看上去丰沛，实际却干枯的溪流。他向神大声呼喊："我的痛苦为什么长久不止呢？我的创伤为什么无法医治，不得痊愈呢？你对我真的像叫人

失望、靠不住的溪流吗?"(耶 15∶18)

里特格斯说路德宗信徒担心基督徒怀疑基督的爱,就尽量贬低哀伤的合理性。他说早期的宗教改革者制造了一种风气,谁若怀疑或不满,旁人一定会皱眉头。按照教导,基督徒不能哭泣,不能哀嚎,必须毫无畏惧、欢喜快乐地接受神的旨意,以此表示对神的信心。里特格斯引用了早期路德宗作家的文章,他们觉得《约伯记》不应出现在圣经里,因为像约伯那样质疑神是严重的罪。有位神学家解释说,《约伯记》之所以被纳入圣经,是因为神要我们知道,即便信仰软弱如约伯,他仍然能原谅并施恩。[2]

这当然有一定道理。约伯在信仰上的表现的确或许能做得更好,而且他在最后一章也承认了。他对神说:"我从前只是风闻有你,但现在亲眼看见你。因此我厌恶自己,在尘土和灰烬中懊悔。"(伯 42∶5—6)但即便如此,说约伯不应该宣泄情感、哀伤呼喊,这并不符合圣经的教导。

比如第 1 章,约伯知道子女丧命、产业尽失后,圣经中说他"撕裂外袍",然后"俯伏在地上敬拜"(伯 1∶20)。但是作者又加了一句,"在这一切事上,约伯并没有犯罪"(伯 1∶22)。在许多虔诚的基督徒眼里,他最初的行为显出他信心不足,肯定是不妥的。他撕裂外袍,倒在地上,大声呼喊。他没有表现出斯多葛式的坚忍。但圣经却说,"在这一切事上,约伯并没有犯罪"。到了第 3 章,约伯诅咒他出生的那日，在怒气中发问，几乎就是控诉神不公。但令人惊讶的是，神最后却给了约伯正面的评价。在《约伯记》结尾处，神对约伯的第一个朋友以利法说：

"我要向你和你的两个朋友生气，因为你们讲论我，不如我的仆人约伯说的对。现在你们要为自己取七头公牛、七只公羊，到我的仆人约伯那里去，为你们献上燔祭，我的仆人约伯就替你们祷告；我悦纳他的祷告，就不按照你们的愚昧待你们。你们讲论我，不如我的仆人约伯说的对。"于是提幔人以利法、书亚人比勒达、拿玛人琐法，照着耶和华吩咐他们的去行，耶和华就悦纳约伯的祷告。（伯42：7—9）

约伯表达哀伤时情感汹涌、措辞激昂。他对神不"含蓄"，祷告也不客气。他让自己的情感尽情流露。我们后面会看到，虽然神在旋风中回答约伯，让他承认了神不可测透的智慧和君威，但神最终还是判定约伯说得对。

压伤的芦苇，他不折断

所以，不要对陷入哀伤的人说"你要振作！"，而要对他们更温和，更有耐心。我们对自己也是一样，不能假定信靠神就一定不会哀哭，不会气愤，不会绝望。

《以赛亚书》42章描绘了一个"受苦的仆人",《以赛亚书》53章表明他背负了我们犯下的种种过错,这样一来,因为他受苦所以我们就不再受责罚了。《以赛亚书》42:3提到这位仆人时说:"压伤的芦苇,他不折断;将熄灭的灯火,他不吹灭;他忠实地传出公理。"希伯来文"压伤"一词指的不是轻伤,而是体内重要器官遭受重创——换句话说,是致命打击。这个词如果用在人身上,说明伤口虽看不见,这人却要丧命。如果是压伤的芦苇,那说明这株植物被弯到一定角度,只是没有断成两截。不过它的伤势太重,从此再也不能结实了。但这位仆人能做到别人做不到的,他可以医治,芦苇又能结实。

这位仆人是谁?基督教会早就知道,这位仆人正是耶稣基督(徒8:32—33),而且《马太福音》12:20也提到,耶稣不会折断压伤的芦苇,不会熄灭将残的灯火。这意味着耶稣基督本着仆人的身份,专门寻找绝望的人,关心脆弱的生命。他爱那些被击打、被压伤的人。那些人表面上如常人一般,内里却垂死挣扎。耶稣看清他们的心,也知道要怎样做。主医治伤心的人,包扎他们的伤处(诗147:3;赛61:1)。

举个例子,《列王纪上》18章和19章记载了以利亚的事迹。以利亚是大有能力的先知,是属神的伟人,但他为神效力却几近崩溃。众人背离他,不听他的话。虽然他奉神的名说预言,众人还是不听。以利亚是伟大的先知，但他同时也是个普通人，承受失望、攻击和困难的能力有限。他极其沮丧，想要自杀。他在旷野走了一天的路，对神说："耶和华啊，现在已经够了，求你取我的性命吧。"（王上 19：4）然后他躺在罗腾树下，忧愁地睡着了。

那一刻，以利亚很绝望，他是个被压伤的人。他生命的火光微弱，即将熄灭。他没有处理好苦难和压力。他没有说："我要单单以神为乐！"相反，他要神取走他的性命。于是神派了一位使者来到他身边。猜猜看，这位使者做的第一件事是什么？他给以利亚准备食物。

忽然有一位天使拍他，说："起来，吃吧！"他张眼一看，只见头旁有用炭火烤的饼和一瓶水。他就起来吃喝，然后又躺下去。耶和华的使者第二次回来拍他，说："起来吃吧！因为你要走的路程太远了。"于是他起来吃喝，靠着那食物的力量，他走了四十昼夜，直走到神的山，就是何烈山。（王上 19：5—8）

神见他受苦，就派来一位使者。使者说"悔改！你岂敢对我失去希望"了吗？没有。使者说"欢呼！我带来好消息"了吗？也没有。使者盘问他了吗？还是没有。这位使者拍拍他，轻轻地，很温柔，好像打招呼，而不是用力摇晃。他给以利亚准备了食物并且鼓励他："你要有更多力气才能走下去。"他让以利亚睡了一会儿，然后又来给以利亚供应食物。

把故事读完，你就知道好戏在后头。神最终临到他，让他领受任务，走出绝望。神问他问题，让他回应，挑战他对形势的解读，向他表明情况并没有他想象得那么糟。神还启示他接下来对以色列的计划（王上 19：9—18）。

但是神最初并没有和他讲道理或把一切解释清楚。神知道先知也是肉身——以利亚此时精疲力竭。他需要休息和食物。他需要有人关切地拍拍他。这之后，神才和他说话。这平衡之举发人深省。今天许多人把抑郁看作**纯粹**的生理问题，不过是大脑的化学反应出了毛病，吃点药休息一下就好了。还有人，比如基督徒，他们来到抑郁的人身边，告诉他们要振作，要悔改，要与神交好，要重拾信心，要重回正道。但是神用以利亚显明，我们是复杂的受造物——有身体有灵魂。如果处理方法过于简单，压伤的芦苇会被折断，将残的烛火会被熄灭。神没有那样做。在恰当的时刻，沮丧失望的人的确要面对问题，要接受挑战。但他也需要去海边走走，吃一顿大餐。

《以赛亚书》42 章说的正是耶稣关怀被压伤的人，从不恶待他们。十七世纪英国伟大的清教徒牧师理查德·薛伯斯（Richard Sibbes）写过一本经典著作，名为《压伤的芦苇和将残的灯火》（*The Bruised Reed and a Smoking Flax*），书中有这样一段话：

要明白耶稣怎样怜悯压伤的芦苇，不妨看看圣经中用哪些动物来比喻他——羊羔、母鸡（路 13：34）——都是最温和的。不仅如此，耶稣还会医治伤心的人（赛 61：1）。耶稣受洗时，圣灵如鸽子降到他身上，表明他是如同鸽子一般温和的中保。你听听他的邀请："你们所有劳苦担重担的人哪，到我这里来吧！"（太 11：28）他是能治愈所有疾病的医生。他为了拯救我们的灵魂而死，用自己的血医治我们。到神那里去，不用害怕，因为在神那里有如此一位中保，他不仅是我们的朋友，更是我们的弟兄和丈夫。当我们被压伤时，让这个事实支撑我们，要这样想……"既然基督怜悯我，不肯折断我，那我也不会让绝望把自己折断……"[3]

关键在于——受苦的人需要哭泣和倾诉心声，不能禁止他们宣泄情感，只顾给他们讲道理。我们自己陷入哀伤时也要注意这一点。有本书叫作《从灵车看到的风景》（*The View from a Hearse*），讲述了一个男人痛苦的一生，他的三个儿子相继离世。

我坐着，痛不欲生。有人走过来和我讲神的作为，和我分析这些事为什么会发生，让我要对来世有盼望。他一直在说，我知道他说的都是真理。

可我没有感动，只希望他赶快离开。他终于走了。

又有一个人过来了，也坐在我身旁。他没说话。也没套我的话。他只是坐着，坐了一个多小时，我说什么他就听，也回应几句，简单地祷告，然后起身走了。

我很感动，我得到了安慰。我真不想看到他走。[4]

我的弟弟比利是同性恋，他染上了艾滋病。我们的父母都是基督徒，谨守教会历来的教导，相信同性恋是罪。那时候比利的情况急转直下，他被送进临终病房。我们七十多岁的父母从一千英里以外的地方赶过来照顾他，每天十四个小时陪伴他左右，晚上睡亲戚家小屋的沙发床，这样持续了整整七个月。他们没有质问比利，甚至从没提过彼此的分歧。他们给他一口一口喂果汁，一勺一勺喂酸奶，满足他的基本所需。最终，比利自己想谈一谈这件造成家庭分歧多年的事。他之所以能这样做，是因为我们的父母营造了一个爱的环境，让他愿意敞开，坦诚沟通。我们把事情谈开，说出实情，泪流不止。许多困扰我们家庭关系和灵命成长的问题都得以解决。

在黑暗中哭泣

教会很少提供让人表达哀痛的机会，直到今天，在许多教会里，受苦的人都不能自由地放声哭喊，"神啊，你在哪里？你为什么不帮助我?"总有人有意无意地告诉约翰·费恩伯格，不要**过度**悲伤，要尽快振作起来，"在灾难中欢呼"，可是这让他感到扎心。他心如死灰，想要哭喊却不能。阅读《诗篇》中的哀伤之作并借此祷告本来是个好建议，可惜没有人这样帮助他。

《诗篇》88 篇是一篇濒临死亡祈求神救助的诗。但即便在众多"哀歌"当中，这首诗也别具一格。大部分呼求的诗都以赞美之音结尾，或至少表达了积极的盼望。但这首诗和《诗篇》39 篇却因为在结尾处看不到任何希望而引人注目。旧约学者德里克·基德纳提到《诗篇》88 篇时说，这是"《诗篇》中最悲伤的祷告"。[5] 按照标题，这首诗由以斯拉人希幔所作。结尾最后一个希伯来单词的意思是"黑暗"，诗人说"黑暗成了我的知己"。他态度强硬，直接告诉神——**你却不是**！但是从整本圣经来看，这首诗对我们用处很大，鼓舞很深。希幔写道：

> 耶和华、拯救我的神啊！
> 我昼夜都在你面前哀求。
> 愿我的祷告达到你面前，
> 求你留心听我的呼求。
> 因为我饱经忧患，
> 我的性命临近阴间。
> 我被列在下坑的人中，

就像一个没有气力的人一样。

我被弃在死人之中，

好像被杀的人躺在坟墓里；

你不再记念他们，

他们也和你（"你"原文作"你的手"）隔绝了。

你把我放在最深的坑里，

把我放在黑暗的地方和深渊里。

你要为死人行奇事吗？

阴魂会起来称谢你吗？（细拉）

在坟墓里有人述说你的慈爱吗？

在灭亡之地（"灭亡之地"原文作："亚巴顿"）

有人述说你的信实吗？

你的奇事在黑暗里有人知道吗？

你的公义在那遗忘之地有人知道吗？

耶和华啊！我却向你呼求，

我的祷告在早晨达到你面前。

耶和华啊！你为什么丢弃我？

为什么掩面不顾我？

我自幼受苦，几乎死亡；

我受了你的惊吓，以致困惑不安

（"困惑不安"原文意义难确定）。

你的烈怒把我淹没，

你的惊吓把我除灭。

这些终日像水一样环绕我，

一起把我围困。

你使我挚爱的和同伴都远离我，

黑暗成了我的知己。

（诗 88：1—6，10—18）

这首诗让我们了解到，首先，信徒会长期身处黑暗之
中。**黑暗**一词总共出现了三次（第 6、12、18 节）。这种
写法表明，虽然我们不断祷告，不断隐忍，情况却未必会
好转。诗人在结尾处没有表达任何盼望，说明信徒虽然活
着，却在黑暗中挣扎。这里的黑暗可能指外部艰难的环
境，也可能指内在灵性上的痛苦。这就是《诗篇》88 篇
的核心信息，非常真实而残酷。情势不会立刻明朗，我们
总是弄不清楚原因。有位解经家写道："谁要想从经文中
构想出一套哲学，把万事都解释清楚，那他必须先撕掉这
一页。"[6]

第二，在持续的黑暗中，神的恩典以更深刻的方式彰
显。希幔很愤怒。他其实是在诘问神，他说："我**想**要赞
美你。我**想**要对其他人宣告你的慈爱和信实。"他没有说：
"神，我确信这一切有你的美意。"希幔最后那句话的本意
是："你从未真的与我同在"。他没有控制自己的脾气，和
神讲话也不客气。但是德里克·基德纳说："圣经中出现
这样的祷告恰恰见证了神体贴我们。神知道一个绝望的人

会怎样表达。"[7] 基德纳的重点是，如果我们相信，圣经是神借着圣灵所启示和编纂的，那很明显，神没有"刻意删除"这样的祷告。神没有说，"真信徒绝不会这么说话！我不想在我的圣经中看到**这种**内容"。当然，这并不是说像希幔和约伯那样的态度无可指摘。但是无论如何，我们在《约伯记》结尾和本诗中都看到，神没有说，不可以这样痛苦呼求。神理解我们。换句话说，神依然是这个人的神，不是因为他总是一副笑脸不闹脾气，而是因为神有恩典，神有耐心，愿意怜悯我们——无论我们的动机如何，他都与我们同在。恩典成就了救恩。

希幔没有赞美神——他软弱崩溃——但《诗篇》中还是保留了他的祷告。我们因此受到鼓舞，可以向神敞开，真诚地倾诉内心的挣扎。

第三，我们仍然被黑暗笼罩的时候，恐怕正是击败邪恶势力的绝佳机会。黑暗中，我们可以选择侍奉神，只因为他是神，但是在安逸中往往不需要做这个选择。我们陷入极度黑暗的光景，觉得从神那里一无所得，和神的关系彻底破裂。但即便如此，倘若你仍然顺服、祷告、寻求神、遵守诫命爱他人——似乎这样做对自己没有任何好处，但那又如何呢？我们这样做，就真的学会了为神的缘故爱神，而不是为神赐下的好处爱神。

这样一来，当黑暗消散，困境转变时，我们会发现，自己不再那么倚赖除神以外的东西来获得快乐了，我们在神里面拥有了新的力量和满足，在困难面前更坚韧、更笃定、更平安。煤经过火炼终于成了钻石。J.R.R. 托尔金在《指环王》中描写了山姆·詹吉是怎样度过信仰危机的：

虽然山姆没有了盼望，或者说几乎没有了盼望，盼望却变成一股新的力量……他感到四肢一阵激动，好像身体发生了改变，是石头或钢铁做的，无论绝望、疲倦或望不到头的贫乏的前路，都不能让他屈服。[8]

我们也会有这种经历的。正如前面所说，我们对希幔知之甚少，但还是对他的生平有些许了解。基德纳说：

即便这首诗里没有一丝一毫的盼望，从标题得知，这位自认为被神离弃的作者应该是大卫所设的诗班的领袖之一。因为他，我们才能读到可拉子孙的诗，它们是《诗篇》中一个最为丰富的系列。希幔的确背负重担，沮丧绝望，但他的生命绝不是一无是处。即便他觉得自己生不如死，但在神的手中，他的生命依然结出累累果实。[9]

耶稣经历的黑暗

这首诗最后还指出一点，就是不妨比较一下我们经历的黑暗和耶稣经历的黑暗。希幔的黑暗经历为神所用——神借此让他成为伟大的艺术家。虽然他感到自己被全然拒绝，实际上却不是。他从未被拒绝。我们觉得被神抛弃了，但如果我们在耶稣基督里就"不被定罪了"（罗8：1），可见我们的感觉并不可靠。我们觉得神任凭事情发生，但圣经说他让"万事都一同效力"（罗8：28），我们的感觉真的不可靠。

但是你可能会问，我怎么确定这都是真的？我怎么确定他与我同在，对我的人生有美好计划，即便我周围只有黑暗？现在就告诉你答案。

《诗篇》39篇是另一篇"无望的诗"。诗人在结尾处说："求你不要怒视我。"（诗39：13）但是这世上唯一寻求神却**真的**不见神的面，**真的**经历全然黑暗的只有一人，就是耶稣。他的确被神抛弃了。在他死去的时候，他被所有人背叛、否定、拒绝和离弃，甚至包括他的天父。全然黑暗真的成了耶稣唯一的知己。

从正午到下午三点钟，遍地都黑暗了。大约三点钟，耶稣大声呼叫："以利，以利，拉马撒巴各大尼？"意思是"我的神，我的神，你为什么离弃我？"（太27：45—46）

耶稣才是真正经历过彻底黑暗的那一位。他为了让我们认识神，从而永远不会被神撇下或离弃，甘愿被天父拒绝，而那本是我们应受的惩罚（来 13：5）。因为他真的被神抛弃，我们才能**看上去**或**感觉好像**被神抛弃。纵然不断跌倒，但我们从来没有被抛弃。贾艾梅（Amy Carmichael）是一位爱尔兰宣教士，她于二十世纪初远赴印度宣教，著作丰富。她有一首诗叫作《陌生的尘土》（These Strange Ashes），记录了灵魂与神的对话：

> "但是主啊，这些陌生的尘土，这虚无，
> 这令人困惑的失却，又当如何？"
> "孩子，我在十字架上忍受折磨，
> 被剥夺净尽，真的抵不上那些吗？"[10]

当耶稣在客西马尼的时候，他本来可以放下自己的使命，说："为什么我要为了这帮门徒下地狱？他们不理解我，不支持我，甚至在我最迫切地需要陪伴的时候，他们居然睡着了。"但是耶稣没有这样做。他为了我们而去承受苦难。即便他的苦难深重，他依然没有抛弃我们。既然如此，你觉得他会在你正受苦的时候抛弃你吗？圣经注释家迈克尔·威尔克（Michael Wilcock）想象耶稣借着《诗篇》39 篇对我们说话：

> 的确，基督以这种方式亲自走入黑暗，然后又被提了上来。但在这里，他要借着他的话语，并借着那些明白他

话语的仆人，解救那些依然陷入在黑暗中的灵魂。他说：
"这可能发生在信徒身上，但那并不意味着你迷失了。即
使你以为这不是你应得的，它依然会发生。（毕竟我也经
历了！）你没有误入歧途。只要此世仍在，新天新地尚未
来到，这种事就随时会发生。即使发生了，你也不明白。
但是总有答案，总有目的，终有一天你会明白。"[11]

因为有了耶稣——即便陷入生命中最黑暗的时刻，你
仍然有盼望。

哀伤和欢呼

最后，我们应该谈一谈"在苦难中欢呼"是什么意
思。接下来的章节还会探讨这个话题，但是有必要现在就
讲清楚，我们不应该把圣经中这一劝勉看作是纯粹主观
的、情绪化的说法。欢呼并不仅限于"非常快乐的情绪"。
基督徒也不是只能表情僵硬，嘴角上扬，义正辞严地说：
"我不会被打败！"这种回应把焦点放在自己身上，是一种
自我满足，仿佛你可以给自己足够的力量，但实际上这力
量只能从神而来。这不现实，甚至很危险。苦难让人内心
哀伤，受苦的人**的确**会软弱。如果你否定自己受伤——告
诉自己一切都好，谢谢——那你日后要付更大的代价。你
可能突然之间就爆发了，崩溃了，整个人生瞬间坍塌了。

那时候你才意识到，之前不过是自我欺骗。你受的伤远比你想象的要更严重。

在《彼得前书》1：6中，彼得告诉他的收信人，要在基督身上看到神的救恩，"你们要喜乐。然而，你们现今在各种试炼中或许暂时会难过"。值得留意的是，这两句话的时态都是现在时。他们**正在**救恩中喜乐，即使他们**正在**深深的难过、创伤和悲哀中受苦，两种状态同时发生。希腊文"难过"（*lupeo*）一词是现在时，意思是"严重的精神折磨和情绪搅扰"。圣经描写耶稣在客西马尼的时候也用了这个词，意味深长。耶稣"心里忧愁难过［*lupeo*］，对他们说：'我的心灵痛苦得快要死了'"（太26：37—38）。彼得说，他的收信人中有很多都陷入困境，十分难过——同时又很喜乐。两个都是现在时。

要注意，彼得没有说："你们曾经在基督里喜乐，现在你们遭遇苦难，不过不要担忧，你们将来会再次感到喜乐。"他也没有说："我很高兴地看到你们即便在这样的试炼和苦难中，心里也没有满是忧伤，而是在基督里喜乐。"彼得没有把忧伤和喜乐对立。他的意思不是或在基督里喜乐，或在痛苦中哀哭，二者只能选其一。不是这样的。二者不仅能同时做到，而且必须同时做到，那样才能在苦难中成长，而不是被苦难击败。[12]

这个概念对现代西方人来说很难理解，因为我们认为自己的感觉是属于个人的，是神圣不可侵犯的。或是高兴或是悲伤，在我们看来，感觉不能强迫。没错，的确不能否认感觉或者制造感觉。但也要记得，圣经中"心"并不等同于情绪。根据圣经，你最深刻的承诺、信任和盼望都在你心里。情绪、思想和行动都源于那些承诺。在神的里面"喜乐"意味着我们要认真思考和提醒自己，神是谁，我们是谁，神为我们做了什么。每当这样做时，我们的情绪可能会回应和跟从，也可能不会。所以我们不能下结论，说喜乐里面一定没有忧伤、怀疑、软弱和痛苦这些感觉。**仍然**难过，却又在苦难中喜乐。

可以这样理解。哀伤和难过驱使你更亲近神。这和炉子的道理一样，外面越冷，炉子的温度调节器越要把炉内的温度调高。哀伤和难过把你带到神面前，向你展示你不曾知道的资源。一定要**感受**这份哀伤。我们往往倾向于这样说："我害怕哀伤，害怕难过。我不想有这些感受。我要在主里喜乐。"但是看看耶稣。他是完美的，对吧？但他常常呼喊。他总是哭泣，是个哀伤的人。为什么？因为他**完美**。当你不是只顾自己时，你会感受到整个世界的悲哀。所以真正的喜乐是，你仍然难过，却体会到主的喜乐。不是先有难过再有喜乐，不是先失声痛哭再感到喜乐。哭泣把你带进喜乐，提升喜乐的境界，这份喜乐又让你真切地感受到自己的哀伤，却又不被它吞没。换句话说，你终于在情绪上健康了。

钟马田（D. M. Lloyd-Jones）有一次讲道的内容就是《彼得前书》这几节经文，他也表达了同样的观点。他说我们不能期待神会为基督徒免除苦难和内心的黑暗，或者只要我们祷告，神就会救我们脱离黑暗。与其盼望神用快乐取代哀伤，我们更应该寻求"荣耀"——尝到与神同在的滋味，确信神的同在，越发体会到神的同在——那会帮我们胜过黑暗。他说：

> 我们真正想说的是……基督徒不是对周遭百毒不侵的人。我们认为有必要强调这个真相，因为有些人完全误解了基督徒的人生，他们的观念让基督徒看上去很虚假。基督徒也会陷入悲哀……把哀伤从情感中剔除，这是反常的，不符合新约圣经，带有斯多葛主义的味道，或是由某种非基督教的异教生出的心理状态……［基督徒］有能力摆脱这些情绪，但是作为一个基督徒，他的荣耀在于对自己的情绪有所感，却又不为其所控。基督徒并非没有感情。认清这点很重要。[13]

第13章
信靠

如果神这么渺小，人人都能明白，那么神不会如此伟大，人人都要敬拜。

——伊夫林·昂德希尔[1]

我们看到在苦难中真实地表达哀伤、切切"呼求"是多么重要，但另一件事也很重要，就是按照圣经的要求，无论如何都信靠神。有些基督徒作家强调，像约伯那样控诉，像耶利米那样批判，像《诗篇》的作者那样哀声呼求，这才是信徒处理伤痛的正确方法。另一些基督徒作家则采取更保守和传统的态度，他们依据圣经其他篇章来证明，我们必须时刻相信神的智慧无法测透，神掌管万有。事实上，双方引用的经文都在圣经里，同样重要。我们不能过度解读其一，结果让二者互相矛盾，或弱化了另一种主张。

在任何情况下都信靠神，这功课很难。感谢神，圣经不是只用下命令的方式帮我们完成功课。圣经给我们讲故事。说到信靠，最恰当的恐怕是《创世记》后面几章中约瑟和他兄弟们的故事。

约瑟的故事

雅各共有十二个儿子，约瑟排行第十一。但约瑟是拉结的第一个孩子，而拉结生前又最得雅各的宠爱，所以雅各爱约瑟胜过其他的儿子。他为约瑟做了一件极其昂贵又华丽的彩衣（创37：3），哥哥们"见父亲爱约瑟过于爱他们，就恨约瑟，不能与他和和气气地说话"（创37：4）。约瑟在圣经中出场时已经是个少年，父亲从小偏袒他，当中的恶果已有所显现。

约瑟做了两个很生动的梦，这两个梦都预表将来他所有的兄弟都要跪拜且服侍他。我们知道，梦往往具体生动地呈现了我们私底下或潜意识里涌动的欲望。约瑟迫不及待地向哥哥们宣布梦的内容，可见他的优越感与日俱增。他迅速成长为一个傲慢的年轻人，自恋，看自己不能合乎中道。如果这样下去，他就没有办法同情别人，也不可能爱任何人。一般来说，这种人注定婚姻不幸，各种关系破裂，生活一塌糊涂。

但是约瑟看不出家里已埋下祸根。他把梦讲出来，这只能让哥哥们更痛恨他（创37：11），使哥哥们在心里堆积更多苦毒。他们渴望父亲的爱却得不到。他们恨约瑟，彼此争竞。第38章有个插曲，讲的是犹大和他玛的故事，当中尽显雅各的偏袒对儿子们的性格造成的影响。他们麻木无情、自私，什么残忍的事都做得出。他们的一生将充满恐惧、嫉妒、失望、暴力和破碎的家庭关系，未来一片灰暗。

但是一件恐怖的事临到约瑟。实际上是一系列恐怖的事。他的哥哥们在远处为父亲放羊，父亲让约瑟去看看情况，然后回来汇报。约瑟到了那个地方，发现哥哥们已经走了，有个陌生人来告诉他，哥哥们又去了别处。那个偏僻遥远的地方叫多坍。他的哥哥们一直对约瑟怀恨在心，现在机会终于来了，可以除掉约瑟又不被发现。约瑟找到他们后就被抓住，扔进一口枯井里。他被困在井下时，哥哥们在旁边商议究竟该怎样处置他。有的说干脆杀了他，有的建议不如卖他为奴，赚些银子。他们最终选择了后者。回到家后，他们告诉父亲说约瑟被猛兽吃掉了。

无助的约瑟被带去了遥远的埃及，在那里成了一名家奴。他勤勤恳恳，希望讨主人欢心，借此改变命运，后来主人的妻子引诱他，他不肯就范，于是遭到陷害被投入监牢，复出无望。

圣经的叙述中没有直接提到约瑟的属灵生活。我们知道他在枯井中恳求哥哥们不要杀他（创 42：21），他肯定也向他的先祖亚伯拉罕、以撒和雅各的神发出过呼求。他应该也求神解救他，但得到的只有沉默。他到了埃及后也可能祷告求神帮他逃脱，或者至少让他透过自己的努力，摆脱奴隶的命运。这些祈求不仅都没有实现，相反，他被关进法老的地牢，陷入绝境。所以约瑟可能向神祷告了多年，祈求神的帮助，但是一次也没有得到回应。

转机出现了。约瑟坐牢时，他和得罪了法老的臣宰关在一起。那人是法老的酒政，他在牢里做了个梦，约瑟借着神的灵的帮助给他解梦并且解释得很准。酒政恢复原职后就忘记了监牢里的约瑟，直到后来法老做了两个很奇怪的梦，无人能解。这时酒政想起了约瑟，把他带到法老面前，神再次帮助了他。约瑟给法老讲解梦的含义。原来那是来自神的警告，预示着接下来会有七年大饥荒，严重程度前所未有。约瑟解梦之后又提出了一个解决方案，不仅能拯救埃及度过饥荒，还能增强埃及的国力，对周边地区产生更大影响。

法老立刻意识到约瑟的才能，以及他身上有神的灵。他提拔约瑟居高位，任命他治理埃及全地，施行他提出的政策。约瑟掌权后随即展开了一个大规模又有效的国家饥荒救援计划，使埃及所有百姓得以存活。很快，周边地区的人都来埃及买粮。有一天，十个希伯来男人来到约瑟门前，他们疲乏不堪满身尘土，急着买粮回家，好救全家人活命。

没错，他们就是约瑟的哥哥们，不过他们没有认出约瑟。约瑟如今已长大成人，且身着埃及贵族的服饰。但是约瑟却认出他们来了，心如刀绞。约瑟决定隐藏感情，不表露身份。接下来他们有几轮会面，约瑟试探他们，先是宴请，后来又威胁恐吓。德里克·基德纳在他的《创世记》注释中写道："[约瑟的]这番策略多么明智，从他哥哥们的态度更新就能看出来，阳光和霜冻轮流冲击，他们终于向神敞开。"[2]

基德纳这句评论总结了约瑟的策略。一方面，他抛出"霜冻"，就是让哥哥们尝到柔和的"报应之滋味"。约瑟指责他们是间谍——他们否认——但约瑟让他们把西缅留下做人质，以证明他们是诚实人。这一举动切中要害，意在提醒哥哥们曾经的罪行。约瑟不断铺排，让他们不得不回顾过去。

约瑟使出最后一招，就是让他们把最小的弟弟便雅悯带来埃及，否则就换不到更多粮食。便雅悯是拉结最后一个孩子，是雅各最心爱的儿子。哥哥们起初不愿把这件事告诉父亲。雅各听到要送便雅悯去埃及，几乎要死，但他们不想挨饿，所以别无选择。他们这次带上便雅悯回到了埃及，约瑟又设局，使得便雅悯被发现偷走了一只银杯。约瑟给哥哥们最后通牒，告诉他们可以回家，不过必须把便雅悯留下受罚。

简而言之，他设计的这一切都是为了让哥哥们有机会对便雅悯做曾经对自己做过的事。他让哥哥们再次有机会除掉父亲最爱的儿子，牺牲便雅悯以保全他们自己的性命和自由（创44：17）。基德纳写道：

> 约瑟的策略……到此处堪称高招。他像所罗门判案一样，突然让便雅悯陷入危险，这无疑刺痛了哥哥们的心：那一刻，他们的本相暴露无遗……所有条件都具备了，他们可以再次背叛……他们的回应，包括集体回城（13节）、坦白认罚（16节）和始终如一（约瑟在17节又重复了他的承诺），全都表明他们的确悔过自新了。[3]

接下来，哥哥犹大走上前。他之前曾极力主张卖约瑟为奴。但是现在，他不仅恳求约瑟怜悯，更主动提出要代替便雅悯受罚（创44：33—34）。他为了让便雅悯平安回家，愿意用自己的性命担当偷窃的惩罚。他对眼前这个所谓的陌生人说：

> 现在求你容许仆人留下，代替这孩子作我主的奴仆，让这孩子与他的哥哥们一同上去。因为如果孩子没有与我同去，我怎能上去见我的父亲呢？恐怕我会看见灾祸临到我父亲身上。（创44：33—34）

约瑟听到这番话后不能自已，放声大哭，对着呆若木鸡的哥哥们说："我就是约瑟……我就是被你们卖到埃及的弟弟约瑟。现在你们不要因为把我卖到这里来，而自忧自责。这原是神差派我在你们以先来这里，为要保全性命。"（创45：3—5）相认之后，约瑟很快和全家团聚，他和父亲还有哥哥们生活在埃及地，日子安稳富足，直到雅各和约瑟相继离世，寿终正寝。

隐藏的神

约瑟的故事对于处理失落、伤痛和苦难有什么意义呢？意义重大。

我们可以回顾约瑟的一生，问一问神是否真的在那些年里缺席，"无所作为"。当约瑟在枯井里祷告求生时，神真的没有听到吗？那些年，约瑟似乎诸事不顺，神真的不在场吗？不，神在那里，神在动工。他是隐藏却又全然掌控的神。

有些人把约瑟经历的所有"意外""巧合"还有其他不起眼的事都数了一遍，这些事必须发生，否则约瑟不会在埃及做奴隶。雅各必须差派约瑟去查看儿子们放羊的情况（创37：13）。雅各必须确定放羊的地点在示剑（创37：12）。如果他知道儿子们去了偏僻荒凉的多坍（17节），他恐怕就不会派约瑟去了。约瑟到达示剑后，他必须"碰巧"遇见一个陌生人,那人知道哥哥们的去向,而且态度友善,主动和约瑟交谈(15节)。那人告诉约瑟,他因为"恰巧"听见他们在田间的对话,所以才知道他们的去向(17节)。如果约瑟没有遇见那陌生人,或者那陌生人没有听见他们的对话,约瑟都不可能被带去埃及。正因为多坍偏僻荒凉,他们才有机会"除掉"约瑟,并且编造出猛兽袭击这个听上去合理的故事(19—20节)。大哥流本(Reuben)(和合本作"流便")想救约瑟,可他在商人经过时恰巧离开了(29节),使得犹大和其他人可以顺利地把约瑟卖掉(26—28节)。

接下来又是一系列的巧合把约瑟带到了法老面前。他必须被卖到一个大户人家,而那家的女主人又必须迷恋他。如果约瑟不是受她陷害,他就不会被关进监牢。如果法老没有对酒政不满,酒政也不会被关进监牢,也就不会遇上约瑟(创40:1—3)。

究竟有多少"巧合"?已经数不过来了。但是我们看到:除非这些零碎的事件逐一发生——很多都是坏事、恐怖的事——否则约瑟永远不可能去埃及。但是想想看,如果他没有被带去埃及,事情又会怎样发展?大批人会丧命。他的家人会饿死。在灵性层面,家里每个人都会走向灾难。约瑟被自己的骄傲绊倒,哥哥们陷入愤怒不能自拔,而雅各则被自己对幼子偶像崇拜一般的爱所缠累。

这当中的神学前面已经讲过。根据圣经,神有权柄掌控一切，同时人有自由意志，要为自己的选择负责。这个神学命题用真实故事来呈现，格外生动有力。如果约瑟的哥哥们没有背叛他卖他为奴，这个家庭（包括约瑟自己）就无法摆脱灾难和死亡。很明显，这属于神的计划。每个关键时刻，神都在场，影响着日常生活中最微小的细节和每个人的选择，表明了"按照他的旨意，万事一同效力"（弗1：10—11；罗8：28）。

那这些人所做的都是正确的事吗？当然不是。他们做的都是错事——没有人强迫他们。羞耻和自责把他们压垮。他们需要一段痛苦的经历，回顾过去的恶行，彻底放下罪恶，获得自由和宽恕。

这一切是怎样发生的？答案是借着苦难——雅各的苦难，他儿子们的苦难，还有约瑟恐怖的经历。那些年，每个人都有痛苦的经历，奴隶岁月让约瑟疲惫不堪，哥哥们一直被内疚折磨，雅各深陷悲伤和抑郁之中，按照神的计划，这些全都发生了。但是若不如此，他们的身体和心灵要如何才能得救呢？他"管教我们，是为着我们的好处"。痛苦过后，我们就"结出平安的果子来，就是义"（来12：10—11）。

英国的牧羊人经常把羊一只一只浸在水槽里，那是个装满防腐液的大水桶。牧羊人抓着羊的耳朵，把羊整只浸下去，甚至没过眼睛和鼻子。对羊来说，这肯定是极其恐怖的经历。如果哪一只羊试图尽快爬出水槽，牧羊犬就会大叫，咬它，迫使它回去。虽然定期消毒很恐怖，但如果不这么做，羊的身上就会生寄生虫，也会得病。这是为它们好。有位基督教作家在目睹了这个过程后，不禁想起那被称为好牧人的耶稣，而我们都是他的羊。这位作家写道：

> 我经历过一些事情，所以看到那些可怜的羊时，我同情它们——我完全不明白为什么我信靠的牧人要给我那些经历。他没有一丝一毫的解释。我看着那些挣扎的羊，心里想："要是它们能明白就好了！可是这样的知识奇妙，是它们不能理解的；高超，是它们不能达到的。"（诗139：6）[4]

我们有一位好牧人，他为了自己的羊尽心尽力，虽然有时候他对我们做的事让我们害怕，而且事情发生时我们也不明白。

信靠那位隐藏的神

可能所有人对此都会惊讶不已，即如果神把约瑟祷告祈求的都给了他，那反而是害了他。我们要记得，约瑟整整祷告了二十年，神却拒绝了他的一个又一个的要求。神不断对他说"不"。如果换作我身边的人，他们应该早就放弃了，说："如果我**每一次**祷告，神都当着我的面把门关上，并且年年如此，那我一定会放弃。"但是假如约瑟放弃了，整个故事就不会发生了。约瑟身陷监牢，却仍然转向神，求神帮他解梦。尽管祷告多年都没有回应，他依然信靠神。

关键在于——约瑟祈求解脱、解救和救赎的祷告，神**当时**就在听，神也回应了，只不过不是按照约瑟期待的方式和时间。神好像一直没有露面，但约瑟却不论处境如何都坚持信靠神。圣经告诉我们，约瑟在监牢里时，酒政和膳长请他解梦，他立刻就向神求助。他和神的亲密关系完好无损——他一直没有离开神。

我们必须效法约瑟。很多时候，我们的处境像约伯多过像约瑟。约瑟最终清楚地知道了神的计划。回顾过去，事件环环相扣，他看到神一直在行动。但是大多数人都没有机会看清神给我们的人生计划。我们更像约伯。艰难的考验终于结束了，但约伯自己却还不如读者看得清楚，原来他受苦是给天上的观众观看；他要成为历史上最伟大文学作品之一的主角。大多数人的处境介于约瑟和约伯之间，他们不是十分清楚神让苦难发生的原因，却也不是一无所知。我们可能会看清一些，然后随着时间推移，再看清一点点。但无论能领悟多少，我们都要像约瑟那样，在任何处境中都信靠神。

有趣的是，许多年后在多坍又发生了另一件事，那时多坍已是一个城市，不再荒凉。先知以利沙和仆人被亚兰人的军队围困在城中。仆人十分害怕，于是以利沙祷告，求神打开仆人的眼睛，仆人就看见"火马火车"——是神的天军，围绕着这座城，保护所有人。后来神击打亚兰人的军队，使他们瞎眼，从而解救了这座城（王下6：8—23）。

这两次从神而来的拯救都发生在多坍。第一次，约瑟呼求神释放他，解救他，但神似乎无动于衷。第二次，神立时让惊人的奇迹发生，回应了以利沙求救的祷告。表面上看，神不顾约瑟却眷顾以利沙。但事实上并非如此。"其实不论隐藏还是施行奇迹，神都留意一切。这两个关乎神作为的极端案例，的确都发生在多坍，约瑟在这里白白呼求（创42：21），以利沙则看到自己被神的火马火车围住。"⁵

无论神慢慢回应约瑟，还是速速回应以利沙，神都在场，并且都有所行动。约瑟在枯井中时，神默默地施加影响；以利沙祷告后，神的回应惊天动地。两种回应看上去截然不同，但神的慈爱不曾改变。我们甚至可以说，约瑟的救赎虽然不那么超自然和戏剧化，可是在深度、广度和效果上却更进一步。约瑟的故事告诉我们，神不会完全满足我们每一个要求。相反，假若我们能像他一样洞悉万事，那我们就知道应该要什么了，而他也会给我们。

我们绝不能假定自己知道一切，足以怀疑神的作为，或是对他所允许的怀恨在心。我们也绝不能认定自己已经把人生彻底毁了，或是辜负了神的美意。约瑟的哥哥们肯定在某一时刻这样想过，自己必然终生愧对神，愧对父亲，愧对家庭。但是神借着他们的行为实现自己的计划。这不是引诱他们犯罪。他们的罪行给他们的生命带来了极大的痛苦和不幸。但是神利用这一切实现救赎。你不能毁掉神的美意。神太伟大了，他能在我们的生命中将极其不堪的罪行化为神奇，塑造我们成为有益处、有价值的人。

回到根本，我们必须信靠神的爱。雅各死后，约瑟的哥哥们害怕约瑟仍怀恨在心，会趁机报复，但是约瑟召集他们说：

"你们不要害怕，我怎能代替神呢？从前你们有意要害我，但神有美好的意思在其中，为要成就今日的光景，使许多人的性命得以保全。现在你们不要害怕，我必供养你们和你们的孩子。"于是约瑟用仁慈的话安慰他们。（创50：19—21）

这段话不长，却蕴含了极其丰富的资源，可供任何一个在黑暗中迷茫、被他人背叛的人取用。首先，约瑟假定任何事背后都有神的美善和慈爱。尽管哥哥们的行为是邪恶和错误的，神却利用他们的罪行实现了自己的美意。这个旧约故事恰恰体现了《罗马书》8：28的真意——"为了爱神的人，就是按他旨意蒙召的人的益处，万事都一同效力。"保罗接下来抛出一连串强有力的问题和宣告，以排比句的方式总结道，没有"任何被造之物"能"叫我们与神的爱隔绝，这爱是在我们的主耶稣基督里的"（罗 8：31—38）。

保罗和约瑟的意思是，无论情况多么糟糕，信徒都可以确定神一直爱我们。保罗在第 38 和 39 节说，他**深信**这是真的。他冲破言语的极限，宣告无论是生还是死，是高天还是深渊，都不能叫我们与神的爱隔绝，这爱是在我们的主耶稣基督里的。无论是你自己心里的邪恶力量，还是你周遭的邪恶力量，都不能叫我们与神的爱隔绝。绝对不能。一旦你借着基督把自己交给神，你和神就拥有彼此。这一点绝不改变。

万事互相效力

约瑟的故事告诉我们，每件事都在神的计划中，即便是小事和坏事。让我再来讲一个亲身经历。

有时候我会问来纽约救赎主长老教会（Redeemer Presbyterian Church）聚会的人，他们是否为有这间教会而感到高兴。他们说是。（我很感恩！）然后我就列出一连串好像约瑟经历过的"巧合"，正是这些"巧合"让这间教会得以成立。救赎主长老教会之所以存在，很大程度上是因为我妻子凯西和我被差派到纽约建立新教会。为什么我们会被差派？因为我们当时加入了长老会，这个宗派鼓励植堂，于是差派我们出去。为什么我们会加入长老会？因为在我读神学院的最后一个学期，我选了两门课，正是由于那位教授的影响，我接受了长老会的教义和信条。为什么那位教授会在那个时间来那间神学院授课？原因只有一个，他经过漫长的等待，终于拿到签证，以英国公民的身份来美国教书。

那位教授其实早已被我就读的神学院录用了，但他申请签证的过程却困难重重。由于各种原因，申请流程受阻，大量申请积压等待受理。是什么帮他冲破所有繁文缛节，最终申请到签证，在最后一个学期来教我呢？我后来得知，我们神学院当时有位学生，他是时任美国总统的儿子，由于他不寻常的帮助，那位教授终于顺利拿到了签证。为什么那位学生的父亲能当上总统？因为他的前任总统理查德·尼克松（Richard Nixon）因"水门事件"不得不引咎辞职。为什么会爆发"水门事件"？按照我的理解，是因为那天的夜班守卫发现，有一扇门虚掩着没锁。

如果那名守卫没有留意那扇门，如果他只检查了其他地方而忽略了这里，那又会怎样？前面那一长串"巧合"就都不会发生了。纽约也不会有救赎主长老教会了。你觉得这一切不过是偶然吗？我可不这么认为。如果当中有些不是偶然，那就全都不是偶然。我总是和救赎主长老教会的会众说：你要是为有这间教会而感到高兴，那"水门事件"也是为你而发生的。

神让万事互相效力，叫爱神的人得益处，可是我们对他行事的方式几乎一无所知。但他总是在那里，你可以确信他不会抛弃你。下面这封信是十八世纪英国牧师和作家约翰·牛顿写给一位伤心的姐妹的，让我们以约瑟的故事为背景重读这封信，感受当中强有力的信息：

我时常想起你的姐妹。想到她患病我就心痛：如果我有这个能力，我会立刻把她的病痛除去。主有这个能力，我也希望当他最终回答为什么会有病痛时，他会把病痛除去……我渴望你能把你的姐妹、你自己，和你所有顾虑都交在他手上。他有权柄按他的心意对待我们，若我们知道自己不过是受造物，那就一定会忏悔，承认自己没有理由抱怨；对那些寻求他的人来说，他透过恩典彰显权柄。万事互相效力，达成他的美意；他给的即是所需，他不给的即是多余……

你需要耐心，如果你向神祈求，他必定会给你。但是只有抑制欲望，才能有确实的平安。将你自己躲藏在他翅膀的荫下；倚靠他的爱护和力量；把他看作一位医治者，他满怀恩典，着手治愈你灵魂中最严重的疾病——你的罪性。你要臣服于他的指示，打消任何一个促使你要自己作主的念头。

当你看不到前路时，要满足于他的带领。当你的心灵被压垮时，他清楚你的前路；他不会让你沉沦。他指定了安乐的日子，你会发现他没有忘记你。最重要的是，紧贴恩典的宝座。如果尝试靠近他似乎没什么好处，那么可以确定，远离他更是毫无益处。[6]

牛顿说——"他给的即是所需［必要］，他不给的即是多余［不必要］"——这句话将浩瀚的圣经神学置入一枚顶针。如果约瑟的故事和整本圣经都千真万确，那么你生命中发生的任何事，无论多么痛苦，在某种程度上都是你需要的。你祷告祈求他却不给的，即便你认定那是你生命之必须，你却真的不需要。

终极的约瑟

约瑟对他哥哥们说的话可以这样解读："从前你们要害我，但是神给我这邪恶又苦难的杯，是要叫我拯救许多性命，包括你们的性命。因为我看到了这一切的背后都有神救赎的爱，神已经将我提升为王的得力助手；我原谅你们了，我用我的能力供养你们，保护你们。"约瑟在坏事背后也看到了神的手，从而能原谅哥哥们。约瑟固然伟大，可他也不过是打头阵。基德纳写道：

圣经中的写实主义，即在任何事上都清楚看到两面——一边是人类胡作非为（和自然的蛮力），另一边是神完美的旨意……在客西马尼被完美地彰显出来了，耶稣在那里接受了"父已经给我的杯"，就是他要遭背叛。[7]

几百年后，有一个人和约瑟一样，不被自己人接受（约1：11），并且有人为了几块银子把他出卖（太26：14—16）。他被自己的同胞拒绝和背叛，遭受不公正的审判，被套上枷锁判了死刑。他也曾经热切祷告，求问他的父，能否把眼前那苦难和死亡的杯拿走。但是我们发现，耶稣和约瑟一样，在祷告中称那是"父给我的杯"（约18：11）。这苦难是神美好计划的一部分。正像耶稣对彼拉多所说的："如果不是从天上给你权柄，你就无权办我。"（约19：11）耶稣最终对父说："愿你的旨意成全。"（太26：42）他为自己的敌人而死，又饶恕他们，因为他知道这一切的背后都有父救赎的美意。敌人的本意是作恶，可是神掌管一切，反倒用他们的恶行拯救了许多性命。他已经复活，在神的右手边，为我们的缘故掌管历史，看顾我们，保护我们。

想象一下，你一直热切追随耶稣。你亲眼见过他治愈的能力，他行的各种神迹。你亲耳听过他无人能及的智慧的话语。你也了解他高尚的品格。你为他的领袖视野所倾倒。有越来越多的人追随他，听他讲道。他独一无二。在你看来，如果人人都听从他的教导，跟随他的带领，他就会将以色列民族带入一个黄金时代。

但是忽然间你发现，自己和仅剩的几个门徒站在十字架下，艰难地看着眼前这一幕。周围有人说："这位神真让我忍无可忍。他怎么能抛弃我们见过的最完美的人？**我根本看不出神能借此成就什么美意**。"你会怎样回应？你很可能表示认同。但是你站在那里，你眼前所见的正是神为整个人类成就的最伟大、最精彩的事。十字架同时满足了公义和慈爱——邪恶、罪性和死亡被打败。你正目睹绝对的美善，但是因为你的理解力有限，实在无法接受，你就想远离神，这真的很危险。

千万不要远离神。要效法耶稣——信靠神。要效法约瑟——在监牢里也要信靠神。整本圣经都是要帮助我们明白，耶稣死在十字架上，绝非失败和悲剧，而是彰显了至高的智慧。《创世记》用了大量篇幅让我们明白，约瑟受苦，背后有神的旨意。有时候我们希望神交出**我们**的那本生命册——里面把一切都解释清楚！但即便我们无法理解自己究竟为什么要背那十字架，我们仍然可以仰望耶稣的十字架，知道神正在行动。所以，你可以向旁人高唱：

圣徒无需惧怕，重新拾起勇气；
云雾纵然可畏，当中满有怜悯；
云雾终将消散，化作祝福雨露。

圣经不断地表明，神要借着软弱而非刚强来施行拯救，因为耶稣要在挫折中凯旋，在失败中得胜，他要走下来从而升上去。同样，只有悔改和信靠才能显出软弱，才能让神拯救的力量进入我们的生命。神的恩典往往在我们遭遇困难而非一帆风顺时日益增添。

第14章

祈祷

前路虽黑暗，有主引方向，

我唯要跟从，他必然供应。

……

祷告中争战，他终将得胜。

与基督同船，我笑看风暴。

——约翰·牛顿，《信心不疑》

约伯的独特之处

要想明白圣经中的苦难观，必须认真研读旧约的《约伯记》。犹太拉比亚伯拉罕·赫舍尔（Abraham Heschel）说过一句名言："神并不友好。神不是大叔。神是场地震。"[1]《约伯记》恰恰印证了这句话。哲学家彼得·克雷夫特（Peter Kreeft）说："《约伯记》是个谜。谜带来满足，而不是解释。理性主义者排斥《约伯记》，正如约伯那三位理性的朋友排斥约伯一样。但是《约伯记》能够给我们内心深处带来满足和滋养……它让你身体里流淌更坚韧的血。"[2]

在我看来，无论是整本圣经还是全部古代文学，没有哪部作品像《约伯记》那样，用如此感情丰沛、生动现实的手法处理邪恶和苦难的问题，同时又富有智性和哲理的巧思。[3]《约伯记》的主题很明确，就是无辜受苦——为什么许多好人无端遭受各样的苦难和悲剧，但是许多诡诈、自私和贪婪的人却享受舒适的生活？《约伯记》的独特之处在于，它对待这一主题不偏不倚，既不抽象，也不仅凭感受。作者生动地描述了某一个人承受的痛苦，从而探讨恶之难题。约伯的呼喊切中要害，毫不避讳。他的长篇讲论中充满深刻又全面的反思。这充分说明，每当骇人的苦难发生，那既是重大的哲学问题，**也是**重大的个人问题。单单侧重任何一面都不足以应付。

《约伯记》另一个独特之处在于，它隐晦地批判了其他各种对恶之难题的回答。每当遭遇苦难，我们总会问，为什么是我？传统宗教的答案是：**你肯定做了错事或坏事**。世俗答案是：**没有原因。一位良善的神不可能允许这种事发生——他或者不存在，或者很残忍**。《约伯记》要传达的一个重要信息就是，无论是宗教还是非宗教，道德主义还是虚无主义，它们给出的答案都不正确，都不过是程式化的，三言两语就说尽了。但是《约伯记》的作者和约伯本人都不能接受如此简单的解决方案。《约伯记》猛烈抨击了这两种普遍的答案，因此产生戏剧张力，让这卷书极具魅力。约伯的三个朋友其实是在诽谤约伯，他们按照自己对宗教的理解给出的答案大错特错：约伯受苦不是因为他不好，而是因为他很好。但是约伯在回应时也几次陷入虚无主义的观点，那也是严重的错误。

我的仆人约伯

《约伯记》前两章采用了散文而非诗歌的文体，这段内容为接下来约伯、他的朋友们以及神之间的交锋作了铺垫。

约伯是良善又敬虔的人，他"完全、正直"（伯1：1），意思是他的为人无可指摘。没有人能在任何方面指控他。他照顾妻儿，敬畏神，做事公允又有同情心。最关键的是，他受人尊敬，产业众多。他在全东方的人中"至为尊贵"（伯1：3）。他的每个子女都拥有自己的产业，这在当时很不寻常，而且他们轮流设宴。这都表明他的家业兴旺发达。

但是突然之间，这个完全又正直的人莫名其妙地遭遇到一连串的灾难，失去了财富、家人和健康。为什么？读者有机会了解个中原因，但是约伯和他的朋友们却始终一无所知。在《约伯记》1：6—8 我们看到，有一天，神的众子都来侍立在神面前，撒但也来到他们中间。现代人读到这里，马上会感到困惑。撒但怎么会出现在神的面前？他不是已经被逐出天庭了吗？众所周知，圣经的作者在讲述信息时是有选择的。《路加福音》16 章也类似。耶稣在那里讲了财主和拉撒路的比喻。财主在地狱里，可他却和在天堂的亚伯拉罕对话。为什么在天堂的人要和在地狱的人对话？

最好的回答是，既然作者没有提，那么就接受。作者的意图是提供足够的细节，让读者明白故事的发展。圣经中很少提到天堂、天使和灵界的细节，那就不要深究。有一点很有趣，撒但在《约伯记》中对神没有丝毫敬畏——不称神为主，也不俯伏敬拜。这和其他经文的内容相吻合。无论如何，如果作者想要让我们了解相关的事，那他必然会给我们更多细节。所以，与其揣测视野之外的，我们更应该关注故事本身。这段对话以不可思议的方式教导我们，神和苦难及邪恶之间的关系"不对称"。

神指着约伯说那是他最好的仆人。"世上再也没有一个人像他那样完全、正直，敬畏神，远离罪恶。"（伯 1：8）撒但——他名字的意思是"指控者"——对此不屑，立刻攻击约伯。他听到神把约伯称作仆人，似乎被激怒了。"约伯敬畏神，难道是无缘无故的吗？"他反问道：

"你不是在他四周围上篱笆保护他吗？他的家和他所有的一切，以及他手所作的，你都赐福，他的家产也在地上增添。只要你伸手打击他所有的一切，他一定当面亵渎你。"（伯1：9—11）简而言之，撒但的意思是约伯和神的关系基于利益。撒但辩称："他服侍和爱的不是**你**，他爱的和服侍的只是他自己，他利用你做到这一切。你不过是他的工具，是他达成目的的手段。我会证明给你和你的众子看。让他无利可图，不再祝福他——你就看清一切了。他会像丢掉烫手的烙铁一样丢弃你。"

按照撒但所说，约伯顺服神，不过是一种利己和自救的方法。如果他在地上因服侍神而得到的好处都被拿走了，那他就会原形毕露。但撒但真正攻击的其实是神。神称约伯是他最好的仆人。可是如果连约伯都虚情假意，那就意味着神彻底失败了，神没有办法让世上任何人成为爱神的仆人。撒但恨恶美善，恨恶神。他的动机完全是邪恶的。他喜欢给人带来痛苦，他想要看人受苦。他知道神对人类的慈爱之心。神的目的是让人成为充满喜乐、美好良善的敬拜者，然而撒但要破坏神的美意，让神心中美好的愿望落空。

能够"自由地"爱神

神允许撒但试探约伯。为什么？我相信那是因为神知道，约伯本来就爱他。但约伯的爱还是有炼净的必要——那会给后世带来极大的益处。苦难把约伯提升到伟大的高度。

不过那也说明撒但的攻击有道理。表面的宗教热忱和发自内心对神的爱和委身是有区别的。这在每个人身上或多或少都有所体现。我们理应和神亲密，在他里面享有平安喜乐，但我们总是达不到这种状态，原因之一就在于二者的区别。什么叫作神真正的仆人？想想任何恋爱的关系就知道了。你爱上了某个人，对方似乎也很爱你，但你忽然陷入财务危机，那人便离你而去了，你是什么感受？你难道不觉得被利用了吗？你难道不认为他爱的只是你给他的好处而非你这个人吗？爱神也是同样道理。我们应该为神的缘故而爱神，而不是为了神所给的好处而爱神。

怎样才能产生这种爱呢？打个比方，你爱上了某个人，起初，如果你足够诚实，你承认自己爱的是他的"资产"——比如相貌和人脉。但是随着关系加深，你开始爱那个人，即便那些资产消失了你也不介意。我们把这称作爱的成长和品格的成长。好了，如果你对神的爱也是如此，如果你越来越爱神，神本身就带给你更多的满足，那将会怎样？那意味着环境的改变不会让你如以往那般惊慌失措了，因为你有神。无论环境如何，神的爱始终滋养你，使你心灵富足。

怎样才能达到这个境界——不再为利益而爱神，只为神而爱神？我觉得最有效的方法是经历苦难。苦难首先帮你进行自我评估，认清自己爱神只是为了自身的益处。当你最珍爱的东西被拿走了，你有可能禁不住诱惑，愤怒地拒绝神。但是苦难却给你机会。你可以全新的方式调整与神的关系，专注在神身上，而非放弃神、远离神。C. S.路易斯在他的讽刺作品《地狱来鸿》（*The Screwtape Letters*）中描写了资深魔鬼给正在寻求诱惑对象的新晋魔鬼的建议。他把耶稣称作敌人。他说耶稣运用苦难把本来唯利是图的信徒变成真心爱神的人：

　　人只要做出什么努力，敌人就允许……失望随即降临。男孩听保姆讲奥德赛的故事，如痴如醉，然后下决心认真学希腊语，失望就来了。恋人们结婚了，开始学习共同生活的相处之道，失望就来了。无论在生活的哪个方面，一旦幻想不再，取而代之的是辛苦的劳作，这就标志着失望降临了。敌人愿意冒这个险，因为他有个古怪的幻想，就是把这些恶心又渺小的人类，这些寄生虫，变成他口中的能"自由"爱神和服侍神的人——他称呼他们为"儿子"，因为他总是想和那些两足动物建立反常的关系，降低整个灵界的水准，他对此十分执着。他希望那些人出于自愿，即便他已经为他们设定目标，他却不带他们去实现，而是让他们凭着自己的喜好和习惯行事：他让他们"自己作决定"。这正是我们的机会。但是要记住，危险也在这里。一旦他们成功挺过最初的乏味期，他们就不再那样倚赖感情了，也就更难被诱惑了。

神知道撒但对约伯的指控一定是错的。但神也知道，撒但的某些说法有道理。约伯作为神的仆人，他应该更伟大，也能够更伟大，神要让他达到那种伟大的高度，唯一的方法就是苦难。约伯会更加完全，不为任何利益，只为神来服侍神。神决意让天上的灵和成千上万《约伯记》的读者看到，他**能够**把人变成真心爱神的仆人。

神和邪恶

神于是允许撒但给约伯的生活带来苦难。在第一章，神说撒但可以拿走约伯的产业，但不能伤害他的身体（伯1：12）；而在第二章，神允许撒但让约伯患上恶疾，只是不能取走他的性命（伯2：6）。现代读者会感到惧怕，神居然给撒但这些权利，但我们要记住这段叙述的重点并不在此。这里生动体现了神和邪恶之间不对称的关系，包含了深刻的哲理。《约伯记》的世界观不是二元对立的，正邪两股力量并非势均力敌。按照二元对立的世界观，人生不过是战场，是"碰运气"，因为没有任何力量能够统御一切。美善与邪恶势均力敌，历史不过是一场角力。没有任何一个存在，其力量足够强大，能够为历史设定一个清晰连贯的计划，并且执行这个计划。但圣经描绘的世界不是这样。神绝对掌权。他完全控制撒但。撒但只能到此为止，不能再向前一步。毫无疑问，神有主权。

但是另一方面，按照《约伯记》的描述，约伯所有的苦难都不是神自己加给他的。这段精彩的描写帮助我们明白一个真理，尽管万事都在神的计划中，神却只有美意，全无恶意。神不是无法掌控历史，而是他不愿看到人受苦。邪恶与苦难不是神创造世界的本意，那只是暂时现象，新天新地终将到来。

第一波灾难来临，约伯失去了财产和子女。他的反应是极大的哀痛，尽管如此，他依然俯伏敬拜，说出这句名言："赏赐的是耶和华，收回的也是耶和华；耶和华的名是应当称颂的。"（伯1：21）约伯表达了自己的真实情感。他起身撕裂外袍……倒在地上——他不是斯多葛主义者。他的反应恰当，既有感恩（"赏赐的是耶和华"），也有敬畏（"收回的也是耶和华"）。可以说，第一回合约伯胜出，撒但败北。

但是当约伯失去健康时，他就无法保持冷静了。在《约伯记》3：23中，他虽然没有像妻子所建议的那样"放弃神，死掉算了"（伯2：9），但他却把自己的困境归咎于神。他没有放弃神，也没有企图自杀，但他感到极大的不公，为此苦苦挣扎。品行良善的人反倒难以承受苦难，因为这一切看上去毫无意义，非常不公平。

约伯和朋友的发言

约伯的三个朋友——以利法、比勒达、琐法——来"安慰"他，他们和约伯进行了三轮长篇对话，这些对话构成《约伯记》中间各章。他们的话让约伯受伤更深。第四章以利法的发言是个典型例子。他说："请想一想，无辜的人有谁灭亡？哪有正直的人被剪除呢？据我所见，耕耘罪孽的，必收割罪孽；种植毒害的，必收割毒害。"（伯4：7—8）他们的信息很简单。约伯必然是在向神祷告、信靠神、顺服神上有亏欠，否则不会受这样的苦。神永远不会行事不公，他让这一切发生，必然是因为约伯罪有应得。约伯若想复原，只需承认所犯的罪行，改过自新。

以利法的说法非常接近传统的福音派敬虔主义，听起来令人不舒服。他讲了很多抽象的圣经真理。宇宙**的确**有道德秩序。恶行**的确**迟早会带来苦果。我们**应该**信靠神，不能总是假设自己是对的。如果遇到困难，当然应该来到神面前，谦卑自省。正如前面所讲，我们可能是大卫，也可能是约拿。或许神要唤醒我们。以利法在 5 章 17 节对约伯说："神所责备的人是有福的，所以你不要轻看全能者的管教。"这也的确不假。但是旧约解经家弗朗西斯·I. 安德森（Frances I. Anderson）对约伯朋友们的发言有如下评价，很有道理："和陷入深渊的人说真理，疗效不佳。"[4]

尽管约伯的朋友们拼凑了一连串大道理，但他们对神的恩典认识不够，想要安慰人却适得其反。他们的神学观基于道德主义。以利法说："患难不从土中生出来，劳碌不由地里长出来。"（伯5：6）他的意思是苦难不会无端降临——必然是你做了错事，罪有应得。但是这种看法表明，他根本不理解《创世记》3：18 的教导：神说，因为罪的缘故，地**要**长出荆棘和蒺藜——无人幸免。换句话说，罪破坏了整个世界，无论多么公义正直的人都会遭遇坏事。在约伯的朋友们眼中，神被驯化了。世上没有任何神秘可言——如果你过得好，那是因为你行为端正。如果你过得不好，那一定是你有错。

　　安德森认为，这无疑是给神套上了锁链。"让神俯就［人类］的道德……是威胁神的主权。"[5] 换句话说，像以利法那样的道德主义者认为，神受道德的掌控。他建议约伯：选择正路，承认所有过犯，改过自新，一切必然好转。他担保一定会这样。

　　朋友对他的苦境充耳不闻，这份残忍也没有将约伯打垮。他在第 6 章的回应激动人心，尽显真情实感。他知道朋友们这种被驯化的神观是错的，但他不会轻易判定神不公正，从而诅咒神、拒绝神。无论是采取传统宗教手段还是世俗手段，都不费力，但是约伯哪个都没选。这就导致他承受极大的痛苦：

但愿称称我的烦恼，

把我的灾害一起放在天平上。

现在这些都比海沙更重，

所以我冒失发言。

因为全能者的箭射中我，

我的灵喝尽了箭的毒液，

神的惊吓排阵攻击我。

（伯6：2—4）

他如此害怕自己对神出言不逊，宁愿先交出性命：

但愿我得着我所祈求的，

愿神赐我所盼望的。

愿他乐意把我压碎，

愿他放手把我剪除。

这样，我们得安慰，

在痛苦之中我还可以欢跃，

因为我没有否认那圣者的言语。

（伯6：8—10）

但他回应朋友们也毫不留情：

朋友应该怜悯灰心的人，

因为他舍弃了对全能者的敬畏。

我的兄弟诡诈像干涸的溪流，又像流干的溪水；

请指教，我就默不作声；

请指示，我有什么过错。

正直的言语多么有力！

但你们的责备究竟责备什么呢？

绝望人的话不过是风，

你们还想批判吗？

请转意，不要不公道；

请再转意，我还有道理在。

我的舌上有不义吗？我的口不能辨别灾害吗？

（伯 6：14—15，24—26，29—30）

约伯的回应堪称经典，他讽刺朋友们"都是叫人愁烦的安慰者"（伯 16：2）。他说："你们真的是有知识的民，你们死了，智慧也跟你们一同灭亡。"（伯 12：2）

约伯和三个朋友就他受苦的意义展开激烈辩论，《约伯记》对此的记载横跨众多章节，内容包罗万象。约伯发言时，他不仅是在和朋友辩论，更是在向神呼喊，反复问受苦者都会问的问题——为什么会这样？为什么是我？他们辩论结束后又出现了一个叫以利户的年轻人，他向约伯发怒，也向那三个朋友发怒（《约伯记》32—38章）。经文逐渐表明，约伯和朋友们都不是"赢家"，也都没有看清神的作为，戏剧张力由此显现。朋友们滔滔不绝——但约伯的口才也同样好。谁对谁错？谁会胜出？神又怎么想？

读者从《约伯记》的开场白和中间各章可以看到，约伯的苦难不是惩罚，不是对他的罪行的报应，也不是要纠正他的过犯。苦难不是用来叫醒他离开某条错误的路，也不是带他迷途知返回归信仰。弗朗西斯·安德森说，约伯受苦的目的慢慢浮现，逐渐清晰，就是"与神一起拓展生命的疆界"。这是唯一的原因，因为他的敬虔排除了其他一切可能性。安德森写道：

> 如果以利法"全能者的管教"（伯5：17）这个说法包含丝毫真理，那肯定不是惩戒人以防止他犯罪这样的负面意思。约伯早就做到这一点了……读者知道约伯不知道的，即**约伯所能达到的最高智慧是只为神的缘故而爱神**。以利法所说的非但不是安慰，而是陷阱。约伯猛烈抨击他们，说明他意识到了其中的危险。[6]

安德森的意思是，如果约伯认同朋友们的观点，觉得自己受苦是对某种罪行的惩罚或规劝，那他就错过了苦难的真正目的和益处。他被呼召，为了要升到新的高度。约伯似乎对此略知一二。约伯每次发言和祷告时都重申，他想和神会面，他要神正面回应。在《约伯记》结尾处，他的要求以出乎意料的方式得到应允。当神在最后几章向约伯显现并和他说话时，有四个方面令人震惊。

神显现——约伯却存活

首先，神的确以骇人的方式显现了，但却没有让约伯灭亡。最初，我们以为神发出严厉的话语是要重重审判约伯，神在旋风中回答说：

> 这以无知无识的言语，
> 使我的旨意暗晦不明的是谁呢？
> 现在你要如勇士束腰，
> 我要问你，
> 你要告诉我。
> 我奠定大地根基的时候，你在哪里呢？
> 你若有聪明，就只管说吧。
> 你一定晓得是谁定大地的尺度，
> 是谁把准绳拉在大地之上？
> 地的基础奠在哪里，
> 地的角石是谁安放的？
> 那时晨星一起歌唱，

神的众子也都欢呼。

（伯 38：2—7）

　　即便神这样措辞强烈地挑战约伯，神却不是来审判他或毁灭他，相反，神带着恩典来到他面前。最明显的就是经文中突然出现耶和华名字这个希伯来文单词（圣经新译本译作"神"），这是很亲密的称谓，在《约伯记》中第一次出现。神在燃烧的荆棘中呼唤摩西时用的也是这个名字。神以这个亲密的、个人性的称谓向那些与他建立了盟约之爱的人显现。现在是**耶和华**在和约伯说话。

　　另外，经文又说耶和华从旋风中**回答**（answered）约伯。[7] 这个词看似普通却意义重大。许多读者，比如萧伯纳（George Bernard Shaw），把神对约伯说的话看作是"嘲讽"（sneer）和"戏弄"（jeer）。[8] 但是按照希伯来文的用法，对某人"说话"（speak to）表示上级对下级的单向沟通，但是"回答"（answer）或"回应"（reply to）则意味着双方展开对话。这很不可思议，因为神显现是要和约伯对话——不是责备那么简单。换句话说，神邀请约伯和他建立关系。他甚至让约伯作总结陈词！（伯 42：1—6）有位解经家写道：

　　　　神屈尊迁就约伯，证明神和约伯之间的互动和我们所设想的不同。神并不苛刻，他不是来责备约伯、嘲笑约伯

的……相反，神以完全之姿到来，势不可挡，为要让约伯
真实地经历他……神没有责备，也没有因为遭到质疑而发
出警告，却是带着恩典向世人显现，尽可能让世人认识自
己，约伯（还有读者）因此才被摆在一个能够与神对话的
高度。所以，［神的显现］如此势不可挡，只有一个解释，
就是恩典临到。[9]

　　尽管耶和华这个称谓很亲切，双方也采用对话的方
式，但神却是在**旋风**中向约伯显现的，即"一阵风暴"。
对于古代人来说，没有什么比飓风更可怕、更具毁灭力量
了。约伯的子女正是死于狂风（伯 1：19）。约伯之前也
心存恐惧，如果神真的向他显现，他会"用暴风伤害我"
（伯 9：17）。果然，神以最猛烈、最有气势、最壮丽的方
式显现——他是旋风之王。约伯和读者本来以为，神以这
种方式显现，必然会立即取他性命。但是他没有。当神出
现在西奈山上时，任何人只要靠近那座山或碰触那座山就
必死无疑。但是神在这里向约伯显现，约伯却依然存活。
　　这个悖论值得深思。神一方面满有恩典，与约伯关系
亲密，另一方面又是无限和全能的。他同时兼具两种姿
态。这怎么可能？只有在耶稣基督身上才能看到，如此有
至高主权的无限的神，他成为一个婴儿，成为我们慈爱的
救赎主。十字架既彰显了神的慈爱，也成就了神的圣洁。
神的圣洁不能妥协，除非耶稣为我们的罪而死，否则我们

不会被饶恕。但是他心中充满对我们的怜爱，甘愿舍弃性命。福音解释了神的慈爱和神的震怒。那天在黑暗风暴中，约伯遇见的正是这样一位神。

神不回答——却又回答

第二个惊人之处是，虽然经文说神"回答"约伯，可神的回答乍看上去似乎根本没有解决约伯和朋友们的疑问。按照约伯的期待，神若显现就应该给他一个**解释**，而他的朋友们则期待神向约伯发出**谴责**。他们的期待都落空了。神的长篇演讲富有诗意，述说了自然界的奇观。

我们读神的回答之前，有必要停下来仔细思考，神没有告诉约伯他受苦的原因，这里面有何深意。神完全没有提及撒但和天上的讨论。他也没有说他为什么允许撒但让约伯受苦。若要解释，绝不是难事。他可以这么说："约伯，我知道你很痛苦。但是你要知道，你所受的苦会让你变得更伟大，你也会激励无数受苦者，直到末世我的儿子再来，没有人像你一样因为忍受苦难而扬名。"如果神这样说，那约伯可能回答说："好吧，那就不一样了。如果能达到那样的效果，我受的苦就要另当别论了。"但是事情没有这样发展。为什么？弗朗西斯·安德森的分析依然很有见地：

这卷书很精彩的一处是，约伯最后拥有美好结局，可他对自己受苦的原因仍然一无所知。……只有约伯不清楚个中原因，这场试炼才能达到效果。神让约伯有这种遭遗弃的经历，只有这样，他的信仰才有可能纯粹，他才能学会为了神的缘故而爱神。神似乎没有给很多人这个特权，因为他们要为自己的发现受苦，付出惨痛的代价。不过，其中一个发现就是，明白苦难本身正是神赐下的最珍贵的礼物之一。即便试炼结束，神也不把完整的故事告诉约伯，这让约伯今后只凭着信心，而不是眼见。他最后没有说："现在我全都明白了。"他永远都不会明白。他亲眼看见了神（伯42：5）。或许，神永远不把我们的人生故事和盘托出，这反倒是好的。[10]

　　撒但攻击约伯不是真心爱神、服侍神——他顺从神的旨意不过是想为自己谋取好处。我们知道，即便是神最好的跟随者，这种指控也有一定道理。我们的信仰状况受制于生活中发生的事情，大起大落，正是因为我们不是单单为神的缘故而爱神。除非生活一帆风顺，我们的心就不会因神而得到满足，所以我们根基不稳，一旦环境起了风浪就逃散、沮丧。我们要成长为一个真正"自由"爱神的人，这种人内心的喜乐不为那些唯利是图、见风使舵的宗教旁观者所知。要成为这种人，必须经历一个脱胎换骨的过程。我们必须有这种感悟——顺服神不会带来任何好处。只有**这样**，我们的生命才会因寻求神、向神祷告和顺服神而发生改变。

所以，正是因为神**没有**告诉约伯他受苦的原因，他最终才能与神一同拓展生命的疆界。如果神把原因告诉他，那就是满足他自以为义的欲望了。苦难实际上把约伯的信仰提升到只为神的缘故而爱神、信靠神的高度。约伯成为一个充满力量和喜乐的人，他不再需要平顺的环境也能够在信仰上站立得稳。这让苦难——更准确地说是苦难的结果——的确变成了一份美好的礼物，恐怕只有透过这种方法，约伯才能如此仰赖神的恩典。正如安德森所说，约伯永远不会了解全局，他只看到了神。但那正是我们最需要的——直到永永远远。

神不告诉约伯他为什么受苦，还有一个关键的原因。撒但控告约伯虚伪，说他不过是为了自己的好处才敬虔公义。撒但不仅要让约伯痛苦，他还要诽谤约伯，揭穿约伯的谎言。但是神给撒但的空间不多不少，恰好与撒但所愿的适得其反，成就了神自己的目的。现代读者看到神允许撒但攻击约伯可能会恼怒，但是我们不要忘记，撒但的攻击让约伯名垂青史，成为历代最有名的人物之一。如果你知道三千年后还有无数人读你的故事，评论你的言行，你肯定觉得自己很成功。神让撒但给人造成苦难，实际上是给无数受苦者开发了极好的资源，激励他们用坚韧和耐心面对困境。

神给邪恶势力的空间刚刚好，让它自己消灭自己。约伯的故事是个缩影，从中可以窥见神在你身上以及在历史中的作为。神对历史早有计划，邪恶是其中一部分。这让我们困惑又恼怒，但是《约伯记》是个契机，帮我们扯下面纱，得以瞥见神允许恶事发生恰恰是要达到相反的效果。

神是主——你不是

神终于出场发言，让约伯思考创造的奥秘（伯38：4—7），目的是要让人类明白自己对神的创造知之甚少。神讽刺约伯："你一定晓得！"（伯38：5）神把大海比作褓褓中的婴孩，神如同产妇一般，用云彩将其包裹（伯38：8—9）。接下来，神去到地极——他让晨光和夕照遍及四方（伯38：12—15）；他去到海的泉源和深渊的底处（伯38：16—18）；他去到大地的顶点，还有雨雪、冰雹和闪电的仓库（伯38：19—30），他甚至还去到星宿和众星的所在（伯38：31—38）。神创造这一切，了解这一切。那约伯呢？

物质世界之后，神又让约伯想想狮子（伯38：39—40）、乌鸦（伯38：41）、山岩间的野山羊和下犊的母鹿（伯39：1—4）、野驴（伯39：5—8）、野牛（伯39：9—12）、鸵鸟（伯39：13—18）、马（伯39：19—25）、鹰鸟和大鹰（伯 39：26—30）。神没有借这些动物宣讲道德，但是一直以来许多宗教作家都采用这个角度。神没有说"要像鹿一样……因为它……"这些动物是神的艺术杰作，它们彰显了那位最高明的艺术家的智慧、喜乐、力量和俊美，它们本身就值得被珍爱、被欣赏。

这一系列自然奇观让人瞠目。神的目的很简单：我们不是神。神的智慧和力量远远超过我们。神的第一轮发言以这个提问结束："挑剔是非的，怎能与全能者争辩呢？责备神的，回答这个问题吧。"（伯 40：2）一个七岁的孩子不可能质疑一位世界级物理学家的计算结果。但我们却总是质疑神对世界的安排。这合理吗？

神在第二轮发言中（伯 40：6—41：34）直接提出这个论点。在古代希伯来社会中，法官不仅判案，还要负责执行判决结果。如果国王做法官，发现被告无罪，他接下来就会恢复那人的社会地位，让一切重回正轨。在《约伯记》40：8 中神告诉约伯，为了证明自己是公义的，约伯实际上当起了审判世界的法官。接着，神在《约伯记》40：9—14 中有力地辩驳说：

你有神那样的膀臂吗？你能用他那样的声音打雷吗？你当以庄严与尊贵为装饰，以尊荣与威严为衣服。要倒尽你忿激的怒气，观看所有骄傲的人，使他们降卑。观看所有骄傲的人，把他制伏，把恶人践踏在他们的地方，把他们一起掩藏在尘土里，把他们本人捆绑在隐密处。这样，我就要向你承认，你的右手能拯救你。

现在可以看到神讲述创造秩序的奇观用意何在。既然约伯没有审判的能力，那他也没有审判的权力。约伯说如果让他来治理宇宙，他一定比神做得好——但这无疑是谎言。神现在告诉约伯，收回这番谎言。安德森说神是让约伯"把整件事完全交托给神，要信靠，不要恼怒。并且不再坚持让神先解决他所有的疑问"。[11]

这才是智慧——心甘情愿而非勉强承认，只有神才是神。若不然，你自己就会变成邪恶的。安德森强调说：

如果我们找对了这卷书的神学核心，就会发现当中的深意。它其实是在指责每一个抱怨生活不如意的人，这些人暗指神治理世界的方式不对，他们有更好的提议。人总是急于用强力对抗邪恶，他们不耐烦，希望神也如此行事。但是这类破坏的行动只能让人变得邪恶。[如果约伯做了《约伯记》40：8—14描述的事，他]不仅僭越了神的地位，更会成为另一个撒但。只有神能够创造性地毁灭。只有神能把邪恶彻底变成美善。[12]

说到这里，恐怕没有人比伊丽莎白·艾略特表达得更到位了。她回顾自己的人生，两任丈夫离世，各种悲剧和灾难数不尽也道不清。她在反思《约伯记》的结尾时写下这段话：

> 神是神。既然他是神，他就配得我的敬拜和服侍。我只有在他的旨意里才能安息。他的旨意无限、无边、不可言说，我穷尽思考的极限也无法将其测透。[13]

约伯对——你们错

现在来看看最后一个惊奇之处。我们说过约伯希望神给他一个解释，但是朋友们却希望神**谴责**约伯，判他是罪人。神把话说完后，转向以利法、比勒达和琐法，指出他们的律法主义、自以为义、因果报应的神学根本就是错的，而"我的仆人约伯"（！）坚持他是无辜的受苦者，他说的没错（伯42：7—9）。神又让约伯为他们祷告，否则就降罚于他们。

这一段让许多现代读者大惑不解。"为什么神如此肯定约伯？他诅咒自己出生的那日，挑战神的智慧，苦苦呼喊、抱怨又深深怀疑。约伯看上去不像是从始至终持守信仰的典范。为什么神要为约伯平反？"

第一个原因是神有恩典，愿意饶恕。但是关键在于，约伯从始至终都没有停止祷告。没错，他抱怨，但他是**向**

神抱怨。他怀疑，但他把怀疑抛给神。他喊叫，却是在神面前。无论他的痛苦多深，他都不停地向神诉说。他一直在寻求神。最终神判定约伯说得对。这多么美妙啊！我们的神清楚我们的悲伤、愤怒和质疑，可他仍然愿意说"你说得对"——不是因为这无所谓，也不是因为约伯的心思和动机全都正确，而是因为约伯坚持不懈地寻求神，渴望见神一面。这意味着**苦难没有让他远离神，反而让他走向神**。一切因此而不同。正如约翰·牛顿所说，如果尝试靠近他似乎没什么好处，那可以确定，远离他更是毫无益处。

现在看看《约伯记》带给受苦者最切实、最实用的那样东西。圣经说神"亲近心中破碎的人"（诗34：18）。"跌倒的，耶和华都扶持他们；被压迫的，他都扶他们起来"（诗145：14）。这是普遍真理——神亲近并且关怀所有受苦的人。他还承诺用圣灵帮助软弱的基督徒（罗8：26）。他还对基督里的信徒说，"我决不撇下你，也不离弃你"（来13：5）。耶稣说我们是他的羊，"谁也不能把他们从我手里夺去"（约10：28）。

这些经文的意思是，即便我们陷入最黑暗、最干枯的时刻，无法感受到神的同在，神却依然在那里。要想度过苦难，最根本的方法只有一个：你必须像约伯一样，寻求神，走向神。内心干枯时要祷告。再痛苦也要读圣经。你终将再次感知到他——黑暗不会持续下去。应对苦难的力量来自按照神的要求履行我们应尽的职责。不要躲避神的命令。读经、祷告、查经、团契、服侍、见证、顺服。只要有能力就尽量去做，神的平安必然会临到你。

圣经里还有类似的例子，著名的《诗篇》42 篇是其中之一，诗人对自己说：

> 我从前常常和群众同去，
> 与他们进到神的殿里，
> 在欢呼和称谢声中，
> 大家守节。
> 每逢想起这些事，
> 我的心就感到难过。
> 我的心哪！你为什么沮丧呢？
> 为什么在我里面不安呢？
> 应当等候神；
> 因为我还要称赞他，
> 他是我面前的救助、我的神。
>
> （诗 42：4—5）

《诗篇》42 篇是迫切、持久又动人的祷告。诗人对神说"我的心感到难过"。这是什么意思？首先，"pour out your soul"的意思是进入自己的内心。这是一种古老而健康的说法，现在把这称作了解自己的情绪，也就是坦诚地面对心中的疑虑、欲望、恐惧和希望。但是值得留意的是，诗人在这里不是空洞地自省，而是在神面前自省。他没有躲在角落里观察自我，而是把真实的自我展现给神。他只在神的面前呼喊、渴求、反思和怀念。"心感到难过"的意思很简单，就是向神呼求。诗中还有很多真诚直接的字句，表达了诗人的困惑和沮丧。然而，他祷告——恒常、专注地向神祷告。

另外一个值得留意的地方是，诗人不仅倾听自己的内心，他还与其对话。他对自己说："我的心哪！"每一个陷入苦难和试炼中的人都应该记住这一点。我们的确要倾听自己的内心，要诚实对待自己的情感，从而尝试了解自己。但我们不能止于此，而是要和自己的内心对话。心灵的推理自有一套前提，我们要听，也要反驳，因为那前提很可能是错的，而且经常如此。

心里可能有个声音说："没希望了！"但我们要反驳，要说："那要看你希望些**什么**，是否应当放太多希望在那里？"留意诗人如何分析自己的希望——"我的心哪！你**为什么**沮丧呢？"再看他如何告诫自己——"应当等候神；因为我**还要**称赞他。"诗人是在提醒自己的心，要寻求神，仰望神。钟马田有一次用这段经文讲道，他说诗人虽沮丧，却采用了一个很有效的策略，灰心的人一定要用：

最重要的，也正是诗人领悟到的——要对自己有担当……他和自己说话，他对自己发言……［值得注意，这不等同于］病态或内省……我们必须和自己交谈，而不只是让"自己"独白。每当灵性陷入低潮，我们总是让自我说话而不是和自我对话。我这是在玩文字游戏吗？当然不是。这里面有智慧的精髓。你有没有发觉，很多不开心的事之所以发生，其实是因为你只是听从自我而没有和自我交谈？……但是这位诗人站起来说："自我，你听我说……"接下来就要提醒自我——神是谁、神的属性、神的作为和神的应许……最后用坚定的语气结尾：抵御自我，抵御他人，抵御魔鬼和这个世界，和诗人一起说："应当等候神；因为我**还要**称赞他，他是我面前的救助、我的神。"[14]

不过钟马田也提醒说，这种做法不是给情绪施压。恰恰相反，你要花时间有规律地祷告和读经，即便你感到灵里极其干枯。基督徒精神病学家约翰·怀特（John White）在《忧郁的面具》（*The Masks of Melancholy*）一书中写道：

许多年前，我陷入严重的抑郁，我当时苦苦研读先知书中的《何西阿书》，虽然过程如尘土一般干枯，我却得到拯救，头脑恢复清醒。连续多个星期，我每天清早认真做笔记，查考经文中的历史典故，慢慢地，我开始感到脚下稳固了。我毫不怀疑，必定是深入研读经文给我带来了医治。如果受苦的人至少还能集中精神，那他应该用归纳的方法研读圣经，而不是用灵修的方法去读，因为对大多数抑郁的人来说，灵修读经或是根本做不到，或是毫无益处，有害身心。[15]

怀特很清楚，如果你感到绝望，"灵修式"读经——寻求启示和振奋——不是出路。相反，他的建议是研读圣经的内容，从经文中获得真理。提醒自己神是谁、在基督里你是谁、基督为你所做的一切。西蒙娜·薇依说过，至少**想要**爱神，这很重要。所以应该尽可能地向神祷告、思想真理。还有等候。如约伯一般等候。

许多做过这番功课的人——"单单沉思和祷告"——都觉得阅读《诗篇》受益匪浅。《诗篇》里有很多关于神的教导，但大部分篇幅同时也是祷告。这些祷告几乎涵盖了人类所能经历的一切。诗人来到神面前处理自己的处境——为自己的遭遇"祷告"，而不仅仅是思考。从经文可以看到，诗人把眼泪、怀疑、恐惧、哀伤和绝望，还有喜乐和祝福，统统放进祷告中。钻进《诗篇》去等候神，没有比这更好的了。

"我的仆人约伯"——神再次说

约伯在《约伯记》42：2—6 中最后一次回答神。从语法和用词看得出，约伯是真心敬拜，不是违心屈膝，因为他说神"太奇妙"（伯 42：3）。他一开口，赞叹就脱口而出："我知道你万事都能作，你的旨意是不能拦阻的。"（伯 42：2—3）约伯承认自己在提要求时没有考虑到神是谁这个问题当中的奇妙之处。他也承认万事背后都有神的计划，虽然那些计划是隐藏的。

约伯改变口吻，有了全新的领悟，这对我们有什么意义呢？约伯说他从前只是风闻有神，现在却"亲眼看见你"。这表明对于过去的他来说，神的力量、威荣和权柄不过是抽象概念，没有抓住他的心。但是神向他显现、对他说话，让他彻底明白了这一切，撼醒了他，使他不再执意要为自己辩白，不再坚持要得到解释和公开平反，不再相信自己比神更清楚事情应当如何发展。约伯的改变不仅是神学上的进深，也是灵性上的体验。二者同时真切地发生。

约伯最后说："因此我厌恶自己，在尘土和灰烬中懊悔。"（伯 42：6）这句话不可单单按照字面意思来理解。希伯来原文中并没有**自己**这个词，这是新国际版圣经（NIV）的译者们为了帮助理解而添加进去的。另外，**厌恶**一词还可以译作"收回"，由于这是神向约伯显现并发言的意图，译作"收回"似乎更契合文意。约伯在这里不是为自己所犯的罪忏悔。那正是朋友们一直劝他做的事，他若忏悔，就有违整卷书的写作目的了。他实际上是在做 40 章 3—5 节中自己原本不愿做的事。他不再自以为义了。他原本凭着自己的公义，要求神给他一个解释，为他公开平反，但他现在收回这个要求了。他不再试图用各种方法来控制神了（也就是说，他停止怀疑神）。他俯伏在神面前，承认神就是神。他只为神的缘故服侍神。

另一个无辜受苦的人

有一点很容易被忽略，但是必须留意。尽管神的长篇发言措辞激烈，提醒约伯，人是有限的，但当中却没有一句指责约伯犯罪。神从来没有说，约伯受苦是因为他的哪条罪过。所以约伯虽然不知道为何受苦，却获得了更宝贵的心灵的平安。安德森写道："神没有拿着约伯的犯罪清单显现（朋友们正是如此），这个事实足以证明这么做没有必要。"[16] 神在骇人的旋风中显现，却是以**耶和华**的身份，没有一句指责，这说明神爱他、接纳他，他所受的不同寻常的苦**不是**用来惩罚他不同寻常的罪。神没有指责约伯，这恰恰说明神以约伯为义。神其实是对约伯说："约伯，这对你来讲足够了。"的确如此。

神只字不提约伯的罪，这是极大的爱的确据。在陷入苦难时，**我们**怎样得到这个确据呢？我们要如何才能确定，无论世界的看法如何，神的看法才是唯一重要的，而他爱我们、接纳我们？**我们**怎样才能信靠神的恩典而不是自己的公义，因此，即便环境令人困惑，我们也不会试图去做世界的判官？

我们不需要听到旋风中的声音，只需要知道，耶稣基督为了我们，埋头进入最猛烈的风暴——这风暴关乎神的公义，我们因此能够听到圣洁的神发出的慈爱之声。他承担了我们应受的责罚，神因此能够接纳我们。耶稣是唯一完全无辜的受苦者，他更胜过约伯。耶稣"愿意过约伯那样的人生，且过得更彻底。他甘愿死在十字架上，被朋友和敌人看作是傻瓜、亵渎者，甚至是罪犯——他没有能力救自己"。[17] 约伯"赤身"、分文不剩、疾病缠身（伯 1：21），耶稣也一样，他无家可归、被剥去衣袍、在十字架上忍受折磨。约伯相对无辜，而耶稣却是绝对无辜。约伯觉得自己被神抛弃，耶稣却是真实经历了神的缺席，他还被朋友们背叛，失去了亲人。耶稣在客西马尼园祷告时，他知道如果自己完全顺服神，就会彻底被神遗弃，说到底就是在地狱里毁灭。没有人遇到过这种处境。只有耶稣真的"不为任何好处而服侍神"。

撒但攻击耶稣远甚于攻击约伯。但是撒但不过是让神的救恩得以实现，这实在是最伟大的逆转。安德森说："这是对约伯和历世历代所有'约伯'的最终回应。约伯是个无辜的受苦者，他是神的同伴。"[18] 换句话说，当你受苦无法解脱时，当你完全孤单无助时，你要知道，他担当了你的罪，他和你同在。你要知道你走的路正是耶稣走过的路，你**不孤单**——那条路必然将你带向神。

第15章

思考，感恩，爱

神子在世间受苦，不是为了叫人不再受苦，而是叫人像他那样承受苦难。

——乔治·麦克唐纳，《无言的布道》，第一卷[1]

若是列出圣经中最出名的受苦者，保罗必然榜上有名。神对他说："你去吧！这人是我拣选的器皿，为要把我的名传给外族人……我要指示他，为了我的名他必须受许多的苦。"（徒 9：15—16）没过多久，保罗就在讲道中说："我们进入神的国，必须经历许多苦难。"（徒 14：22）保罗在信中六次提到他所受的各样折磨（罗 8：35；林前 4：9—13；林后 4：8—9，6：4—5，11：23—29，12：10），涵盖身体上、情感上和灵性上的方方面面，包括饥饿、囚禁和背叛。他五次遭受残酷的鞭刑，"每次四十下减去一下"（林后 11：24）。这是他受苦的清单：

（我）被棍打过三次，被石头打过一次，三次遇着船坏，在深海里漂了一昼一夜；多次行远路，遇着江河的危险、强盗的危险、同族的危险、外族的危险、城中的危险、旷野的危险、海上的危险、假弟兄的危险；劳碌辛苦，多次不得睡觉，又饥又渴，多次缺粮，赤身挨冷。除了这些外面的事，还有为各教会挂心的事，天天压在我的身上。有谁软弱，我不软弱呢？有谁陷在罪里，我不焦急呢？（林后 11：25—29）

超越理性的平安

保罗是如何应对这一切的？他在《哥林多后书》1 章中讲述了最近遭遇的一次患难。他说："弟兄们，我们在亚西亚遭受的患难，我们很想让你们知道。那时我们受到了过于我们所能忍受的压力，甚至活下去的希望都没有了，而且断定自己是必死的了；然而，这正是要我们不倚靠自己，只倚靠那叫死人复活的神。"（林后 1：8—9）他同时也分享心得："我们在一切患难中，神都安慰我们，使我们能用他所赐的安慰，去安慰那些在各样患难中的人。"（林后 1：4）既然如此，若想知道保罗是如何应对各种苦难的，只需读一读他的信，看他怎样安慰其他受苦的人。

《腓立比书》4 章正是其中一处，保罗在那里把从神领受的安慰传讲给其他人：

你们要靠着主常常喜乐，我再说，你们要喜乐。要使大家看出你们谦和的心。主已经近了。应当毫无忧虑，只要凡事借着祷告祈求，带着感恩的心，把你们所要的告诉神。这样，神所赐超过人能了解的平安，必在基督耶稣里，保守你们的心思意念。最后，弟兄们，凡是真实的、庄重的、公正的、纯洁的、可爱的、声誉好的，无论是什么美德，什么称赞，这些事你们都应当思念。你们在我身上所学习、所领受、所听见、所看见的，这些事你们都应当实行；那么，赐平安的神就必与你们同在。

我在主里大大地喜乐，因为你们现在又再想起我来；其实你们一向都在想念我，只是没有机会表示。我并不是因为缺乏才这样说：我已经学会了，无论在什么情况之下都可以知足。我知道怎样处卑贱，也知道怎样处富裕；我已经得了秘诀，无论在任何情况之下，或是饱足，或是饥饿，或是富裕，或是缺乏，都可以知足。(腓 4：4—12)

什么是"神所赐的平安"？保罗提到两点。第一，这是内在的平静和平衡。他在 11—12 节中说："我已经学会了，无论在什么情况之下都可以知足。我已经得了秘诀，无论在任何情况之下，或是饱足，或是饥饿，或是富裕，或是缺乏，都可以知足。"也就是说，无论环境如何，他都始终如一。这是一个非常有力的宣告。回顾一下保罗的处境。我们都想要内在的平安，但我们要这份平安来做什么？来缴付账单、应对职场竞争、对付难缠的老板、准备重要的约会或是打发寂寞？但保罗面对的却是折磨和死亡。他身陷囹圄却不停写信，而且还说："我已经得了秘诀，可以笑看这一切。"

仔细读一读保罗的话。他是否曾这样说："我之所以能微笑面对折磨和死亡，是因为我本来就是个坚强的人。"没有，他并没有这样说。他若这样说，那就是常见的钢铁般的意志而非神所赐的平安了。那属于天赋，例如艺术天赋或运动天赋，或是与生俱来，或是根本没有。但保罗所说的不是天赋，而是"我已经**得了**秘诀"。这份特别的平安不是他天生就拥有的，其他人也是一样。他的意思是"我已经得了秘诀，所以无论处境如何，我都能保持内心平和"。

第二，保罗说这份平安不是**没有**——而是**有**。不是没有恐惧，而是知道有保障。保罗在第7节说："神所赐超过人能了解的平安……**保守**你们的心思意念。"在希腊文中，"保守"一词的意思是牢牢围护一幢楼或一座城，在其周围构筑防御工事，以防侵害。如果有一队士兵在你身边保护你，那你必然睡得安稳——就是这个道理。这一点很关键。今天，如果你看书或上网寻找克服焦虑和恐惧的方法，答案多半是叫你把这些想法**移除**。它们建议说：不要这样想；不要想得那么负面。控制你的想法，把负面想法除掉。但在这里我们看到，神所赐的平安不是**没有**负面想法，而是**有神**的同在。"赐平安的神就必与你们同在。"（腓 4：9）

基督徒的平安不是从驱逐负面想法开始的，那不过是逃避不堪的现实，是一种让自我平静下来的方法——否认事实。但这种平安是多么短暂！基督徒不是这样获得平安的，不是拒绝面对现实，而是让一股鲜活的力量进入你的生命，让你能够面对现实，提升你超越现实。

许多信徒都经历过这种神所赐的平安。这不是正面思考或意志力那么简单。这是一种清醒的认识，无论发生什么，一切终将平息，尽管眼下**没有一样**顺利。根据我的经验，人们往往在惨痛的经历中获得突破，享有这种平安，也就是走过死荫的幽谷之时。想想这个比喻。狂风大作，你站在海边，看着滚滚浪涛拍打岩石，有时候大浪甚至淹没了整块岩石，你心想："这块石头必然被冲走。"但是大浪退去后，那块石头仍在那里，纹丝不动。感受到"超过人能了解的平安"的人正是如此。无论遇到什么事，你知道你不会失去根基。保罗就是最好的例子。他被打、被石头砸、被鞭笞、遇海难、遭背叛、他的敌人们试图杀死他。一浪接一浪，但他始终如一。他说："我已经找到了在任何环境下都不失镇定的方法。"生活的风浪无法摧毁他。他说那不是他的天赋——是你和我都能学到的秘诀。

基督徒拥有的平安，其特质正是如此，它是内在的平静与平衡，知道有神同在，神的保护超乎人的理解。

既然这不是天生的——是能够学到的——那要如何学、如何找呢？可以进行哪些操练来获得这份平安？保罗在这一章里列出许多建议，但那不是"四个确保获得内在平安的步骤"这类死板的教条。神所赐的平安不能用技巧来操控。尽管如此，保罗还是提到了三种操练的方法，经常遵行的人总能找到神所赐的平安。我把这些操练称作思考、感恩和爱。

思考的操练

保罗在《腓立比书》4：8—9 说："弟兄们，凡是真实的、庄重的、公正的、纯洁的……这些事你们都应当思念……赐平安的神就必与你们同在。"保罗提到"庄重"和"公正"，这类字眼让人以为他不过是建议我们多想想高尚又励志的事。但是研究保罗书信的学者说并非如此。保罗所指的不是笼统的高尚思想，而是圣经中的具体教导，即关于神、罪、基督、救赎、世界、人性，以及神救赎世界的计划。保罗还用了 *logizdomai* 这个希腊文单词来描述应当如何思考。这个词是会计用语，一般译作"计算"（to reckon）或"汇总"（to count up）。[2] 保罗的意思是如果你想得到平安，就必须认真思考、时常思考圣经中的核心教义。

如果你走进书店，翻看那些教人对付忧虑和压力的书，你永远不会读到这种话："你感到有压力、不快乐、内心焦虑吗？要对付它们，先问一些根本的问题：人生的意义是什么？你活在世上究竟为了什么？什么是生命的真谛？你从哪里来，要往哪里去？人们应该如何分配时间?"现在的书直奔主题，教你放松的技巧，让你恢复工作和休息的平衡。比如说，你应该时不时去海边坐坐，看看海浪，除掉忧虑，把头脑放空。这类书也可能教你一些控制思想的技巧，处理负面思想和情绪以及负罪感，诸如此类。

为什么时下这些处理压力和焦虑的书从不让你深入思考人生呢？因为西方世俗文化流行的社会恐怕是第一个对根本问题给不出答案的社会。如果没有神，我们的存在不过是偶然，我们死后很快就会被遗忘。按照这种观点，太阳最终会消失，人类一切成就都归于无有。如果这就是万物的本质，那么世俗书籍绝不会让有压力的人问"活在世上的目的"这种问题的。[3] 它们反倒会建议你千万别想这些事，要放松，寻找乐趣。

保罗说基督徒的平安恰好相反，不是因为不思考人生意义，而是要思考得更多、更深入。保罗在《罗马书》8：18 给出一个具体例子，他用了同样的单词 *logizdomai*，对受苦者说："我**看**现在的苦难，与将要向我们显出的荣耀，是无法相比的。""看"（to reckon）的意思是准确数算，不是乱猜，不是用慢跑或购物来获得平安。保罗的意思是"仔细思考！思考将要向我们显出的荣耀，直到乐不可支"。

有人可能会这样回应："你说的都是教条，可我最需要的是安慰。"但是要思考！耶稣是不是真的是神的儿子？他是不是真的来到世上，为你死去又复活，进入天国在神的右手边？他是不是为你承受了无尽的苦难，为的是终有一天能带你进天国，抹掉你每一滴眼泪？如果是，那这就是全世界最好的安慰。如果不是——前面说的就都是假话——那我们不过在世上捱过七八十年，然后死去，快乐只在乎此世。只要苦难发生，把快乐夺走，那就只能以悲剧收场。耶稣在宝座上统管一切？还是人生不过如此？非此即彼。

保罗说，如果你是个基督徒，但你心里几乎没有平安，那恐怕是因为你不思考。平安来自对信仰有深度、有系统的思考，来自有计划地占领制高点。好比你攀上山巅，回头看走过的路，感到无比激动。忽然间你看到了当中的关联——你越过的溪流和山峦、出发的那座城镇。你所站的地方让你拥有新的视野、澄澈和美的感悟。这就是保罗让我们做的。思考，着眼大处，站在高处。认识神是谁、他所成就的、你在基督里是谁，以及历史的进程。记念耶稣基督的难处，他给你的应许和他为你成就的事，从这个角度看待你自己的难处。

让我再换一种表达方式。平安有"愚昧的平安"和"聪明的平安"之分。拒绝思考你的处境，你得到的不过是愚昧的平安。如果你选择这种方式，那你只需要开一瓶酒，在树下或海滩乘凉，把严肃的事全都抛诸脑后。但是保罗说，如果你是个基督徒，你可以思考这些大事，而且这样做会让你找到平安。如果你是个基督徒却完全没有平安，那说明你根本不思考。

十八世纪的美国神学家乔纳森·爱德华兹是一位公理会牧师。现存他最早的讲道手稿题为"基督徒的快乐"，当时他十八岁。尽管年纪轻轻，他列出的提纲却让人刮目相看。他的信息很直接，基督徒应该快乐，"无论环境如何"。[4] 他用三个主题来证道，概括如下。对基督徒来说：

"坏事"终究会带来益处。（罗 8：28）

"好事"——成为天国子民、被神看作公义、与神和好——不会被夺去。（罗 8：1）

"最好的事"——进入天堂、新天新地、复活——尚未到来。（启 22：1 及其后）

这篇讲道是个很好的例子：一个年轻人遵从了保罗的

教导。他思考、数算、汇总，最终彻底领悟福音救赎的荣耀。坏事会变好，好事不会丢，而最好的事尚未到来，"这些事你们都应当思念"（腓4：8）。

感恩的操练

学会思考的操练之后，第二项要学的是感恩的操练。保罗在《腓立比书》4：6中说："应当毫无**忧虑**，只要凡事借着祷告祈求，带着**感恩**的心，把你们所要的告诉神。"要感恩，不要忧虑。可是仔细想想——这有些违反常理，不是吗？我们以为保罗会这样说，你们先向神提要求，如果实现了，就要感谢神的回应。但保罗没有这样说，他说你们在提要求的**同时**就要感谢神，即便不知道能否实现。

为什么要像保罗所说的，未知结果就要感谢神？这看上去不合理。但是仔细想想就不难理解了。保罗实际上是要我们相信，神对历史、对每个人都享有主权。他要我们明白，我们诚心祈求的时候，若不承认神掌控我们的命运、神远比我们有智慧，那我们永远不会知足。**无论**神怎样回应，我们都要向他献上感恩，这是我们的本分。旧约和新约中有两段关键的经文体现了个中真意："从前你们有意要害我，但神有美好的意思在其中"（创50：20），以及"为了爱神的人，就是按他旨意蒙召的人的益处，万事都一同效力"（罗8：28）。我们不能带着一厢情愿的态度去读《罗马书》8 章。它的意思不是绝境中总有"一线希望",也不是说"如果你换个合宜的角度,发生的每件坏事其实都是好事"。保罗在《罗马书》8:28 所说的是万事——甚至坏事——最终都一同受神的掌控,因此作恶的反倒取得了反效果——坏事成就了更大的美善和荣耀。只有神有这样永恒的视角,他处于制高点,能够看清一切,让万事为了我们的益处和他的荣耀一同效力——但是终有一日我们也会达到那个高度,看清一切。

前面的章节提到过圣经中这个根本的教导。因为神掌权,所以要信靠他。但是保罗在这里更进一步。因为神掌权,所以要感谢他——带着感恩的心生活,因为我们知道他是这样一位神。在提出要求之前就要感谢他,为他赐下的一切感谢他,尽管我们不明白。

我自己有一次亲身经历。在我二十岁出头的时候,我曾经为了一个女孩祷告了整整一年,当时我们正在交往,我很想和她结婚,但她却想和我分手。我向神祷告了一整年:"主啊,不要让她和我分手。"当然,如今回头看,我们并不合适。可我当时甚至帮神来实现我的祷告。有一年夏天,我们分手之前,我搬到了她附近,这样更容易见面。我对神说:"主啊,对你来说这更容易了。我求你成全我所求的,我甚至挪去了地理障碍。"回想起来,神那时对我说:"孩子,每当我的儿女提出什么要求,我给的总是他们想要的——如果他们知道我所知道的一切,他们必然这样求。"

你相信吗？你越是相信，心里就越平安。如果你不相信，你就不会享有这份平安。带着感恩的心，把你所要的告诉神。

重排心头所爱的操练

思考、感恩，然后是爱。保罗在《腓立比书》4：8让读者思念"凡是真实的、庄重的、公正的、纯洁的"。这些都是传统神学上的美善之事，关乎思想和意愿。他继续说，"可爱的、声誉好的，无论是什么美德，什么称赞，这些事你们都应当思念"。按照定义，"可爱的"事物不仅真实，且有吸引力。[5] 我相信保罗在此处不单单是敦促读者给头脑中的思想排序，更是投入内心的情感。他在向我们解释，怎样才能取得灵性的压舱之物以航行于汹涌的海面，在困境中保持平衡。他说，在那样的时刻，**思考**正确的事物并不足够，**爱**正确的事物同样至关重要。

说到这一点，必须提到第三、四世纪伟大的基督教思想家圣奥古斯丁。他深知希腊哲学中的关键问题，而保罗实际上回应的正是这个问题：怎样才能活得知足？"知足"一词的希腊文是 *autarkeia*，保罗在《腓立比书》4：11 中说："我已经学会了，无论在什么情况之下都可以知足。"他用的正是这个词，它的意思是不受环境影响，总是镇定、有力量、不灰心、不沮丧、不被任何事击垮。

前面的章节提到斯多葛学派的哲学家们尤其关注这个问题。按照他们的教导，人之所以活得不满足、不淡定，就是因为爱慕的事物太多。你不应该过分追求成功，因为即便你成功了，你仍然会焦虑。你害怕失去它，于是心里永远没有平安。同样，你也不应该花太多心思在家庭上，因为即便你家庭幸福，你仍然会担忧，总是害怕家人出事。如果真的出了什么事，你就会彻底崩溃。

斯多葛学派的哲学家说，问题的关键在于你无法控制你所爱的事物。一旦它们遭遇不测，你就失魂落魄了。所以这些哲学家建议，不要爱任何事物，只爱你自己的美德。为什么？因为你可以控制自己的品格。你不能保证自己成功，不能让家人长生不老。你不能控制内心以外的任何事物。所以你要用心培养自己的品格——下决心做一个勇敢、正直和诚实的人。唯有当你确定，你按照自己的选择，成为了你想成为的人，你才会活得满足，你也应该为此感到满足。这是你能够掌控的，除此之外再无其他。你必须把内心的选择和品格的培养当作快乐，否则不会有安宁。

但是斯多葛学派的哲学家们大错特错，尤其是他们的前提假设。品格并不受你掌控。没错，如果你醉心于事业成功，你可能会深深失望；但如果你把全部心思都放在成为一个高尚、自律、从不违背自己准则的人，过程同样充满变数。你根本**无法**掌控。你是人，一个软弱的人，一个复杂的人——头脑、意愿、心灵、灵魂和身体纠缠在一起。品格和其他任何事物一样会令你垂头丧气。如果你在这方面失败了，你同样一无所有，彻底崩溃。

圣奥古斯丁指出斯多葛学派的观点根本站不住脚。他主张"只有爱那永不改变的，内心才会有安宁"。[6] **不变**是指不能改变的东西。你的品格和你的事业、家庭、财富一样，都有可能改变，并且一定会改变。我们之所以没有平安，原因在于我们爱的是那会改变的、会被环境夺去的。

只有一样永不改变，就是神，他的同在和他的爱。只有一种爱不会让你失望——它不会改变、不能失去、不建基于命运的起伏或生活的好坏。这种爱就连死亡都不能夺去。只有神的爱才是如此。无论你的表现多么糟糕都不能阻挡这种爱，即便生命中最可怕的事发生——死亡突然降临——你反倒对这种爱体会更深！这种爱如此笃定信实，不为死亡所削弱，反因死亡而更强，这种爱就是神的爱，是神的同在、神的美和神的容颜。

圣奥古斯丁的主张即在于此。他在《忏悔录》中说："只有在〔神〕那里才有不受搅扰的平安。他不会拒绝爱你，除非你拒绝爱他。"[7]

说到这里，有人会很自然地问这样一个问题："等一等。你说我必须爱神，但我爱的东西很多：我爱物质享受、爱人、爱浪漫。你是让我不爱这些只爱神吗？"不是，你必须**重新排序**你的心头所爱。你的问题不是爱事业和家庭太多，而是相比之下，爱神太少。C. S. 路易斯继奥古斯丁之后写道：

> 我们对任何人都不可能爱得"太多"，只是相对于给神的爱，给那个人的爱太多；造成混乱的不是我们给人的爱太多，而是给神的爱太少。[8]

获得平静、安宁和平安的方法只有一个——爱**神**高于一切。

重新确定以什么作为你的荣耀

大卫王在《诗篇》3 篇中描述自己被敌人围攻，陷入绝境。当时情况十分严峻，就连他身边的人都背地里说神抛弃了他。大卫在众人心中威严扫地，又被仇敌威胁性命，他是怎样面对这种处境的呢？他写道：

> 耶和华啊！我的仇敌竟然这么多。起来攻击我的竟然那么多。
> 有很多人议论我说："他从神那里得不到救助。"
> 耶和华啊！你却是我周围的盾牌，是我的荣耀，是使我抬起头来的。

我发声向耶和华呼求的时候，他就从他的圣山上回答我。

我躺下，我睡觉，我醒来，都因耶和华在扶持着我。

虽有千万人包围攻击我，我也不怕。

（诗3：1—6）

大卫从哪里得来这样的平安，敌军压境也能安然躺卧？答案在第3节。昂首阔步——"抬起头来"走路——这个举动在今天也意味着自豪自信、问心无愧。尽管遭到议论，他也不灰心丧气。大卫说神使他"抬起头来"。他是怎么做到的？经文说："耶和华啊！……你却是**我的荣耀**。"德里克·基德纳写道："'我的荣耀'这个说法值得深思：它暗示……相比之下，世上的尊荣并不重要。"[9] 大卫意识到，自己似乎把自尊建立在人的认可和赞美上。他能够"抬起头来"走路，是因为他被人称赞、受欢迎。现在他宣告这个神学真理，**神**才是他唯一的荣耀。

这一点对帮助我们面对苦难至关重要。每当有些东西被夺走，就会真实地感受到痛苦，这是人之常情。但是我们在内心深处感到过度沮丧，因为我们把那些东西在精神和情感上赋予了过于重大的意义，成了我们的尊严和荣耀，成了我们能昂首阔步的理由。苦难来临，把那些东西从我们手中夺去了。我们可能对别人说："耶稣是我的救赎主。他的认可、他对我的看法和他为我做的一切才是最重要的。"但是在日常生活里，我们却是从别处寻得自我价值。苦难将"别处"——动摇。以大卫为例，他的大部分遭遇的确很苦。他失去了儿子的爱和人民的爱戴，又被无端指控，苦不堪言。但他也意识到，自己太看重他人的赞赏和"世上的尊荣"。于是他重新把自己交托给神，以神为唯一的荣耀——这只能在祷告中借着悔改和赞美才能做到。他重新宣告，没有什么比与神为友、与神同在更重要。看得出，他的生命在成长，变得更活泼、更勇敢。

我们可以把第 3 节解读为基于赞美的悔改。大卫说："**但你**是我周围的盾牌。哦，主啊——不是别的！**你是我的荣耀**，是使我抬起头来的——不是其他任何事物！不是我的过往、不是我的政治权力、不是儿子对我的爱、不是人民对我的赞赏——唯独是你！"这是基于悔改的赞美，也是基于赞美的悔改。

神怎样才能真的成为我们的荣耀？答案只有一个：重新发现那白白赐下恩典的福音。如果我们听到心中有指责的声音："神不会拯救**你**，你不配！"回应只有一个，神的救恩不是给配得的人，而是给谦卑的人——那些承认自己不配的人。大卫在第 8 节说得很清楚——"救恩属于耶和华"。约拿也曾如此大声宣告："救恩是属于耶和华的。"（拿 2：9）我们无法拯救自己——我们本来是不配的。

大卫凭借悟性明白自己是被神的恩典所拯救，但我们有更大的确据。如果从十字架的角度来读第 3 节就一清二楚了。神通过基督的确成了"我们的盾牌"。我们本来要被攻击、被毁灭，但是这盾牌借着**代赎**保护了我们。耶稣站在我们的位置上，担当了我们应受的刑罚。我们知道神不会离弃我们，因为神为了我们的罪离弃了耶稣。我们知道，尽管自己劣迹斑斑，却在基督里被神看作"圣洁、无瑕疵"（西1：22）。基督徒知道，在父面前，基督的确是我们的荣耀和尊严（约壹2：1—2）。如果有了这些，我们就不会被任何指责所击垮。

所以，我们在苦难中一定要审视自己的生命，是否把太多心思和希望放在某些事物上，以至于无谓地受了更多的苦。我们必须重置自己的荣耀、重排心头所爱。苦难往往让你看到，你以为某些东西若失去了你就无法生活，但如果单单倚靠神，你**可以**继续生活。你因而获得了自由。但这并不是说，如果你全然爱神就一定不会受苦。不是这样——因为人若爱神，他一定也爱生活中其他美好的事物，他本该如此。我们不能采纳斯多葛学派的建议——让心抽离于世，而应当去爱那些美好的事物，当它们被拿走时，伤心不可避免。但如果我们操练内心，在神的里面得享平安，深刻地经历他对我们的爱，那我们虽然被苦难刺痛，却不至于失去根基、彻底崩溃。因为苦难无法动摇神、神的爱和神的救赎，那是我们的唯一。

我记得许多年前，有两个年轻演员在救赎主教会聚会。有一次他们去试镜，第一次尝试这么重要的角色，对二人来说机会难得。两人都是基督徒，但我认为其中一个倾尽全力追求演艺事业的成功，把那当作精神支柱。他虽然相信耶稣，但是很明显，除非事业有成，他不可能享受生活、接纳自我。另一个基督徒在经历了几番失败之后，回到起点，确立自己的人生目标是取悦并荣耀那位拯救了他的神。他认为达到目标的方法是做个演员。

后来两人都被拒绝了，谁也没得到那个角色。第一个人受不了打击，陷入抑郁并且吸毒。第二个人最初也难受，也流泪，但是没过多久就恢复了。他说："可能我错了。看起来我要用其他职业来取悦神、荣耀神。"他们的差别一目了然。第二个人把演艺事业当作达成目的的手段，第一个人却把演艺事业当作目的本身。同样的遭遇不会影响第二个人，却把第一个人所看重的一扫而空，让他痛苦不堪。为神所爱、为神所知，这才是人生的至宝。如果对你来说果真如此，那么这财宝"没有贼能挖洞来偷"（太6：19）。

恐怖又美丽的过程

前面说过苦难像火炉——烈焰灼人，却炼就纯净与美。现在我们了解这是如何成就的了。苦难破坏了我们过分看重的美好事物。我们在应对时，不要误以为只有把那些东西丢掉才能解决问题，而是应该转向神、爱神更多、深深扎根在神的里面。当你一帆风顺时，你不可能真的了解自己的内心，只有在逆境中你才会看清。因为苦难会让你明白谁是真神，谁是你生命中的假神。只有真神能陪你走过火炉到达另一端。假神必然把你丢弃在火炉中。

约翰·牛顿写过一首圣诗，名叫《这些内在试炼》(These Inward Trials)，很形象地描述了这个过程。他在诗中提到了"蓖麻"，就是《约拿书》4章中让约拿大大欢畅的那棵植物。不过神很快让这棵蓖麻枯槁，为的是显明约拿摆错了优先次序。在这首圣诗中，蓖麻象征那些带来欢乐和享受的事物，但却在试炼中被拿走，令我们伤心不已。这首诗表达得很清楚，无须多作解释：

我向神求，求加添
信心、爱和各样恩典，
更明白他的救恩，
更热切寻求他的荣面。
我盼望在那恩宠的时刻，
他即刻应允我：
用他爱中那束缚大能，
制服我的罪行，赐我安宁。

相反，他却让我察觉
我心底隐藏的罪恶；

又让地狱愤怒的势力
四面冲击我的灵魂。

是的，他似乎亲手
刻意加重我的痛苦；
剔除我每一个美好设想，
让蓖麻枯槁，又将我击倒。

我颤抖呼喊，主啊，为何如此，
你要置我这可怜人于死地？
主回答说："你求恩典和信心，
我用这方法回应你。

"我用这些内在的试炼，
救你脱离自我和骄傲；
破碎你寻求世上快乐的图谋，
你方能在我里面寻求一切。"

平安的秘诀

让我们回到《腓立比书》4 章。怎样才能让自己爱神更多？即便你相信神，"神"也可能很抽象。怎样才能对神产生更多的爱？不要试图控制你的情感，那没有效果。

应该让情感从你所见之处自然流露。留意保罗在第 7 节所说的：神所赐超过人所能了解的平安，**必在基督耶稣里，保守你们的心思意念**。这就是答案。你不能坐在家里，试图爱一位抽象的神。你必须注视耶稣——看清他是谁和他为你成就的一切。你不能盯着神笼统地看，而要看那个人，看基督具体做的事，这样才能爱那永不改变的神，并且寻找到平安。看看耶稣为你所做的——你会发现神的荣美如此不可抗拒。

《以赛亚书》57 章说："恶人却像翻腾的海，不能平静，海中的水不住翻起污秽和淤泥来。我的神说：'恶人必没有平安。'"（赛 57：20—21）初看起来，这句话不过是旧约里又一句宣告：神会惩罚恶人。但是仔细看看，这句话描述了一个自然的结果。斯多葛学派在这一点上没有错。如果你为了除神以外的事物而活，如果你爱其他事物超过神，那你的生活必然好像翻腾的海。你会焦躁不安，心里没有丝毫平安。如果你爱任何事物多过爱神，你必然总是处于焦虑之中。神说："远离我的自然结果——不以我为生命中心的自然结果——就是深深的焦躁不安。"

那本是我们应得的。但是保罗在《哥林多后书》5：21 中说："神使那无罪的替我们成为有罪的，使我们在他里面成为神的义。"这句话的意思不是说神让耶稣成为有罪的，而是他在十字架上遭到罪人的待遇。他承担了我们应受的惩罚——那些可怕的惩罚之一就是失去平安。你还不明白吗？耶稣走上十字架的时候说"我把全部心思意念集中在神的身上。无论在什么环境下我都知足"这样的话了吗？没有！耶稣没有说，因为**这不是他当时的状态**！

耶稣心里没有丝毫平安。他在十字架上呼喊。经文告诉我们，他在呼喊中死去。解经家威廉·雷恩（William Lane）在解释《马可福音》时说：

> 那被遗弃后的呼喊，那声尖叫——犯人在十字架上痛苦挣扎，直到精疲力竭，长时间失去知觉后方才死去。按照马可真实可怖的描述，耶稣骤然惨死。那被遗弃后的呼喊表达了无法理解的痛苦。[10]

耶稣在十字架上担当了我们应得的惩罚，包括这无穷无尽的剧痛和不安。正如《哥林多后书》5：21所说，他担当了我们应得的，所以我们能得到他应得的。耶稣全然失去心中的平安，为的是你和我能永远享有平安。定睛在他为你所做的、思想他为你所成就的这一切，会帮助你渡过难关。你会觉得神无比美好。

让我举个例子。霍雷肖·斯帕福德（Horatio Spafford）是一位美国律师，他在1871年的芝加哥大火中失去了全部财产。两年后，他把妻子安娜和四个女儿送上一艘横渡大西洋开往英国的轮船。航行中，这艘船和另一艘船相撞。船不断下沉，安娜把四个女儿聚在一起祷告。船彻底沉没了，她们被浪涛卷走，四个女儿全部遇难。后来救生船发现了安娜，她当时漂浮在海面上，毫无知觉。到了英国后，她给丈夫发了一封电报，只有四个字："仅我生还。"

后来斯帕福德坐船去英国接妻子回家，他在船上动笔写了一首圣诗——"我心灵得安宁……有时平安如江河……"这就是他当时写下的。我希望你想一想：为什么一个满怀忧伤寻求神赐平安的人——平安如江河——只写耶稣和他的救赎？为什么他要在这样一个时刻提到自己的罪性？他在诗中写道：

> 回想我众罪已全钉十架上，
> 罪担得脱下心欢畅，
> 我要常思念主慈爱主恩情，
> 赞美主，我心灵得安宁。[11]*

这和他死去的四个小女儿有什么关系？关系重大！因为当不幸发生时，你可能会想，自己罪有应得，这往往会让你失去平安。但是看看十字架！耶稣担当了所有惩罚。你也可能想，神根本不在乎。但是看看十字架！圣经向你启示了这样一位神，他说："我也失去了一个孩子，不是

---

* 译文选自《生命圣诗》，第 342 首，宣道出版社。——译者注

被迫的，而是自愿的，为了你，他死在十字架上，这样我才能带你回家。"

　　读这首圣诗，你会看到一个思考、感恩、爱神直到进入神的平安的人。他以此渡过了难关。保罗也是一样。你也可以。

第16章
盼望

愿那些让我忧伤的势力，
都为你所用，
日复一日
不断赞美你，释放我；
塑造我心怀关爱和勇气，
不只进天堂，更见到你。

——乔治·赫伯特，《苦难之四》

　　我又看见一个新天新地，因为先前的天地都过去了，海也再没有了。我又看见圣城，新耶路撒冷，从天上由神那里降下来，预备好了，好像打扮整齐等候丈夫的新娘。我听见有大声音从宝座那里发出来，说："看哪！神的帐幕在人间，他要与人同住，他们要作他的子民。神要亲自与他们同在，要作他们的神。他要抹去他们的一切眼泪，不再有死亡，也不再有悲哀、哭号、痛苦，因为先前的事都过去了。"坐在宝座上的那一位说："看哪，我把一切都更新了！"又说："你要写下来，因为这些话是可信的、真实的。"

——《启示录》21：1—5

对受苦的人来说，没有什么比心存盼望更实在的了。当盼望逐渐消失直至绝望，苦难就变得无法承担。圣经的结尾给了我们终极的盼望——一个不再有任何苦难的物质世界——"他要抹去他们的一切眼泪"。这是改变生命的活泼的盼望。

约翰的《启示录》是写给谁的？是一群正承受巨大苦难的人。第 4 节表明，那些人经历死亡、悲哀、哭号和痛苦。《启示录》完成于一世纪末，那时罗马皇帝图密善（Domitian）正在大规模迫害基督徒。很多人的家被拆毁、被抢劫，还有人被送进竞技场，在众目睽睽下被野兽撕碎。也有人被活活钉在柱子上，浑身淋满沥青，然后点火焚烧。这些就是《启示录》的收信人当时的处境。

那么约翰给予他们什么来面对这一切呢？就是终极的盼望——将要到来的新天新地。约翰把这个盼望给了他们，历史证明，这的确有助于他们面对苦难。我们知道，早期的基督徒在苦难中泰然自若，满有平安。野兽冲过来把他们撕碎时，他们唱诵圣诗，并且原谅那些杀害他们的人。于是越多人遇害，基督教就越兴旺。为什么？因为人们看到基督徒临死时的表现就说："这些人真了不起。"你知道为什么吗？因为他们有活泼的盼望。

人类为盼望所塑造。你对未来的盼望决定了你当下的生活方式。几年前我读到一个故事，两个人同时被抓进监牢。就在入狱前，其中一个发现自己的妻子和孩子已经死了，但是另一个得知妻子和孩子还活着，在等他回家。第一个人最初几年在监牢里意气消沉，缩成一团，最后在狱中丧命。另一个人却一直忍耐，保持强壮，十年后终于获释。两个人的处境相同，反应却截然不同。此刻的遭遇相同，头脑中的未来却不同。未来决定了他们如何面对现在。

所以约翰给受苦的人盼望，这是明智之举。你是否相信死后身体即朽坏？你能得到的只有今生的快乐？你是否相信有一天太阳要灭亡，人类文明会彻底消失，没有人会记得任何人的任何成就？这是关于未来的一种设想。但还有另一种设想：你是否相信"新天新地"？在末日审判之时，每一件恶行和不公义的事都逃不掉？你的未来充满无尽的欢乐？这是两种截然不同的关于未来的设想，你相信哪一个，就决定了你会怎样面对你今日的牢狱生活、此时的苦难。

早期的基督徒靠着这个盼望面对各种骇人听闻的苦难，但历史上还有其他例证。1947 年，非裔美国学者霍华德·瑟曼（Howard Thurman）在哈佛大学演讲，探讨黑人灵歌（Negro spiritual）的意义，回应当时的一种批评，即这些歌"过分关注来世"。的确，灵歌的歌词中全是天堂、末日审判、冠冕、宝座和我们将要穿的袍子。批评者认为，美国的黑人奴隶根本不需要这些，满口天堂反而让他们逆来顺受。但是霍华德·瑟曼回应说：

事实证明，［唱出来的信仰］的确让他们更有能力忍受苦难、化解苦难……它教会一个民族如何保持尊严，正视那些引人注目又叫人毫无希望的事实，他们以这些事实为基础，打造一份再残酷的环境也无法摧毁的希望……他们因此有能力抗拒灭亡，宣告自己有不折不扣的生存权。[1]

瑟曼认为，正因为这些奴隶有基督信仰，所以他们知道新天新地和末日审判，知道一切愿望最终都会实现，知道所有作恶的都会受惩罚——凡是恶行都被记下来。这份盼望，无论多沉重的压迫都不能将之消灭。为什么？因为盼望在于将来而非现在。有些人辩称，这些奴隶应该盼望切实的政治行动，这样才会改变处境——但是把盼望放在自己的成就上面，盼望会落空，绝望会把人吞没。对新耶路撒冷的盼望却不同，因为那注定要发生——这是神的行动，不是人的行动。

当然，来听瑟曼演讲的多是受过高等教育、没有宗教信仰的人。他们觉得灵歌中提到的事物的确美好，但都不过是象征，不能当真。瑟曼的回应切中要害，他说，如果你不当真，它们就无法成为真实的盼望：

说到底，拒绝逐字逐句接受其为真理，就是否定生命的尊严，否定人有实现全面发展的权利或必要性。按照时下的［世俗］观点，当下就是全部……世界由转瞬即逝的事件构成，人被囚禁其中——不过如此……然而对这些唱灵歌的奴隶来说，这种观点完全无法让他们的心灵得到满足，所以他们义无反顾，完全不接受。这样的成就是个奇迹，让他们和人类历史上最伟大、最有创意的宗教思想家平起平坐。他们本是主人的财产，一无所有……**却使自己卑贱的人生有了价值！** 他们怀着始终不渝的热情，顺服人生中各样经历，却没有被这些经历耗尽。对他们来说，这种生命特质之所以真切持久，是因为他们内心深处所持有的，他们发现了神和他深远的旨意……认识神，人生即拥有了最崇高的价值……[2]

瑟曼完全正确，要拒绝圣经中的应许"不过是象征"这种解读。假设时光倒流，你坐在那些奴隶中间，对他们说："我真的很高兴，你们从灵歌中得到许多安慰。但假如你们有机会去读一所好学校，你就会明白今生才是全部。根本没有天堂来弥补今生所有的苦难。也没有末日审判将一切不公绳之以法。但我还是希望你们能勇敢，活得有盼望。"然后可能有人说："让我直截了当地告诉你。你说今生才是全部，如果今生得不到快乐，那就永远得不到快乐了。如果真是这样，那我怎么能在任何环境下昂首挺胸？把我原来的盼望还给我！它可不是由我的政治地位决定的。"

如今，恐怕不会有人在观众的欢呼声中被狮子撕成碎片，也未必会一生为奴。我们身上有重担，却不至于是狮子和鞭子。所以，既然这个大盼望能帮助那些人面对苦难，它难道不能帮助我们面对此时此刻的苦难吗？

如何确定我们的确拥有这样的未来？答案就是相信耶稣，他承担我们应受的惩罚，于是我们能够进入他配得的天堂和荣耀。相信耶稣，就能确定。唐纳德·格雷·巴恩豪斯（Donald Grey Barnhouse）在费城第十长老会（Tenth Presbyterian Church）担任牧师许多年。他的妻子去世时女儿还小。那时候巴恩豪斯博士一直在寻求如何帮助女儿也帮助自己走出丧母丧妻之痛。有一次他们开车，一辆大型货车从旁边经过，阴影掠过他们的汽车。牧师灵光一现，对女儿说："你想被货车撞，还是被它的阴影撞？"女儿说："当然是阴影，因为那根本伤不了人。"他接着说："没错。如果撞到你的不是货车而是它的阴影，那就没事。说到你妈妈，掠过她头顶的不过是死亡的阴影。她其实还活着——比我们活得更好。那是因为两千年前，死亡那辆货车撞上了耶稣。耶稣死了，我们相信他，所以我们前面不过是死亡的阴影，我们要穿过它进入荣耀。"[3]

圣诗《基督今复活》（Christ the Lord Is Risen Today）的最后一段说："像他一样，我们复活；背负十架，坟墓，升天。"这是什么意思？听上去好像在戏弄人。它仿佛是说："来吧，十字架，你把我放得越低，你就会让我升得越高！来吧，坟墓，杀死我，你只能让我变得更好！"如果耶稣基督为我们而死，为了我们有盼望而承担了我们的绝望——如果耶稣的确从死里复活——那么最坏的事也会变成好事，而最好的事尚未来到。

在我的人生中，"超过人所能了解的平安"这种体会并不多。但是有一次，我真的很感恩，基督徒的这一大盼望带给我平安。当时我要做癌症手术，切除甲状腺，然后进行放射性碘的治疗，以清除身体里所有残存的癌变组织。我和全家人都很害怕、很忧虑。手术当天早上，我和妻子及孩子们见了一面，然后就被推进准备室。我开始祷告。我完全没有料到，忽然之间，我有了一个全新的清晰的视角。在我看来，宇宙浩瀚无边，充满喜乐、欢笑和至美。当然，它一直如此——三一真神创造它时，难道不正是用自己无尽的喜乐、智慧、爱和欢乐将它填满吗？在这伟大的荣耀中只有一小片黑暗——我们的世界——那里暂时有苦难。但那只是一个污点，很快就会褪去，然后一切都在光明中。我想：手术的结果不重要。一切都会好的。

我——我的妻子、孩子、教会——都会好的。然后我就睡了，平安照亮我心。

C.S. 路易斯写道：

如果认真对待圣经，相信神有一天会赐给我们晨星，让我们穿戴太阳的光辉，那我们可能会猜测，古代神话和现代诗歌虽然如历史般不可信，但也可能如预言般真实。我们现在身处这样一个世界的外部，在这个世界的门外，我们察觉到清晨新鲜纯净，但它们却无法让我们也变得新鲜纯净。我们无法融入眼前的光辉。但是新约中每一片叶子都在沙沙作响，有传闻说未来不会是这样。如果神愿意，我们会进入那日。人类的灵魂自愿顺服，和无生命的受造之物的顺服一模一样。我们要穿戴大自然的荣耀，不过大自然只是初稿，我们要穿戴更大的荣耀。我们被召聚，穿过大自然，超越大自然，进入她断断续续映照的光辉。[4]

后 记

　　我们来作个总结。如果了解圣经中的苦难神学，用心研读，认真思考，那么当忧伤、痛苦和失丧来临的时候，我们就不会惊讶，并且能用圣经提供的各种方法来应对。下面归纳的十件事是我们应当做的。

　　第一，我们必须认识到苦难的多样性。有些是自己的恶行造成的；有些是因为他人的背叛和攻击；还有更普遍的，就是每个人无论如何都要面对的失丧，比如亲人离世、疾病、财务危机，或临到自己身上的死亡。最后还有一种苦难，称得上骇人听闻——比如开枪射杀小学生。当然，实际情况往往融合了这四种苦难。每一种带来的感受都不尽相同——第一种是自责和羞耻；第二种是愤怒和厌恶；第三种是哀伤和恐惧；第四种是困惑，甚至对神发怒。尽管不同形式的苦难有相同的主题——处理的方式也大致相同——但仍然要区别对待。

第二，你必须有这种意识，即自己和其他受苦者性情不同。千万不能认为神帮助其他人穿过火炉的方法对你也完全适用。西蒙娜·薇依总结道，人在不幸中会经历孤立、过分专注自我、责备、愤怒，以及和痛苦"共谋"。看一下这个清单你会发现，由于个人的性情、属灵成熟度还有受苦的原因都不相同，每个因素可强可弱，所以要具体情况具体分析。

第三，**哀伤哭泣**不可避免。一定不能有所顾忌，要对你自己和神真诚地表达痛苦和悲哀。不要以信仰的名义否定情感或极力控制情感。读一读《诗篇》中的哀歌和《约伯记》。我们绝望的时候，神是很有耐心的。要向他倾心吐意。

第四，要**信靠**。尽管我们可以放心地向神表露真实情感，但我们也要振作，信靠神的智慧（因为他掌权），信靠神的爱（因为他经历过你所经历的一切）。哀伤过后，你最终一定要像耶稣一样——先是诚心恳求，"让这杯离开我"——说："愿你的旨意成全。"会有挣扎，直到你能把这句话说出口。

第五，一定要**祷告**。尽管约伯一直在抱怨，并且诅咒他出生的那日——他把这一切都放在祷告中。他向神抱怨；他在神面前挣扎。在苦难中，无论多么干枯和痛苦，你一定要读圣经、祷告、参加敬拜。正如西蒙娜·薇依所说，如果没有能力爱神，必须**有意愿**爱神，或至少求神帮助你爱神。

第六，一定要进行**思考**的操练。要反复思考真理，牢记神为你所做的一切和将要为你成就的一切，从中获得新的视角。你也要"和自我沟通"，倾听内心，同时也要与内心辩论交谈。要说："**我的心哪！你为什么沮丧呢？不可忘记他的一切恩惠。**"（诗 42；诗 103）这不是让你强迫自己的感受，而是引导你的思考，最终让心灵参与其中。在思考和自我沟通时，一定要怀着基督徒的盼望。如果你正面临自己或他人的死亡，那么反复思考天堂、重生和新天新地，则显得尤其迫切。不过，对于所有受苦者来说，思考的操练都至关重要。

第七，要有意地**自我省察**。圣经把苦难比作"健身房"，正是要我们做这样的操练。自我省察不是向内寻找受苦的原因。约伯的朋友试图这样做，可是约伯受苦，并非因为神要他改过自新。尽管如此，约伯还是变得更宽容，更成熟。每一次遭遇困境，都是自我省察的机会，要问自己——**我要如何成长？这次的困难揭示了我身上什么弱点？**

第八，一定要**将心中所爱重新排序**。苦难让我们看到，我们给某些事物的爱过多，或者相对来讲，我们给神的爱太少。我们把美好的事物当作终极目标，结果让苦难更深更重。如果在苦难中让自己学会爱神更多，那么苦难只会把我们塑造得更好（绝不是更差）。要得到这个结果，就要承认神在耶稣基督里为我们所受的苦，用祷告、思考和信靠，让那份爱进入我们的灵魂。

第九，不能停止聚会。西蒙娜·薇依提到不幸让人孤立自我。但是早期的基督徒团体为受苦者提供了非常好的支持。描写初代教会的作家称，那时的基督徒"坦然面对死亡"，不是因为生性刚强，而是因为教会给了他们最深刻的同情和支持。基督徒若明白福音，就不会成为"让人愁烦的安慰者"，好像约伯那些只会说教的朋友一样。福音能够解释苦难，给苦难赋予意义，这是世俗社会做不到的。要找一间关爱和支持受苦者的基督教会。

第十，有些苦难——尤其是前面提到的那四种的前两种，在应对时需要技巧，使我们能从神那里领受恩典和宽恕，同时也能给他人恩典和宽恕。我们在苦难中看到了自己的道德失误或显露罪性的性格缺陷，这促使我们悔改，与神与人和好。若我们因背叛和不公而受苦，学会宽恕就显得尤其重要。我们必须从心底饶恕那作恶的，不求报复，才有可能竭力追求公义。[1]

正如乔治·赫伯特所说，实践上面提到的每一件事，你的**欢乐会变成哭泣**，但是接下来，你的**哀伤会变为歌唱**。

注 释

前言　万物深处，惊恐发出隆隆巨响

1. Ernest Becker, *The Denial of Death* (Free Press, 1973), pp. 283–284.

2. 《诗篇》34：1—3，我们在婚礼上采用的是标准修订本圣经（Revised Standard Version）。不过我加了"来"（come）这个词，强调我们呼召对方，"来一同高举他的名"。

3. 根据 *The Independent* 对世界卫生组织的报道，见 http：//www. independent. co. uk/news/world/politics/un-report-uncovers-global-child-abuse-419700. html。

4. William Shakespeare,《麦克白》，第四幕第三场中麦克杜夫的台词。

5. Becker, *Denial of Death*, pp. 283–284.

6. Ann Patchett, "Scared Senseless," *The New York Times*

Magazine, October 20, 2002.

7. Philip Yancey, *Where Is God When It Hurts?* (Zondervan, 2002), p. 77.

8. Robert Andrews, *The Concise Columbia Dictionary of Quotations* (Columbia University Press, 1989), p. 125.

9. C. S. Lewis, *The Problem of Pain* (Harper, 2001), p. 94.

10. Ibid. , p. 91.

11. "How Firm a Foundation," John Rippon 于 1787 年创作的圣诗。

第 1 章　不同文化中的苦难

1. Max Scheler, "The Meaning of Suffering," in *On Feeling, Knowing, and Valuing: Selected Writings*, ed. H. J. Bershady (University of Chicago Press, 1992), p. 98.

2. Christina Simko, "The Rhetorics of Suffering," *American Sociological Review* 7(6), p. 882, 其中引用了社会理论先驱学者 Max Weber 的看法。见 Weber, *The Sociology of Religion*, trans. Ephraim Fischoff (Beacon Press, 1963), pp. 138ff (Chapter IX, "Theodicy, Salvation, and Rebirth")。

3. Richard A. Shweder, Nancy C. Much, Manamohan Mahapatra, and Lawrence Park, "The 'Big Three' of Morality (Autonomy, Community, Divinity) and the 'Big Three' Explanations of Suffering," in *Why Do Men Barbecue?:Recipes for Cultural Psychology*, ed. Richard

A. Shweder (Harvard University Press, 2003), p. 74.

4. Peter Berger, Brigitte Berger and Hansfried Kellner, *The Homeless Mind: Modernization and Consciousness* (Vintage, 1974), p. 185. Berger 在这本书和 *The Sacred Canopy: Elements of a Sociological Theory of Religion* (Anchor, 1967)中跟随 Max Weber 使用 theodicy 一词来描述所有社会或文化共同的特征——就是为受苦的人赋予苦难的意义。但是，这个词最初是由哲学家 Gottfried Leibniz 创造的，意思是"发生苦难后为神的作为辩护"。Theodicy 一词在传统上是指，在面对邪恶和苦难证明神不存在这一论点时，为神的存在作辩护。见 Peter van Inwagen, *The Problem of Evil: The Gifford Lectures Delivered in the University of St Andrews in 2003* (Oxford University Press, 2006), pp. 6–7 及脚注。我认为相比 Berger 的理解，还是按 Leibniz 最初的解释来理解这个词比较好，后者带有更多神学意味。

5. Simko, "Rhetorics," p. 884.

6. Maureen Dowd, "Why, God?", *The New York Times*, December 25, 2012.

7. Ronald K. Rittgers, *The Reformation of Suffering: Pastoral Theology and Lay Piety in Late Medieval and Early Modern Germany* (Oxford University Press, 2012), p. 4.

8. Tom Shippey, *The Road to Middle-Earth* (Houghton Mifflin, 2003), p. 78.

9. C. S. Lewis, *The Problem of Pain*, p. 57.

10. Dr. Paul Brand and Philip Yancey, *The Gift of Pain* (Zondervan, 1997), p. 12.

11. Peter Berger, *The Sacred Canopy*, pp. 60 – 65.

12. Max Scheler, "The Meaning of Suffering," p. 98.

13. Peter Berger, *The Sacred Canopy*, p. 62. Berger 对神义论的论述，即各种文化应对苦难的策略，很大程度上是基于 Max Weber 的分类。

14. Peter Berger, *The Sacred Canopy*, pp. 73 – 76. Berger 把加尔文主义基督教（Calvinistic Christianity）归入此类，还给这个类别取了个不幸的名字，叫做**宗教受虐主义**（religious masochism）。

15. Weber, *Sociology of Religion*, pp. 144 – 145.

16. Ibid., p. 62.

17. Shweder, et al., *Why Do Men Barbecue?*, p. 125.

18. Richard Dawkins, *River Out of Eden: A Darwinian View of Life* (Basic Books, 1996), pp. 132 – 133.

19. Ibid., p. 96.

20. Richard Dawkins, *The God Delusion* (Houghton Mifflin, 2006), p. 360.

21. Shweder, et al., *Why Do Men Barbecue?*, p. 74.

22. Richard Dawkins, *The God Delusion*, p. 360.

23. 这一段来自 Dawkins 的电视节目 *Sex, Death and the Meaning of Life*，该节目 2012 年 10 月播出。见 http://www. channel4. com/programmes/sex-death-and-the-meaning-

of-life。

24. Shweder, et al. , *Why Do Men Barbecue?* , p. 125.

25. Ibid.

26. James Davies, *The Importance of Suffering: The Value and Meaning of Emotional Discontent* (Routledge, 2012), p. 29.

27. Ibid. , pp. 1 - 2.

28. Ibid. , p. 2.

29. Ibid.

30. C. S. Lewis, *The Abolition of Man* (Harper, 2009), p. 77.

31. Charles Taylor, *A Secular Age* (Harvard University Press, 2007), pp. 373,375.

32. http: //www. bostonreview. net /books-ideas-miccoy-family-center-ethics-society-stanford-university /lives-moral-saints.

33. Scheler, "The Meaning of Suffering, " p. 110.

34. Ibid.

35. Ibid.

36. Ibid. , p. 111.

37. Ibid.

38. Aleksandr Solzhenitsyn, *The Gulag Archipelago 1918 - 1956* (Harper &. Row, 1974).

39. Ibid. , p. 112.

40. Ibid. , p. 113.

第 2 章　基督教的胜利

1. 本书提到的古代异教对苦难的看法是根据 Rittgers, *Reformation of Suffering*, chaps. 2 – 3, 和 Luc Ferry, *A Brief History of Thought: A Philosophical Guide to Living* (Harper, 2010), chaps. 1 – 3。亦见 Robert C. Gregg, *Consolation Philosophy: Greek and Christian Paideia in Basil and the Two Gregories* (Philadelphia Patristic Foundation, 1975), chap. 1; 以及 John T. McNeil, *A History of the Cure of Souls* (Harper, 1951), chap. 2。

2. Rittgers, *Reformation of Suffering*, p. 39.

3. Ferry, *Brief History*, p. xiv.

4. Ibid.

5. Ibid. , p. 4.

6. Ibid. , p. 7.

7. Ibid. , pp. 3 – 5.

8. Ibid. , p. xiv.

9. Ferry, *Brief History*, chap. 2, "The Greek Miracle", 当中对斯多葛学派的总结很有用。亦见 Rittgers, *Reformation of Suffering*, pp. 39 – 40。

10. Rittgers, *Reformation of Suffering*, p. 39.

11. Ferry, *Brief History*, p. 45.

12. Rittgers, *Reformation of Suffering*, p. 39.

13. Epictetus, *Discourses* III, 24, 84 – 88. 转引自 Ferry, *Brief History*, pp. 47 – 48。

14. Ibid. , p. 48.

15. Ibid.

16. Ibid. , p. 50.

17. Epictetus, *Discourses*, III, 24, 91 – 94, 和 Marcus Aurelius, *Meditations*, IV, 14。转引自 Ferry, *Brief History*, p. 37。

18. 可以这样总结 Cicero 给痛苦者的建议——"给灵魂的治疗"——为了那些承受痛苦的人。首先，必须告诉他们，不要对痛苦感到惊讶，很多人都经历过类似的情况，所以，大致上只要是活着的人都要面对失去和痛苦。其次，他们必须有这样的观念，就是"已经知道悲伤没有好处还无谓地悲伤，那真是太愚蠢了"（Cicero, *Tusculan Disputations*, III, 6, Sect. 12, 转引自 Rittgers, *Reformation of Suffering*, p. 40）。第三，他们要记住，时间会治愈痛苦，但是可以运用理性，加速治愈，也就是认识到事物的暂时性，还有生命不过是从自然借来的，一定要归还。

19. Henri Blocher, *Evil and the Cross: An Analytical Look at the Problem of Pain* (Kregel, 1994), pp. 15 – 17, 其中对东方思想做了很好的总结。

20. 我发现很多人论称，佛教不是一种泛神论（pantheism）而是无神论（atheism）。我也知道有很多西方文化的无神论者，他们笃信佛教，因为他们说佛教带给他们灵性，却不要求相信一个神明。但是按照西方的观念，佛教并非真的是无神论。它十分相信超自然和形而上的力量，它相信自然和物质世界不过是幻象，万物的本质都是灵。许多学者指出，佛并不是想要推翻印度早期的宗教，而是想要改良。Henri Blocker 引用哈佛大学的 Ananda Coomaraswamy，后者指出你越是深入研究，越会发现"很难区分佛教和婆罗门教"。见 Blocher, *Evil and the Cross*, p. 17。

21. 除了斯多葛派，许多西方哲学家也认同这个处理邪恶和苦难的方法，比如 Spinoza、Hegel、神秘主义者 Meister Eckhart，以及不少作家，包括 Ralph Waldo Emerson 和 Walt Whitman。新纪元（New Age）思想和基督教科学派（Christian Science）的创始人 Mary Baker Eddy 的思想在很大程度上也有其特性。这是基于"泛神论"，即一种对神的理解。根据 *Stanford Dictionary of Philosophy*："泛神论是一种信念，即所有存在的实体都只是一种存在，其他形式的现实要么是它的模式（或表象），要么是它的复制。"http：//plato. stanford. edu/entries/pantheism。在流行文化上，很多科幻作品都有一个非人格化的神圣的灵，里面善恶并存。《星球大战》电影里集合所有生命的唯一生命"原力"（The Force）既有黑暗的一面，也有美好的一面。

22. 见 Ferry, *Brief History*, pp. 43–49, 其中仔细对比了佛教和古希腊斯多葛学派。

23. Plutarch, *A Letter of Condolence to Apollonius*, 转引自 Rittgers, *Reformation of Suffering*, p. 43。

24. 见 Rittgers, *Reformation of Suffering*。Rittgers 对这个

领域的研究非常卓越且有创见，本节和下一节在许多地方依据他的研究成果。

25. Cyprian, *On Mortality*, chap. 13，转引自 Rittgers, *Reformation of Suffering*, p. 45。

26. Ibid., p. 47.

27. Judith Perkins, *The Suffering Self: Pain and Narrative Representation in the Early Christian Era* (Routledge, 1995).

28. Ferry, *Brief History*.

29. Ibid., p. 52.

30. Ambrose of Milan, *On the Death of Satyrus*. 转引自 Rittgers, *Reformation of Suffering*, pp. 43 – 44。

31. Ibid., p. 52.

32. Ibid., pp. 52 – 53.

33. Ibid., p. 63.

34. Ibid., p. 46.

35. Ibid.

36. Ibid., p. 86.

37. 尽管 Seneca 相信有一位神，可是那位神依然受命运操控。在古希腊罗马的观念中，命运是非人格化的，其安排完全无法解释，如果说命运对公义有兴趣，那可是大错特错。命运变幻无常，虽然在一些古代作品里，作者用诗意的手法把它人格化了。Boethius 在 *Consolation of Philosophy* 中很好地表达了这个观点："如果你觉得幸运女神转向你了，那你可真的想错了。她的本性就是变来变去⋯⋯这位女神随心所欲，你不过是发现了她变换的面孔而已⋯⋯她任意挥手转动命运的轮盘，好像搅动凶险的海湾，急流前后冲撞。痛苦的哭嚎她听不见，泪水她也不理会，有人因她的所作所为痛苦呻吟，她不为所动，放声大笑。"见 Boethius, *The Consolation of Philosophy*，由 Victor Watts 写序并翻译（rev. ed.；Penguin, 1999），pp. 23 - 24。

38. Ibid. , pp. 46 - 47.

39. Ibid. , p. 47.

40. Ibid. , p. 89.

41. Ibid. , pp. 53,90.

42. 见 Gregory the Great, *The Book of Pastoral Rule*, trans. George Demacopoulos（St Vladimir's Seminary Press, 2007），以及 Thomas C. Oden 在 *Care of Souls in the Classic Tradition*（Fortress Press, 1984)中对这部作品的总结和讨论。Rittgers 在 *Reformation of Suffering*, pp. 49 - 52 中有对 Gregory 的 *Moralia* 和 *Pastoral Rule* 这两本书的概览。

43. Rittgers, *Reformation of Suffering*, p. 51.

44. Ibid. , p. 53.

45. Ibid. , p. 61.

46. Ibid. , p. 62.

47. Ibid. , p. 88.

48. Martin Luther, *Luther's Works*, Volume 29: *Lectures on Titus, Philemon, and Hebrews*, ed. Jaroslav Pelikan

(Concordia, 1968), p. 189. 转引自 Rittgers, *Reformation of Suffering*, pp. 103 – 104。

49. Rittgers, *Reformation of Suffering*, p. 95.

50. Martin Luther, *Luther's Works*, Volume 14: *Selected Psalms III*, ed. Jaroslav Pelikan (Concordia, 1968), p. 163. 转引自 Rittgers, *Reformation of Suffering*, p. 101。

51. Rittgers, *Reformation of Suffering*, p. 112. 见 chap. 5, "Suffering and the Theology of the Corss," pp. 111 – 124。

52. Ibid. , p. 112.

53. Ibid. , p. 117.

54. Alister McGrath, *Luther's Theology of the Cross: Martin Luther's Theological Breakthrough* (Blackwell, 1990), p. 170.

55. Rittgers, *Reformation of Suffering*, p. 117. Luther 强调, 神尽管是神, 却依然经历苦难, 在这一点上, 他比宗教改革运动中其他神学家走得更远。当然, 路德坚持认为神没有失去他无所不能的神性本质。神无所不能, 这永远是他的神性本质。但是路德认为, "神在基督身上, 主动将他的神性和人性结合, 以至于他的神性本质也可以真的经历苦难。"在某种程度上, 路德的说法表达了他 *communicatio idiomatum* 的观点——基督的神性和人性彼此相连。在十六世纪二十年代后期发生的圣餐礼仪争议当中, 路德坚持认为, 这两种特性可以互相沟通, 但是许多改革运动的神学家都不同意。无论如何, 圣经中神经历并且了解人类的苦难, 这是圣经的教导, 是让基督教不同于其他宗教的一个观念。

56. Ibid. , p. 115.

57. Taylor, *Secular Age*, p. 25.

58. Ibid. , p. 542.

59. 我知道如果我按照这个次序介绍这些术语和概念，可能会让人产生一个印象，即"内在框架"——"缓冲的世界"——导致"缓冲的自我"。实际上，Taylor 认为现代自我早于现代世界。不过他的理由过于复杂，我在这里不加详述。

60. Taylor, *Secular Age*. 这句话里的第一个术语分别引自 pp. 38，581。

61. Ibid. , 27.

62. Megan L. Wood, "When the New You Carries a Fresh Identity, Too," *The New York Times*, February 17, 2013.

63. Taylor, *Secular Age*, p. 232.

64. Ibid. , p. 306.

65. Andrew Delbanco, *The Death of Satan: How Americans Have Lost the Sense of Evil* (Farrar, Straus, and Giroux, 1995), pp. 106 - 197.

66. Christian Smith, *Soul Searching: The Religious and Spiritual Lives of American Teenagers* (Oxford University Press, 2007).

67. Ferry, *Brief History*, pp. 3 - 5.

68. Susan Jacoby, "The Blessings of Atheism," *The New York Times*, January 5, 2013.

第3章 挑战世俗文化

1. Henri Frédéric Amiel 的这两句话被 James Davie, *The Importance of Suffering: The Value and Meaning of Emotional Discontent* (Routledge, 2012)标题页引用。

2. Ibid. , p. 75.

3. Samuel G. Freedman, "In a Crisis, Humanists Seem Absent," *The New York Times*, December 28, 2012.

4. Jacoby, "Blessings of Atheism. "

5. Ibid.

6. 正如 David L. Chappell 在 *A Stone of Hope* 中所指出的，非暴力反抗作为民权运动中一个关键策略，并不是由来自北方、持自由思想的白人提出的。它其实是由非裔美国教会和神职人员提出的，这些人对罪和人性持有更悲观的观点。见 Chappell, *A Stone of Hope: Prophetic Religion and the Death of Jim Crow* (University of North Carolina Pres, 2007), chap. 2, "Recovering Optimists", 和 chap. 5, "The Civil Rights Movement as a Religious Revival"。*The New York Times* 的书评中写道："读这本书，你不可能不重新思考，宗教在……公共生活中扮演了什么角色。"

7. 转引自 Steven D. Smith, *The Disenchantment of Secular Discourse* (Harvard University Press, 2010), p. 166。

8. Michael Sandel, *Justic: What's the Right Thing to Do?* (Farrar, Straus, and Giroux, 2010).

9. 关于 "Obama's Speech in Newtown" 的评论，见 http: //

reason-being. com。

10. 见 Emily Esfahani Smith, "There's More to Life Than Being Happy," *The Atlantic*, January 9, 2013。这篇文章很好地阐述了 Frankl 思想的精华。

11. Victor Frankl, *Man's Search for Meaning* (Washington Square Press, 1984), p. 54.

12. Eleanor Barkhorn, "Why People Prayed for Boston on Twitter and Facebook, and Then Stopped," *The Atlantic*, April 20, 2013; 可上网阅读, http://www. theatlantic. com/national/archive/2013/04/why-people-prayed-for-boston-on-twitter-and-facebook-and-then-stopped/275137。

13. Andrew Solomon, *Far from the Tree: Parents, Children, and the Search for Identity* (Scribner, 2012), p. 47.

14. Ibid. , pp. 357 – 363.

15. Martha C. Nussbaum, *Women and Human Development: The Capabilities Approach* (Cambridge University Press, 2000), chap. 1, "In Defense of Universal Values", 转引自 Steven D. Smith, *Disenchantment*, p. 167。如果想更多了解为什么世俗对人权的解释行不通, 见 Smith 的 *Disenchantment* 和 Nicholas Wolterstorff 的 *Justice: Rights and Wrongs* (Princeton University Press, 2008), pp. 323 – 341。

16. Solomon, *Far from the Tree,* p. 147.

17. Ibid. , p. 697.

18. Shweder, *Why Do Men Barbecue?*, p. 128.

19. John Gray, *Straw Dogs: Thoughts on Humans and Other Animals* (Farrar, Straus, and Giroux, 2003), p. 142.

20. Andrew Delbanco, *The Real American Dream: A Meditation on Hope* (Harvard University Press, 1999), pp. 1, 3.

21. Ibid., p. 5.

22. 转引自 Delbanco, *Real American Dream*, p. 109。

23. Ibid., pp. 96 – 97.

24. Ibid., p. 102.

25. Ibid., p. 103.

26. Robert Bellah et al, *Habits of the Heart: Individualism and Commitment in American Life* (University of California Press, 1985).

27. Wood, "New You."

28. William H. Willimon, *Pastor: The Theology and Practice of Ordained Ministry* (Abingdon, 2002), p. 99.

29. Ibid., pp. 98 – 99.

30. 我在 *Counterfeit Gods* (Dutton, 2009) 一书中详细回顾了圣经中乃缦和先知以利沙的故事。

31. J. R. R. Tolkien, *The Lord of the Rings: The Fellowship of the Ring* (Houghton Mifflin, 2004), p. 50.

第4章 恶之难题

1. Albert Camus, *The Plaugue*, trans. Stuart Gilbert (Random House, 1991), p. 128.

2. David Hume, *Dialogues Concerning Natural Religion*,

ed. Richard Popkin (Hackett Pub, 1980), p. 63.

3. 见 Peter Berger 和 Thomas Luckman, *The Social Construction of Reality: A Treatise in the Sociology of Knowledge* (Anchor, 1967);又见 Berger, *A Rumor of Angels: Modern Society and the Rediscovery of the Supernatural* (Doubleday, 1969), pp. 40ff (chap. 2, "The Perspective of Sociology: Relativizing the Relativizers")。

4. J. L. Mackie, "Evil and Omnipotence," *Mind* 64, no. 254 (April 1955), 转引自 Alvin Plantinga, *Warranted Christian Belief* (Oxford University Press, 2000), p. 460。

5. 见 Alvin Plantinga, *God, Freedom, and Evil* (Eerdmans, 1974) 和 *The Nature of Necessity* (Oxford University Press, 1974)。Plantinga 最初是在 *God and Other Minds: A Study of the Rational Justification of Belief in God* (Cornell University Press, 1967; paperback ed. 1990), pp. 115 – 155 (chap. 5, "The Problem of Evil" 和 chap. 6, "The Free Will Defense") 中详细深入讨论这个话题的。

6. Plantinga, *Warranted Christian Belief*, p. 461.

7. William P. Alston, "The Inductive Argument from Evil and the Human Cognitive Condition," *Philosophical Perspectives* 5(1991):30 – 67.

8. Daniel Howard-Snyder, ed., *The Evidential Argument from Evil* (Indiana University Press, 1996). Alvin Plantinga 在 *Warranted Christian Belief*, pp. 465 – 481 中的观点和 William Rowe 以及 Paul Draper 的或然率观点

互相影响。

9. J. P. Moreland and William Lane Craig, *Philosophical Foundations for a Christian Worldview* (Inter-Varsity Press, 2003), p. 552. 这里总结了 Plantinga 和他同事的观点。

10. Van Inwagen, *Problem of Evil*, p. 6.

11. John Hick, *Evil and the God of Love* (rev. ed.; Harper, 1978), pp. 255 – 256. "Against Heresies," in *The Ante-Nicene Father*, eds. Alexander Roberts and James Donaldson (Hendrickson, 1994), vol. I, pp. 521 – 522 中举例说明了 Irenaeus 的观点。

12. 在 A. I. Melden, ed. *Ethical Theories* (2nd ed.; Prentice-Hall, 1955)中选登了 Augustine 关于邪恶与自由意志的文章。

13. Jean-Paul Sartre, *Being and Nothingness* (Philosophical Library, 1956), p. 367.

14. 按照这个观点，邪恶不是一样实体或者东西，而是美善"被剥夺"的状态。可以用视力来形象地说明这一点。一棵树没有视力，这并非邪恶，因为树的本质不包含视力。但是，如果一个人的眼睛没有视力，那就是受苦或者邪恶，因为人有双眼，目的就是要能看见。这个观点影响深远，不仅 Augustine 和 Aquinas 认同，许多新教改革宗神学家和当代护教家（比如 C. S. Lewis）都支持。虽然我基本同意这个观点有用，但是也有人指出它在某些方面的问题——托马斯主义神学家 Etienne Gilson 认为邪恶本质上是"无"（non-being）。但这真的是邪恶的全部吗？圣经上不是把邪恶这股势力描述得很主动、很有攻击性吗？或者，说邪恶导致软弱和分裂是有道理的，但是说它"陷入无之状态"，或许太没有说服力了。最后，把邪恶称作堕落的状态而不是受造物，这个说法不能解释为什么神允许邪恶存在。John Frame 在他的文章 "The Problem of Evil" 中批判了这个观点，该文出现在 *Suffering and the Goodness of God*, eds. Christopher W. Morgan and Robert A. Peterson (Crossway, 2008), pp. 144 – 152 中。Jeremy A. Evans, *The Problem of Evil: The Challenge to Essential Christian Beliefs* (Broadman, 2013), pp. 1 – 2 中总结了这个观点，而且引用了 Thomas Aquinas 提出这个观点的文献。

15. Van Inwagen, *Problem of Evil*, p. 90.

16. Ibid., pp. 85 – 86. Van Inwagen 认为《创世记》中记载的亚当和夏娃堕落的故事根本不可能发生。他说"这个故事有悖于人类进化的科学解释和物质宇宙的历史"（p. 84）。但是作为一名基督徒，van Inwagen 相信《创世记》1—3 章展示了"人类史前历史的真实事件"（p. 85）。按照 van Inwagen 的解读，神引领人类进化过程，直到"几十个"灵长类出现，神于是"奇迹般地让他们拥有理性……给了他们语言、抽象思维和无私的爱这些礼物，当然还有自由意志……因为那是爱的必要条件"（p. 85）。那些先祖的生活仿佛天堂，"与完美的爱和谐共存"，"拥有……超自然能力"，可以免于疾病、自然灾害、衰老和死亡（p. 86）。但是在这个故事里，那些最初的人类——为没有苦难的完美世界而创造的人——背离了神，反叛他公正的权威。"他们滥用自由意志，主动与神隔绝"（p. 86），结果就是道德之恶和自然之恶。自然之恶发生，是"他们叛逆带来的必然结果，自然之力随心所欲，人类必须面对毁灭"。道德之恶发生，是"他们的基因里形成了一个底层，叫做原罪，出生时即带有犯罪的倾向"（p. 87）。

Van Inwagen 论称，他没有必要证明自己这个故事是真的，以便自圆其说。按照邪恶对神的指控，神没有任何合理的理由用来解释他为什么允许邪恶和苦难发生。这是前提条件。Van Inwagen 说："我只是主张，既然假定故事的主角，也就是神，他存在……那么这个故事很有可能是真的。"（p. 90）但如果这个故事可信，让人明白神**可能**是因为这个原因允许邪恶和苦难——即使不能确定正是这个原因，那它也证明了邪恶对神的指控的前提条件——根本没有这样的合理理由——是错误的。

Van Inwagen 的故事和论点很有创见，他让相信进化论的基督徒仍然能用人类堕落来解释，为什么自然之恶和道德之恶存在。尽管如此，虽然它在哲学上有力地驳斥了怀疑者，但我并不相信它符合圣经的记述。如果没有亚当和夏娃这两个人，就不能解释为什么所有人都同样有罪。另外，保罗在《罗马书》5 章和《哥林多前书》15 章说过亚当代表了整个人类，那样也就无法成立了。本书第 8 章和注释有更多关于此话题的讨论。

17. Ibid. , p. 90.

18. 如果要全面了解为什么"自由至上主义"不是圣经中对自由的定义，可参考 G. C. Berkouwer 在 *Man: The Image of God* （Eerdmans, 1962），pp. 310 – 348 中的一篇文章 "Human Freedom"。

19. D. A. Carson, *How Long, O Lord?: Reflections on Suffering and Evil* (2nd ed. ; Baker, 1990), pp. 177 – 203 (chap. 11, "The Mystery of Providence")很好地考察了相关的圣经材料。亦见 J. I. Packer, *Evangelism and the Sovereignty of God* (Inter-Varsity Press, 1961)。

20. Alvin Plantinga 对自由意志神义论给出了一个简短版本，Peter van Inwagen 的解释是"延伸"版本。他们二人都强调，他们是在作辩护，而非提出神义论。但是在我和其他人看来，他们的确是在用自由意志这个故事，达到神义论的目的，因为他们试图以此回答**为什么**神会允许邪恶和苦难存在。

21. C. S. Lewis, *The Problem of Pain* (Harper eBook, 2009)；Richard Swinburne, *Providence and the Problem of Evil* (Oxford University Press, 1998).

22. 见 Donald A. Turner, "The Many-Universes Solution to the Problem of Evil,"in Richard M. Gale and Alexander R. Pruss, eds. , *The Existence of God*, Aschgate, 2003, pp. 143 – 159。

23. Ibid.

24. Alvin Plantinga, "Self-Profile," in *Alvin Plantinga*, eds.

James E. Tomberlin and Peter van Inwagen (Reidel, 1985), p. 35.

25. Van Inwagen, *Problem of Evil*, p. 64，记载了无神论和有神论关于恶之难题的对话。

26. Ibid., p. 65.

27. 值得注意的是，通过辩护——而不是提供无懈可击的神义论——来回应邪恶对神的攻击，信神的人反而有可能（表明神可能有哪些合理的理由允许邪恶持续）利用传统神义论中的精华思想。每一种神义论都在相当程度上解释了神允许苦难的原因，但都不完全。

28. Plantinga 在 *Warranted Christian Belief*, pp. 481 – 482 中作出阐明。

29. Stephen John Wykstra, "Rowe's Noseeum Arguments from Evil," in *The Evidential Argument from Evil*, ed. Daniel Howard-Snyder (Indiana University Press, 1996), pp. 126 – 149.

30. Wykstra, "Rowe's Noseeum," p. 126.

31. Plantinga, *Warranted Christian Belief*, pp. 466 – 467.

32. 事实论证最著名的支持者是 William Rowe。见 William L. Rowe, "The Problem of Evil and Some Varieties of Atheism," *American Philosophical Quarterly* 16(1979)：335 – 341。

33. Ray Bradbury 的小说 *A Sound of Thunder*，可以在此阅读：http：//www. lasalle. edu/～ didio/courses/hon462/ hon462 _ assets/sound _ of _ thunder. htm。

34. Moreland and Craig, *Philosophical Foundations*, p. 543.

35. Van Inwagen, *Problem of Evil*, p. 97.

36. Elie Wiesel, *Night* (Hill and Wang, 1960).

37. Ibid. , pp. 43 – 44.

38. 值得注意的是，虽然 Elie Wiesel 不遗余力地驳斥神的存在和美善，但他最终并没有放弃信仰。

39. J. Christiaan Beker, *Suffering and Hope: The Biblical Vision and the Human Predicament* (Eerdmans, 1994). 本书作者的信息来自一篇序言，"The Story behind the Book，"作者是 Ben C. Ollenburger。

40. Ibid. , p. 16.

41. Blaise Pascal, *Pascal's Pensées* (Echo Library, 70), *Pensées*, pp. 276, 277.

42. C. S. Lewis, *Mere Christianity* (Macmillan, 1960), p. 31.

43. C. S. Lewis, *Christian Reflections* (Eerdmans, 1967), p. 69.

44. Ibid. , pp. 69 – 70.

45. Ibid. , p. 70.

46. Ibid. , pp. 69 – 70.

47. Alvin Plantinga, "A Christian Life Partly Lived," in *Philosophers Who Believe*, ed. Kelly James Clark (IVP, 1993), p. 73. 亦见 Plantinga 给 Peter van Inwagen 的信。"我倾向于相信……对无神论者来说，邪恶是个问题……如果有神论是假的，那么根本就没有所谓的对与错，于是也就没有邪恶。"van Inwagen, *Problem of Evil*, p. 154，n14。

48. A. N. Wilson, "Why I Believe Again," *The New Statesman*, April 2, 2009.

49. Andrea Palpant Dilley, *Faith and Other Flat Tires: Searching for God on the Rough Road of Doubt* (Zondervan, 2012), pp. 224 - 225.

50. Dilley 在接受 Micha Boyett 访问时有此评论，见 http：//www. patheos. com/blogs/michaboyett/2012/04/andrea-palpant-dilley-doubt-flat-tires-and-the-goodness-of-god。

第5章　挑战信仰

1. Van Inwagen, *Problem of Evil*, p. 89.

2. NIV - 1984 译本。

3. Alvin Plantinga, "Supralapsarianism, or 'O Felix Culpa'," in *Christian Faith and the Problem of Evil*, ed. Peter van Inwagen (Eerdmans, 2004), p. 18. 相比 Plantinga 更出名的 "Free Will Defense" 一文，这篇文章似乎对恶之难题采取了一种更传统的加尔文主义观点。亦见 van Inwagen 对加尔文主义神义论的注释，他认为加尔文主义神义论虽然思想架构并没有那么稳健，但还是有希望；van Inwagen, *Problem of Evil*, p. 163, n9。

4. C. S. Lewis, *The Great Divorce* (Macmillan, 1946), p. 64.

5. J. R. R. Tolkien, "The Field of Cormallen," *The Lord of the Rings: The Return of the King* (various editions)中的一章。

6. Berger, *Sacred Canopy*, p. 74.

7. Ibid. , p. 75.

8. Ibid. , pp. 76 - 77.

9. Ibid. , p. 78.

10. John Dickson, *If I Were God I'd End All the Pain: Struggling with Evil, Suffering, and Faith* (Matthias Media, 2001), pp. 66 - 67.

11. Ann Voskamp, *One Thousand Gifts: A Dare to Live Fully Right Where You Are* (Zondervan, 2010), pp. 154 - 155.

12. Tolkien, *The Lord of the Ring*, p. 50.

13. John Gray, *The Silence of Animals: On Progress and Other Modern Myths* (Farrar, Straus, and Giroux, 2013), p. 79.

第6章 神的主权

1. C. S. Lewis, *George MacDonald: An Anthology* (Harper, 2001), p. 49.

2. 许多人会质疑整个《创世记》的记载,因为那和主流科学解释不相符,即地球上的生命是进化的结果,遵循物竞天择的规律。这就意味着,人类尚未产生,世上就已经有了暴力、苦难和死亡(且规模庞大)。我们之前提到过,Peter van Inwagen 在 *The Problem of Evil*, pp. 85 - 86 中描述了"众所周知"的事实,就是神引领进化过程,许多年之后,他选择了一小部分原始祖先,让他们成为真正的人类——给他们神的形象,为他们在世上创造了天堂般的住所，他们和"完美之爱"和谐共处，"拥有……超自然的能力"，可以抵挡疾病、毁灭性自然灾害、衰老和死亡。但是"他们滥用自由意志这个礼物，脱离了与神的契合"（p. 86）。结果就是自然之恶——苦难和死亡——横行于世，吞没世人。"他们现在受制于自然不可控的毁灭力量，这是叛逆的必然结果"。当然，道德之恶也第一次出现了，因为人以自我为中心，人性堕落。

我说过这个故事肯定不符合《创世记》的记载，我也不相信它符合圣经其他部分的记载。如果没有亚当和夏娃其人，那就无法解释为什么世上所有人都带着罪性，保罗在《罗马书》5 章和《哥林多前书》15 章说亚当代表了全人类，这也说不通了。我相信历史上确有一对夫妻，他们背离了神，将自然之恶和道德之恶带到世上，所有人类都是他们的后裔。尽管如此，如果你相信亚当和夏娃不过是故事中的人物，而你也相信生命是进化的结果，那么 van Inwagen 所讲的也能帮你得出同样的结论。在这个故事里，神挑选了（或创造了 de novo）亚当和夏娃，把他们放在伊甸园中，那里是没有苦难和死亡的天堂，是神为人类创造让人类居住的世界，如果亚当和夏娃没有违背神的命令，这样的生活会在全世界每一个地方持续下去。但是，自从他们堕落，世界成为压在他们身上的负担，自然之恶叠加道德之恶，世界一片黑暗。这个故事符合圣经的基本教导，即苦难和邪恶，以及所有道德之恶和死亡，都是因为人类犯罪而产生的。

3. 见 Walter C. Kaiser, "Eight Kinds of Suffering in the Old Testament," in *Suffering and Goodness*, eds. Morgan and Peterson, pp. 68 – 69。亦见 Klaus Koch, "Is There a Doctrine of Retribution in the Old Testament?" in *Theodicy in the Old Testament*, ed. James L. Crenshaw (Fortress, 1983), pp. 57 – 87。

4. Rittgers, *Reformation of Suffering*, p. 9.

5. Gerhard von Rad, *Wisdom in Israel* (SCM Press, 1972), pp. 144 – 176 (chap. 9, "The Self-Revelation of Creation").

6. Ibid. , p. 310.

7. Graeme Goldsworthy, *The Goldsworthy Trilogy: Gospel and Wisdom* (Paternoster, 2000), pp. 428 – 458.

8. M. J. Lerner and D. T. Miller, "Just World Research and the Attribution Process: Looking Back and Ahead," *Psychological Bulletin* 85 : 1030 – 1051. 转引自 Jonathan Haidt, *The Happiness Hypothesis: Putting Ancient Wisdom and Philosophy to the Test of Modern Science* (Arrow Books, 2006), p. 146。

9. David Bentley Hart, *The Doors of the Sea: Where Was God in the Tsunami?* (Eerdmans, 2005), pp. 99, 101, 103 – 104. 我有必要多说一句, 在我看来, Hart 过于强调圣经中苦难神学的这个方面, 即苦难是不公义的, 是神的敌人。他几乎完全没有把另一个方面, 即神对苦难的主权和旨意纳入考量之中。Hart 在这本书里承认自己同情古代的诺斯替教派 (Gnosticism), 后者不相信一位至高的神会和苦难与邪恶有任何关系，苦难与邪恶也不可能是他计划的一部分。Hart 可能也会同情 Dostoevsky 创造的小说人物 Ivan Karamazov。Ivan 拒绝相信一位用苦难达到"更伟大美善"的神。Ivan 的思想代表了生活在"内在框架"中的现代人的想法，他们自以为义，确信到了审判的日子，神无法提供自己想不到的洞见或智慧。掌握这个真理很重要，即神恨恶苦难，神同时又对苦难拥有主权。如果我们拒绝相信苦难和邪恶是神的计划的一部分，那么我们不仅无法接受圣经中的大部分教导（我们接下来会讨论），也失去了神借着真实经历和邪恶事件带来的安慰。我们也不会有动力去这样想，神可能希望我们学到一些功课，从而有长进。

10. B. B. Warfield, "The Emotional Life of Our Lord," in *The Person and Work of Christ*, ed. Samuel G. Craig (P&R, 1950), p. 115.

11. Ibid., pp. 116 – 117.

12. Rittgers, *Reformation of Suffering*, p. 9.

13. Ibid., p. 261.

14. 人类自由意志和神对历史的绝对掌控同时成立，这个观点主要和改革宗神学有关。若想了解不同观点，见 Roger Olson, *Arminian Theology: Myths and Realities* (Inter-Varsity Press, 2006)。像 Peter van Inwagen 这些哲学家都认为自由意志和预定论互相排斥。有两本书详细阐述了我在这里提到的观点，分别是 D. A. Carson, *Divine Sovereignty and Human Responsibility: Biblical*

Perspectives in Tension（John Knox，1981），和 Packer，*Evangelism*。

15. 圣经中有无数处经文都提到，神对历史事件拥有绝对的主权（参创 14：8；箴 21：1；太 10：29；罗 9：20 等）。同样也有多处经文提到人要对自己的选择负责（太 25 章；罗 2：1—16；启 20：11—13）。

16. J. I. Packer 在一篇经典文章中写道，神的主权和人的责任，二者是"二律背反"的关系，按照他的定义就是"看上去互相矛盾……两个明显成立的真理**明显**互不相容"。二律背反即两个原则看上去无法协调，但二者都不可否认。他拿光线作例子——光线有时是波，有时是微粒。我们虽然不清楚光怎么会以两种形式呈现（众所周知，波不是微粒，反之亦然），但这的确是事实。同样道理，按照圣经，神必然掌权，否则大部分历史都没有意义，事件发生也没有什么美好意图；另一方面，我们必然要负责，否则我们所做的大部分事情也都没有意义。这两个教导同时出现在圣经里。Packer 竭力解释这个矛盾并非事实，只不过看上去有矛盾而已，因为我们的观察视角有限。见 Packer，*Evangelism*，pp. 18‑19。

17. Carson，*How Long, O Lord?*，p. 189.

18. Ibid.

19. 这节经文的意思是，神是世上一切美好事物的终极来源。字面意思可以这样讲，"每一样美好的馈赠和完美的礼物都从上而来……"J. B. Adamson 这样总结这句经文，"人类所有的美好都来自完美的天父。"J. B. Adamson，

The Epistle of James. The New International Commentary on the New Testament (Eerdmans, 1976), p. 74。

第7章　神的苦难

1. Dan. G. McCartney, *Why Does It Have to Hurt?: The Meaning of Christian Suffering* (P&R, 1998), p. 56. 强调为笔者所加。

2. Derek Kidner, *Genesis: An Introduction and Commentary* (Inter-Varsity Press, 1967), p. 86.

3. J. Alec Motyer, *The Message of Exodus: The Days of our Pilgrimage* (Inter-Varsity Press, 2005), p. 69.

4. Carson, *How Long, O Lord?*, p. 166.

5. 见 F. L. Cross and E. A. Livingstone, eds. , *The Oxford Dictionary of the Christian Church* (Oxford University Press, 1974), p. 694。转引自 Carson, *How Long, O Lord?*, p. 164。

6. Kidner, *Genesis*, p. 86. 强调为笔者所加。

7. Carson, *How Long, O Lord?*, p. 159.

8. McCartney, *Why Does It Hurt?*, pp. 57, 59.

9. R. M. M'Cheyne, *Sermons of the Rev. Robert Murray M'Cheyne* (Banner of Truth, 1961), pp. 47 – 49.

10. McCartney, *Why Does It Hurt?*, p. 60.

11. 见 Douglas John Hall, *God and Human Suffering: An Exercise in the Theology of the Cross* (Augsburg, 1986)。亦见 Warren McWilliams, *The Passion of God: Divine*

Suffering in Contemporary Protestant Theology (Mercer University Press, 1985)。

12. Rittgers, *Reformation of Suffering*, p. 261.

13. Ibid.

14. Albert Camus, *The Rebel* (Vintage, 1956), p. 34. 转引自 Berger, *Sacred Canopy*, p. 77。

15. Albert Camus, *Essais* (Gallimard, 1965), p. 444.

16. Berger, *Sacred Canopy*, p. 77.

17. Louis Berkhof, *Systematic Theology* (new ed. in 2 vols.; Eerdmans, 1996), p. 729.

18. Ibid.

19. Christopher J. H. Wright, *The God I don't Understand: Reflections on Tough Questions of Faith* (Zondervan, 2008), p. 64.

20. Ibid., p. 67.

21. Henri Blocher, *Evil and the Cross*, p. 131.

22. 这两种关于苦难的观点有时被称作 "波伊提乌主义" (Boethian) 和 "摩尼教" (Manichean)，前者是从 *The Consolation of Philosophy* 一书的作者 Boethius 而来，后者来自古代的摩尼教徒 (Manichees)。Tom Shippey 在 *The Road to Middle Earth* 一书中有一段很精彩的文字，讲的是 Tolkien 怎样在 *The Lord of the Rings* 一书中把邪恶描绘成 "both-and"。邪恶既是宇宙中的内在空虚，又是宇宙中的真实势力。Shippey 解释道，指环有时是精神放大器，把佩戴者内在的混乱和错误放大，但它有时候也对自己施加恶毒的势力。在我看来，这种"both-and"和圣经对邪恶的看法一致。见 Shippey, *The Road to Middle Earth*（Mariner Books, 2003）, pp. 138ff。

23. John Calvin, Introduction to Olievatan's translation of the New Testament.

24. Ibid., p. 132.

25. Ibid., pp. 131 – 132.

26. Ibid., p. 132.

27. Fyodor Dostoevsky, *The Brothers Karamazov*, chap. 34. 说这番话的人物 Ivan Karamazov 拒绝这种可能性，但这并不代表 Dostoevsky 自己也不相信这段动人的话。我觉得有必要强调，Dostoevsky 的意思不是说邪恶有可能是合理的。邪恶可能为神所用，带来更伟大的美善，假如邪恶没有发生，这更伟大的美善也不可能发生。即便如此，邪恶依然是邪恶，不可原谅，本身亦并不合理。

第8章　苦难的原因

1. Haidt, *Happiness Hypothesis*, p. 136.

2. Ibid.

3. Ibid., p. 137.

4. Ibid., p. 138.

5. Ibid.

6. Ibid., p. 140.

7. Robert A. Emmons, *The Psychology of Ultimate Concerns: Motivation and Spirituality in Personality*（Guilford,

1999), 以及 "Personal Goals, Life Meaning, and Virtue," in *Flourishing: Positive Psychology and the Life Well Lived*, eds. Corey L. M. Keyes and Jonathan Haidt (APA, 2003), pp. 105 – 128。转引自 Haidt, *Happiness Hypothesis*, p. 143。

8. Haidt, *Happiness Hypothesis*, p. 145.

9. Ibid.

10. Ibid. , p. 141.

11. C. S. Lewis, *Reflections on the Psalms* (Harcourt, 1958), p. 90.

12. Ibid. , p. 92.

13. J. R. R. Tolkien, *The Letters of J. R. R. Tolkien*, ed. Humphrey Carpenter (1981), letter ♯ 121. Quoted at http: //tolkien. cro. net /rings /sauron. html.

14. Jonathan Edwards, *The Miscellanies* [entry nos. a-z, aa-zz, 1 – 500], *The Works of Jonathan Edwards*, Volume 13. Edited by Thomas A. Schafer (New Haven: Yale University Press, 1994), no. 448, p. 495.

15. Elisabeth Elliot, *No Graven Image* (Avon Books, 1966).

16. Ibid. , p. 158.

17. Ibid. , p. 164.

18. Ibid. , p. 165.

19. Ibid. , p. 174.

20. Ibid. , p. 175.

21. Ibid.

22. Elisabeth Elliot, *These Strange Ashes* (Harper, 1975), p. 109.

23. Ibid. , pp. 130 – 132.

24. 这段叙述见于 Elisabeth Elliot, *Through the Gates of Splendor* (2nd ed. ; Hendrickson, 2010)。

25. Ibid. , p. 268.

26. Elisabeth Elliot, "The Glory of God's Will," in *Declare His Glory among the Nations,* ed. David Howard (Inter-Varsity Press, 1977), p. 133.

27. Rittgers, *Reformation of Suffering*, p. 47.

28. Cindy Stauffer, "Film Depicting Nickel Mines Shootings Questioned," Lancaster Online, http: // lancasteronline. com / article / local / 249326 _ Film-depicting-Nickel-Mines-shootings-questioned. html.

29. Donald B. Kraybill, Steven M. Nolt, and David L. Weaver-Zercher, *Amish Grace: How Forgiveness Transcended Tragedy* (Jossey-Bass, 2010).

30. Ibid. , p. 183.

31. Ibid. , pp. 176 – 177.

32. Ibid. , p. 181.

33. 这个故事和琼尼出事后最初几年的心得已经成书，这本关于苦难的书写得很好。见 Joni Eareckson Tada and Steve Estes, *A Step Further* (Zondervan, 1978)。有关 Denise Walters 的故事，见 "When Nobody's Watching", pp. 56 – 62。

34. Ibid. , p. 59.

35. Ibid. , p. 61.

36. Ibid. , p. 62.

第9章　学会行走

1. 转引自 Haidt, *Happiness Hypothesis*, p. 152。

2. Lewis, *Mere Christianity*, p. 134(chap. 10, "Hope").

3. Davies, *Importance of Suffering*, p. 133.

4. Ibid. , p. 130.

5. Ibid. 强调为笔者所加。

6. Ibid. , p. 131.

7. Ibid. , pp. 133 – 134.

8. Haidt, *Happiness Hypothesis*, p. 146.

9. Ibid. , pp. 146 – 147.

10. John Newton, *The Letters of John Newton* (Banner of Truth, 1960), p. 180.

11. 转引自 C. S. Lewis, "Epigraph," *The Problem of Pain* (HarperOne, 2001), p. viii。

12. 见 D. Martin Lloyed-Jones, *Spiritual Depression: Its Causes and Cure* (Eerdmans, 1965), pp. 247 – 259 (chap. 18, "In God's Gymnasium")。

13. Michael Horton, *A Place for Weakness* (Zondervan, 2006), p. 19.

14. Simone Weil, *Waiting for God* (Harper, 2009), p. 70.

15. Plantinga, *God, Freedom, and Evil*, pp. 63 – 64.

16. John S. Feinberg, "A Journey in Suffering: Personal Reflections on the Religious Problem of Evil," in *Suffering and Goodness*, eds. Morgan and Peterson, p. 214.

17. Ibid., p. 215.

18. Ibid., p. 217.

19. Ibid., p. 218.

20. Ibid., p. 219.

21. Ibid.

22. Carson, *How long, O Lord?*, pp. 18, 20.

23. Ibid., p. 20.

第10章 苦难各异

1. 我知道约拿和大卫不同于新约时代信耶稣基督的人，所以保罗所说的"在耶稣基督里的人"不能直接套用在他们身上。把旧约的犹太教信徒和新约的基督徒放在一起比较是很复杂的课题。但是我们有必要问自己，今天作为基督徒，我们是否因为犯罪而受苦，遭受神的惩罚。最佳答案——也是根据圣经的合适的答案——是，严格来讲，我们受的苦和我们犯的罪不相称。耶稣为我们受罚。但是正如父母为了教育孩子，让孩子听话，从而让他们承担后果，神是否也会让坏事发生在我们身上，采取"纠正措施"？圣经说，他会的。

2. Weil, *Waiting for God*, pp. 67ff.

3. Ibid., pp. 68, 70.

4. Ibid., p. 68.

5. Solomon, *Far From the Tree*.

6. Weil, *Waiting for God*, p. 69.

7. J. R. R. Tolkien, *The Lord of the Rings: The Two Towers* (Houghton Mifflin, 2004), p. 914.

8. Weil, *Waiting for God*, p. 70.

9. Ibid.

10. Ibid., p. 71.

11. D. A. Carson, *For the Love of God: A Daily Companion for Discovering the Treasures of God's Word*, vol. 2 (Crossway, 1999), February 17 reading. 网上免费资源: http://s3. amazonaws. com /tgc-documents /carson /1999 _ for _ the _ love _ of _ God. pdf。

12. Feinberg, "Journey in Suffering," p. 222.

13. Ibid., pp. 223 – 224.

14. Ibid., p. 224.

15. John Feinberg 说他有个学生，他们夫妻的孩子生下便死了。有人十分真诚地对他们说："你知道吗，你们的儿子死了，这说不定是件好事……他将来长大可能会吸毒……神知道事情会怎样发展，他可能不想你们以后遇到麻烦。"见 Feinberg, "Journey in Suffering," p. 221。

第 11 章 同行

1. 虽然 "Crown Him with Many Crowns" 这首圣诗的大部分来自 Matthew Bridges 在 1852 年创作的 *The Passion of Jesus*，文中引用的第三句则属 Godfrey Thring,

Hymns and Sacred Lyrics, 1874。公共版权。

2. Karen H. Jobes, *1 Peter*, Baker Exegetical Commentary on the New Testament (Baker, 2005), p. 94.

3. J. Alec Motyer, *The Prophecy of Isaiah: An Introduction and Commentary* (Inter-Varsity Press, 1993), p. 331.

4. "新约中苦难作为动词出现了四十一次，这封简短的书信中就有十二次。而苦难作为名词出现了十六次，有四次出现在这里……从这些数字可以很明显看出，《彼得前书》主要探讨的问题就是苦难。"见 I. Howard Marshall, *1 Peter*, The IVP New Testament Commentary Series (Inter-Varsity Press, 1991), p. 89n。

5. Frederick W. Danker and Walter Bauer, *A Greek-English Lexicon of the New Testament and Other Early Christian Literature* (3rd ed.; University of Chicago Press, 2000), p. 793.

6. Marshall, *1 Peter*, p. 42.

7. 彼得说黄金"尽管被火提纯，终会消失"。但这并不意味着他相信火能毁掉黄金。火只是让黄金熔化。许多解经家认为，彼得在这里把信仰和黄金放在一起比较。他"仅仅是比较信仰和黄金，前者会持续到来世，后者则不然"。Marshall, *1 Peter*, p. 41n。

8. 许多解经家都把《但以理书》3 章的故事看作是"米大示"（拉比对旧约的注释），或《以赛亚书》43：2 的注释。见 John E. Goldingay, *Daniel*, Word Biblical Commentary, vol. 30(Word, 1998), p. 68。

9. J. Alec Motyer, *The Message of Exodus: The Bible Speaks Today* (Inter-Varsity Press, 2005), p. 51.

10. Iain M. Duguid, *Daniel*, Reformed Expository Commentary (P&R, 2008), p. 58.

第 12 章　哀哭

1. Tremper Longman III, *How to Read the Psalms* (Inter-Varsity Press, 1988), p. 26.

2. Rittgers, *Reformation of Suffering*, p. 258.

3. Richard Sibbes, *The Bruised Reed and Smoking Flax*, in *Works*, vol. 1(Banner of Truth, 2001).

4. Joseph Bayly, *The View from a Hearse* (Cook, 1969), pp. 40 – 41.

5. Derek Kidner, *Psalms 73 – 150: A Commentary on Books III – V of the Psalms* (Inter-Varsity Press, 1973), p. 316.

6. Martin Marty, *A Cry of Absence: Reflections for the Winter of the Heart* (Harper, 1983), p. 68.

7. Derek Kidner, *Psalms 1 – 72: A Commentary on Books I – II of the Psalms* (Inter-Varsity Press, 1973), p. 157. 这个注释出现在他对《诗篇》39 篇的注释的末尾，39 篇是《诗篇》中另外一首不以盼望结尾的诗。

8. Tolkien, *The Lord of the Rings*, Houghton Mifflin, one volume edition, 1994, p. 913.

9. Kidner, *Psalms 73 – 150*, p. 317.

10. 转引自 Elisabeth Elliot, *Keep a Quiet Heart* (Servant,

1995), p. 73。

11. Michael Wilcock, *The Message of Psalms 73 -150: Songs for the People of God* (Inter-Varsity Press, 2001), p. 65.

12. 解经家指出，彼得在这里所用的动词的时态很模糊——可能既是现在时的陈述式（present indicatives），又是现在时的祈使式（present imperatives）。因此，译经的人在选取动词时态时遇到困难——"You may have had to suffer grief"。许多人觉得彼得故意制造这种模糊性，当中自有巧妙。若是已经做到同时喜乐又哀伤的人读了这句话，会觉得彼得在夸奖他们；若是还做不到的人读了这句话，会觉得彼得在指导他们，敦促他们朝这个方向努力。见 Marshall, *1 Peter*, p. 93。

13. Lloyd-Jones, *Spiritual Depression*, pp. 220 - 221.

第 13 章　信靠

1. 转引自 *These Strange Ashes* (Revell, 1982)的前言，p. 7。

2. Kidner, *Genesis*, p. 199.

3. Ibid. , p. 205.

4. Elliot, "Glory of God's Will, " p. 130.

5. Kidner, *Genesis*, p. 181.

6. Newton, *Letters*, pp. 179 - 180.

7. Kidner, Genesis, p. 207.

第 14 章　祈祷

1. 转引自 Peter Kreeft, *Three Philosophies of Life* (Ignatius

Press, 1989）, p. 61, "Job: Life as Suffering"。

2. Ibid.

3. "约伯的表现远远超过他人，他集中处理人类苦难的问题，发言有条有理；他对此的探讨涵盖了各个方面……既达到诗歌艺术的高度，又有戏剧效果。他在面对人类处境中'无法理解的重担'时，表现出知识的完备性。而且约伯一路孤军奋战。没有什么……能达到同样的高度。把任何作品和《约伯记》比较，只能更凸显它独特的伟大。"见 Francis I. Anderson, *Job: An Introduction and Commentary* (Inter-Varsity Press, 1976）, p. 32。

4. Anderson, *Job*, p. 123.

5. Ibid. , p. 124.

6. Ibid. , p. 125.

7. Gerald H. Wilson, *Job*, New International Biblical Commentary (Hendrickson, 2007）, p. 422.

8. Anderson, *Job*, p. 270, n2. 转引自 George Bernard Shaw, *The Adventures of the Black Girl in Her Search for God*, 1932, pp. 12, 19。

9. Wilson, *Job*, p. 423.

10. Anderson, *Job*, p. 270, n1.

11. Ibid. , p. 287.

12. Ibid. , pp. 287–288. 亦见 Thomas Nagel 发表在 *The New York Times Book Review* 上对 John Gray 的 *The Silence of Animals* 一书的评论。Gray 指责西方世俗社会的信念，后者以为通过人类的自我提升就能够消除世间的罪

恶，根本不需要神，但是这种宏大的计划往往带来更大的罪恶。Nagel 承认 "我们的确面临一个世俗版本的恶之难题：怎么可能指望如此作恶多端的人类，去设计并维持一个能让他们变得善良的制度？Gray 说类似的尝试已经带来了灾难性的后果，他说得没错……" 见 Thomas Nagel, "Pecking Order," *The New York Times Book Review*, July 7, 2013, p. 10。

13. Elisabeth Elliot, "Epilogue II," in *Through the Gates of Splendor* (40th Anniversary ed. ; Tyndale, 1996), p. 267.

14. Lloyd-Jones, *Spiritual Depression*, pp. 20 - 21.

15. John White, *The Masks of Melancholy: A Christian Physician Looks at Depression & Suicide* (1982). 引用的部分来自录音。

16. Anderson, *Job*, p. 267.

17. Wilson, *Job*, p. 455.

18. Anderson, *Job*, p. 73.

第15章　思考，感恩，爱

1. 转引自 C. S. Lewis, "Epigraph," *The Problem of Pain* (HarperOne, 2001), p. viii。

2. "但是保罗在这里所说的并非如英译表达的那样简单。读者有一种印象，保罗最后一次呼吁他们要'思念'高尚的事。从某种角度来说的确是这样，但是原文的用词和语法表明，保罗的意思有些许不同。这个动词一般指在'计算'（reckon）时要'考虑进去'（take into account），并非只是'想一想'（think about）。这说明保罗不只是让他们'有高尚的思想'，而是要'考虑'一直知道的那些美善的事，只要那些事符合基督的心意。"G. D. Fee, *Paul's Letter to the Philippians*. The New International Commentary on the New Testament（Eerdmans, 1995），pp. 415－416.

3. 关于世俗观点的悲观绝望可以举出无数例子。Charles Darwin 写道："［一个人］若不确信有一位有位格的神、将来会有惩罚和奖赏，并且也没有活在这样的信仰当中，那么照我看，他只能依据目前在他眼中最强最好的本能和冲动来过生活。"（Charles Darwin, *Evolutionary Writings*，edited by James A. Secord，p. 396. 见 books. google. com。）Oliver Wendell Holmes Jr. 是二十世纪初有名的知识分子、最高法院大法官，有一次他写信对朋友说："没有必要给人类赋予特别的意义，人类和狒狒或者一粒沙的意义一样……这个世上既有响尾蛇也有我，但我若有机会就会杀掉它……原因只有一个，这是我希望看到的世界，每个人都按照自己的能力改变世界。"（根据 Oliver Wendell Homes Jr.，*The Essential Holmes*，edited and with an introduction by Richard A. Posner, pp. 108, 114 改写。见 books. google. com。）历史学家 Carl L. Becker 说过一句名言，按照严格的科学观点，必须把人类看作是"地球表面一笔随机的存款，在两个冰川时代之间被一股力量随意丢出来，同一股力量也让铁生锈，让谷物成熟"（转引自 Steven D. Smith，

Disenchantment, p. 179)。英国哲学家 John N. Gray 尖锐地指出，现代世俗观点认为人类有独特的价值、人生有意义、人类会越来越好、历史朝某个方向发展，这些不过是谎言。人类不比动物或植物更有价值。他写道："人类独特性是从宗教传承而来的谎言，经过人文主义者加工成为了科学。""进化没有终点和方向，如果社会发展是一个进化的过程，那么根本没有出路。"见 Gray, *The Silence of Animals*, p. 78。

4. Jonathan Edwards, "Christian Happiness," in *Works of Jonathan Edwards: Sermons and Discourses 1720 -1723*, vol. 10, ed. Wilson H. Kimnach (Yale University Press, 1992), p. 297.

5. 这个词最重要的意思是为人"所喜爱"，带有一种友好的感情。新耶路撒冷圣经（NJB）译作，"everything that we love."这个翻译很到位。见 Fee, *Paul's Letter to the Philippians*, p. 418。

6. Wolterstorff, *Justice*, 第 7 章和第 8 章记录了 Augustine 对"Eudaimonism"——最高的快乐来自人类的美德——的驳斥。"只有爱那永不改变的，内心才会有安宁"，这句话总结了 Augustine 的教导，见 180 页第 8 章标题。

7. Saint Augustine, *Confessions*, Book IV, 11.

8. C. S. Lewis, *The Four Loves* (Harcourt, 1988), p. 122.

9. Kidner, *Psalms 1 -72*, p. 55.

10. 见 William L. Lane, *The Gospel of Mark*, The New

International Commentary on the New Testament (Eerdmans, 1974), pp. 573 – 574。

11. Horatio Spafford, "It Is Well with My Soul,"1873 hymn.

第 16 章　盼望

1. Howard Thurman, *A Strange Freedom: The Best of Howard Thurman on Religious Experience and Public Life,* eds. Water Earl Fluker and Catherine Tumber (Beacon Press, 1998), p. 71.

2. Ibid. , p. 79.

3. 这个故事有许多版本，每个都有不同。这个版本比较普遍：http：//www. family-times. net/illustration/Troubled/200318。

4. C. S. Lewis, "The Weight of Glory." 见 https：// docs. google. com / viewer? url = http％3A％2F％2F www. verber. com％2Fmark％2Fxian％2Fweight-of-glory. pdf, p. 8。

后记

1. 我们在这本书里集中探讨了信靠、自我沟通、重置心中所爱等策略，这些是应对任何形式的苦难都需要的。但是有两个属灵技巧我们没有提，不过它们在某些时刻十分必要。第一个是通过悔改、与神和好，从神那里得到宽恕。苦难总是暴露自己的缺点，让我们充满愧疚。要想摆脱这种愧疚和耻辱，领取神的恩典非常重要。另外，我们也要有宽恕他人的技巧。很多时候我们受苦是因为遭人背叛。在这种情况下，我们有被愤怒而不是愧疚吞没的危险。必须借着给予恩典和宽恕来释放愤怒。本书没有探讨这两个方面，可以参考以下书籍：J. R. W. Stott, *Confess Your Sins: The Way of Reconciliation* （Westminster, 1965）; Dan Hamilton, *Forgiveness* (Inter-Varsity Press, 1980); Judith Gundry-Volf and Miroslave Volf, *A Spacious Heart: Essays on Identity and Belonging* （Trinity Press, 1997）。又见 Timothy Keller and Kathy Keller, *The Meaning of Marriage: Facing the Complexities of Commitment with the Wisdom of God* (Dutton, 2011), pp. 159 - 169。

图书在版编目（CIP）数据

走过苦难/（美）凯勒（Keller，T.）著；李婧译. —上海：
上海三联书店，2024.7（2025.5 重印）
ISBN 978 - 7 - 5426 - 5461 - 8

Ⅰ.①走… Ⅱ.①凯… ②李… Ⅲ.①哲学—通俗读物
Ⅳ.①B - 49

中国版本图书馆 CIP 数据核字（2016）第 015804 号

走过苦难

著　　者 / 提摩太·凯勒
译　　者 / 李　婧
合作出版 / 橡树文字工作室
特约编辑 / 丁祖潘
本书策划 / 徐志跃
责任编辑 / 邱　红
装帧设计 / 周周设计局
监　　制 / 姚　军
责任校对 / 王凌霄
出版发行 / 上海三联书店
　　　　　　（200041）中国上海市静安区威海路 755 号 30 楼
邮　　箱 / sdxsanlian@sina.com
联系电话 / 编辑部：021 - 22895517
　　　　　　发行部：021 - 22895559
印　　刷 / 上海展强印刷有限公司
版　　次 / 2024 年 7 月第 1 版
印　　次 / 2025 年 5 月第 4 次印刷
开　　本 / 890 mm × 1240 mm　1/32
字　　数 / 270 千字
印　　张 / 14.875
书　　号 / ISBN 978 - 7 - 5426 - 5461 - 8/B·456
定　　价 / 68.00 元

敬启读者，如发现本书有印装质量问题，请与印刷厂联系 021 - 66366565